Autre ouvrage des
MAÎTRES DE LA FRATERNITÉ BLANCHE :

Le Livre de l'Homme Nouveau

Aux Éditions Marie-Lakshmi inc.

LES CLEFS D'ASCENSION

Ou la parole des Maîtres de la Fraternité Blanche

LES ÉDITIONS SAINT-GERMAIN-MORYA inc.

Copyright :
Les Éditions Saint-Germain-Morya inc.
6389, rue d'Iberville, Montréal, Qc. H2G 2C5
Téléphone : (514) 990-1912
Courriel : ischaia@sympatico.ca
Auteure : Bernadette Amazan (**Ischaïa**)
Médium *channel* : Sylvain Lagacé, qui nous a transmis la parole des Maîtres de la Fraternité Blanche, sous la direction **d'Ischaïa,**
Direction artistique : Hélène Leblanc
Illusration de la couverture : François Champagne
Tous les droits photographiques sont réservés (D.R.)
Infographie : Louis-Philippe Ogé et Pascale Detandt
Révision : **Ischaïa**

Première impression, 4e trimestre 2006
Bibliothèque nationale du Québec
Bibliothèque nationale du Canada
Diffusion : Raffin

Données de catalogue avant publication (Canada)
Les Clefs d'Ascension
Les Maîtres de la Fraternité Blanche

1. Écrits spirites, Channelling. I. Amazan Bernadette
ISBN-10 : 2-923568-00-1
ISBN-13 : 978-2-923568-00-3

Dédicace

Avec beaucoup d'amour et de gratitude, je dédie cet ouvrage : *Les Clefs d'Ascension* à maître Gurumayi Chidvilasananda...

Le maître qui nous éveille à la spiritualité et à la réalité de Dieu, continue d'alimenter en nous cette flamme qu'il a allumée. Baignés dans la lumière de son mantra nous nous nourrissons pour l'éternité. Et longtemps, des millénaires après, quelque part, ici ou ailleurs dans une enveloppe de couleur blanche, jaune, rouge, noire, de matière ou de lumière, avec cette flamme d'amour éternelle qui continue de briller dans nos yeux, nous croisons à nouveau le maître et nous reconnaissons le Frère...

« *Vois Dieu en toute chose, en toute créature et en tout être* »

Je suis née le jour où la lumière de son regard m'a transpercée. J'ai contacté, l'amour, la beauté, la force, la douceur, la compassion, j'ai contacté le maître. Gurumayi a semé en moi les graines qui constituent ma nourriture essentielle et que je partage avec vous, dans cet ouvrage.

Pour sa vie éternelle, et en retour de tout le bien qu'elle fait pour l'ascension de la terre, je lui attribue tous les bienfaits que cet ouvrage apportera à ceux qui le liront.

Merci, Gurumayi ! Merci, mon maître bien aimée ! Le souvenir de ta lumière est inscrit à jamais dans mon âme. Tu as ouvert la porte de mon cœur que rien ni personne ne pourra plus jamais fermer. Concrètement, je sais et pour toujours que Dieu est en tout et partout ; ton regard me l'a révélé. Il est aussi en moi puisque je t'ai reconnue.

Dans la lumière de *AUM NAMAH SHIVAYA*, je t'aime.

Ischaïa

Maître Gurumayi

Remerciements

Si je savais parler à Dieu, je lui demanderais la raison de m'avoir confié une tâche aussi importante qui semble au-dessus de mes moyens et de mes capacités. Il me répondrait sûrement : parce que j'ai mis des anges terrestres sur ton chemin, pour t'aider et t'épauler dans chacun de tes pas.

– Ah oui... Ha !

– Ischaïa, n'as-tu pas, reçu toute l'aide nécessaire ?

– En effet, oui mon Père !...

– Sache que je suis toujours avec toi !...

Au nom du Dieu de nos cœurs, au nom des archanges et des anges d'ici et d'ailleurs. Au nom des maîtres, nos grands Frères ascensionnés, toujours présents et bienveillants à nos côtés, nous remercions Sylvain Lagacé. De façon très spontanée, il a répondu oui à notre invitation de servir Dieu en canalisant des messages sur l'ascension.

Avec beaucoup d'amour, d'enthousiasme et toute l'innocence caractérisant un enfant, Sylvain a canalisé les matériaux de base de cet ouvrage. Un infini merci à notre grand Frère ; car grand, lumineux et sage il était quand pour le moment d'une transe, la lumière des maîtres l'habitait.

Nous remercions Armelle Vallée et François Landry qui avec beaucoup de patience et d'amour ont transcrit sur papier, 60 cassettes audio toutes de 90 minutes. Ceci est la preuve de leur appartenance à ce monde de lumière qu'ils servent sur terre. Un infini merci à ces deux Anges.

Nous remercions Nicole Bellocq qui a transcrit sur ordinateur ces mêmes 60 cassettes audio de façon presque bénévole. Depuis, nous savons qu'un ange habite son Cœur. Merci à notre Sœur !

Commença alors la tâche tout autant ardue de correction et de transposition des textes d'un langage parlé à un langage écrit. Cela exigeait d'être souvent en état de méditation parfois même de transe pour être à l'écoute attentive du message audio afin d'en capter le sens et la vibration, et de préserver sa pureté. Ce criblage, comparable à la rechercher de l'or dans la rivière demandait beaucoup de patience.

Après au moins trois étapes de correction et de révision par Ischaïa, les anges correcteurs entrèrent en action. Nous nommons : Michel Lusignan, Yves Leblanc, Martine Brisson, Anne-Marie Désilet, Josée Brunelle, Gisèle-Françoise Gagnon, Sonya Sanscartier, Jean Hillel, Bernard et Edwige Audant et Alain Gualezzi. Nous saluons leur attitude respectueuse, face à ces messages. Ils étaient vraiment des envoyés du ciel.

II reste une autre catégorie d'ange qui régulièrement intègre toutes les corrections rendant chaque texte plus soigné (nous parlons du contenu d'une cassette). Citons : Aspacia Vergado, Ginette Brideau, Annick Michel (Amaïté), et Josée Brunelle. Vous avez toute notre gratitude et notre reconnaissance.

Madame Marie Claude Lambert d'Haïti, la cousine et mère adoptive d'Ischaïa est la première personne qui a vu le manuscrit complété. Nous la remercions pour son support, ses conseils éclairés et la révision du manuscrit avant la correction finale.

Nous remercions Hélène Leblanc qui a habillé l'ouvrage et Gilles Parizeault pour son soutien technique.

À travers le canal de Josée Brunelle, les maîtres nous ont indiqué tous les éléments de notre logo. Merci encore Josée. Tu es dans notre cœur !

Nous remercions Landry et Lydie Jacob, Sonia Saint-Jean-Thomas (Mammie So) pour leur aide tant appréciée. La bénédiction du Ciel est sur eux.

Nous remercions Siham Jamaa, cet ange rare d'amour et de douceur qui a canalisé les informations de la page couverture et qui nous accompagne avec sa divine simplicité, dans les moments de doute et de solitude. Merci aussi à ma grande Amie Loraine Landry, à Edyth Généreux, Rachel Lavigeur, Isabelle Tremblay, Linda Mazri, Patricia Ogé, Ida Crisci, Terry Fiorilli, Gabrielle Simic de leur douce amitié, un bien si rare aujourd'hui. Merci aux éditeurs Martine Vallée (Ariane) et Jean-Pierre Beunas (Nectar) de leurs conseils, de leur accompagnement et de l'abondante information qu'ils nous ont fournis si généreusement. Par Elisabeth Silvera Ducasse, nous remercions, nos Amis d'Haïti, particulièrement le groupe du Qi Loft de l'hôtel El Rancho pour son support. Vous représentez une grande lumière pour ce pays.

Un merci aussi Immense que la mer, à Odette et Christian Jalabert, Alain et Rina Gualezzi ces grands alliés de la Fraternité de Lumière. La vie est toujours fidèle à ceux qui la supportent!... Vous êtes aimés et protégés.

« Les derniers seront les premiers » a dit maître Jésus. Nous disons un grand merci à Louis-Philippe Ogé et à Pascale Detandt.

Enfin, avec beaucoup de gratitude nous remercions tous les esprits de la terre qui, dans les moments de crise et de guerre dans le monde et dans le cœur des humains, sacrifient leur lumière pour la protection de Gaïa. Nous remercions tous les êtres de lumière, les maîtres de toutes les montagnes sacrées, nos maîtres guides, les anges et les archanges qui nous ont inspiré et conduit ce projet jusqu'à sa réalisation. Il nous est impossible de les nommer tous car ils sont très nombreux. Sylvain et moi, chargeons nos maîtres spirituels respectifs de le faire à notre place. Mais nous tenons à nommer le maître Omraam Mikhaël Aïvanhov qui a été l'ajusteur des énergies que nous recevions.

Les leçons apprises hier nous ont été très profitables aujourd'hui. Cette collaboration fut pour Sylvain et Ischaïa, une expérience heureuse et nous nous remercions mutuellement, jusqu'à la prochaine aventure avec les maîtres, nos Grands Frères, les Maîtres de la Fraternité Blanche.

Table des matières

Maître Omraam Mikhaël Aïvanhov

Enracinement et connexion du médium channel

Ischaïa : **Chaque canalisation est précédée d'une visualisation sur l'enracinement qui prépare le channel à aller sur sa montagne où il reçoit la communauté des maîtres ascensionnés qui donneront l'enseignement. Jusqu'à présent, des maîtres de toutes les dimensions se présentent sur la montagne en abaissant leur vibration. Ils furent de toutes les cultures et de toutes les religions. Certains sont inconnus de nous. Mais leur vibration d'amour est universelle.**

Le médium channel : Je suis sur ma montagne. Tout est si clair. Le ciel est d'un bleu profond, lumineux, vraiment indescriptible. De ma montagne, je vois les planètes Saturne, Vénus, Mars, Jupiter ; Vénus est comme un point de lumière qui semble communiquer avec la terre par un grand rayon lumineux. Je vois une étoile très brillante qui fait penser à l'étoile de Bethléem. On me dit télépathiquement que c'est Sirius. Le soleil au-dessus de ma tête sert de transmetteur d'énergie. Il capte, reçoit, puis envoie toutes les énergies qui viennent du cosmos, qui viennent des autres planètes, qui viennent des étoiles, qui viennent aussi de Sirius.

Par mon canal, je laisse passer toute la lumière, toute l'énergie, tous les messages à la terre. On me dit que la terre entière reçoit les enseignements que les humains canalisent des guides, des maîtres guides. Ces enseignements extériorisés constituent un grand bassin d'énergie où les personnes vont puiser selon leur niveau de conscience. On m'informe de bien prendre conscience de mes racines, de prendre conscience de la terre. Je sens la force de la terre en moi et je me sens très léger. C'est une force subtile qui rassure. Cette assurance enlève toute peur, toute crainte..., je m'abandonne..., je suis prêt.

Un guide arrive sur ma montagne. C'est maître Hilarion, suivi de plusieurs maîtres : mère Marie, maître Nada, maître Portia, Saint Jacques, maître Lanto, Saint Georges, maître Jésus, maître El Morya, maître Saint-Germain, maître Merlin, maître Saï Baba, maître Sathya Saï Baba, maître Babaji. Maître Koot-Hoomi est à côté de mon guide, maître Omraam Mikhaël Aïvanhov. Je vois maître Gurumayi, très joyeuse, elle est avec maître Quan Yin ; il y a aussi une vierge noire. Maître Sérapis Bey est avec maître Paul le Vénitien. Il y a également mahatma Gandhi, maître Djoual-Khoul, maître Maha Chohan, le seigneur Bouddha, le seigneur Maitreya. Le seigneur Maitreya est immense : il couvre tout le ciel. Puis sont présents : maître Vénus Kumara et maître Sanat Kumara : ils sont géants à côté de seigneur Maitreya. Je reconnais Melkitsedeq, il est imposant, comme sur la photo accrochée au mur, le portrait peint par Nanette M.A.Crist. Je dis les noms que j'entends, mais les maîtres sont très nombreux.

Au-dessus de ma tête, il y a les archanges Michaël, Gabriel, Uriel, Zadkiel, Métatron, Antarion, Métarion, Sandalfon, Zophiel et d'autres qui sont inconnus de nous. Tous ces noms défilent dans ma tête. Ils sont à un sommet, un point de lumière qui semble être le soleil dont les rayons descendent pour former une pyramide qui m'entoure. Les anges, les *deva* et les maîtres forment la base de cette pyramide. Il y a aussi des muses qui auront pour tâche de traduire les enseignements. Du soleil jusque dans les couches les plus profondes de la terre, un message pourra être transmis à tous les niveaux, à tous les paliers de la pyramide.

Plus on est proche de la terre, plus il y a d'anges, de muses, de *deva* et de maîtres ascensionnés des différents niveaux de la pyramide. Il y a aussi des esprits, des entités de la terre que l'on appelle des élémentaux, dont le rôle est de capter la lumière pour la transmettre, la redistribuer.

Ces êtres se nourrissent de l'élément lumière, l'élément amour, qu'ils transmettent à leur tour. Ils sont des vibrations, des émotions d'amour, de joie, de gratitude. Ce sont des êtres de cristal. Leurs cheveux sont comme de grands tubes de lumière de différentes couleurs, très légers, très lumineux, volant au vent. Ils sont comme les personnages que dessinent souvent les enfants. Ces personnages multicolores semblent tout aussi féminins que masculins, mais plus féminins. Certains sont de couleur éclatante, d'autres au contraire sont plus ternes. Ces êtres, par leur niveau de connaissance, leur niveau de compréhension, leur niveau d'élévation et d'amour sont très proches des humains. Ils sont sur la même longueur d'onde, dans les mêmes énergies que l'humain, sauf qu'ils ne sont pas concernés par les questions de moralité, n'ayant pas de libre arbitre. Ils accomplissent simplement leurs tâches.

Ces êtres travaillent à l'élévation de l'humanité en transmutant nos énergies lourdes. Ils reçoivent, captent, transmutent et transmettent les énergies. Ce sont des observateurs, des témoins, des travailleurs inconditionnels de l'amour de Dieu. Ils agissent sans se poser de questions, car ils savent. Mais il est nécessaire de savoir qu'inévitablement ils subissent souvent les énergies qui passent à travers eux. Ils sont comme de grands fils conducteurs les uns pour les autres. En les nourrissant d'énergies plus subtiles, en émettant des pensées plus élevées, plus proches de la Source, vous aidez ces collaborateurs à devenir plus forts afin de pouvoir mieux vous nourrir, en transmettant à leur tour des énergies plus élevées.

Maître Sanat Kumara

Peinture de Nanette M. A. Crist (É.-U.)

LA PAROLE DE MAÎTRE SANAT KUMARA AUJOURD'HUI

« Lorsque vous travaillez,
Vous êtes une flûte au cœur de laquelle
Les heures se changent en musique.
Qu'est-ce que travailler avec Amour ?
C'est tisser un vêtement avec les fils tirés de votre cœur.
Comme s'il était destiné à votre bien-aimé. »

Khalil Gibran

L'appel aux travailleurs de lumière

« Je t'ai destiné à une grande tâche.
L'instructeur t'a confié le succès
La force nécessaire pour Me suivre t'est donnée.
Tu as reçu flèches, boucliers, épées
et de Mon casque Je te couvrirai la tête.
Combats en mon noms, et l'amour sera avec toi.
La promesse se réalisera en temps voulu.
Garde ta flamme allumée - J'enseigne. »

Maître El Morya

Maître Sanat Kumara : Les cités d'or et de cristal constituent la Terre promise, et la présence de votre lumière est requise en ces lieux. L'ombre restera à la porte. Seuls les êtres purs, ceux qui seront vêtus de robes blanches seront admis. Ils portent des couronnes de diamants et d'or.

La mission qui vous incombe à vous, nos travailleurs de lumière, est celle de la purification et la reconnaissance des êtres purs. Vous ne pouvez rien reconnaître, si vous-mêmes n'êtes pas dans cet état de pureté. Enseignants des lois de l'amour, vous êtes et vous avez été invités et adombrés avec les symboles, les énergies qui vous purifient et vous relient au rayon de la blancheur diamantée. Dans cette ascension, nous vous accueillons vers les plans supérieurs où sont placées les nouvelles cités. Ces plans supérieurs, situés dans le monde éthérique, seront bientôt accessibles pour quelques-uns d'entre vous qui vivent sur le plan physique.

Les premiers arrivants étaient les derniers de ce temps. L'âme est renouvelée et la terre engendre ses nouveaux enfants de lumière. Marie les accompagne dans sa sagesse éternelle car ce sont ses enfants, les enfants de la reine de la nouvelle Jérusalem céleste.

Le Prince de ce monde viendra et il instruira les peuples. Les femmes seront dans la joie de cette rencontre et de la reconnaissance de leur statut dans la nouvelle conscience de cette cité renouvelée.

Les vieux schèmes de pensée tomberont et feront place à de nouveaux, selon un esprit purifié qui s'appelle l'âme neuve. L'âme neuve reconnaît en elle-même la conscience de la sagesse ou conscience sophionique, autrement dit, de la *Sophia.* Elle harmonise le masculin et le féminin, et conséquemment, l'équilibre du Bouddha devient un objectif permanent pour les êtres déjà évolués.

Au lieu d'être pénible, la démarche initiatique s'accomplira désormais dans la joie de la quête de cet Absolu, et la divinité prendra ainsi progressivement forme dans l'être.

Maître Hilarion est l'instructeur de l'ascension de la troisième dimension vers nos plans. Il sera très difficile aux âmes de parvenir ici sans aucune instruction, mais cette ascension est néanmoins requise et un certain enseignement doit être donné. Pour la sécurité et la montée du taux vibratoire, il y a également une initiation dans l'énergie. Par exemple, pour certains, cette énergie s'appelle reiki. Les maîtres enseignants du reiki initient à l'heure actuelle dans l'énergie car il y a eu en ce qui les concerne une montée vibratoire au niveau des plans supérieurs, de même qu'une période de purification non encore totalement terminée, mais qui est en voie de l'être.

Cela est important afin que vous deveniez des guides pour vos disciples. Car de plus en plus de présences se feront sentir dans un état vibratoire plus subtil appelé le monde parallèle. Ces phénomènes s'intensifieront et les contacts avec les mondes subtils seront de plus en plus fréquents. Des interpellations, des interrogations et même parfois des frayeurs apparaîtront. Vous devrez en ces moments-là devenir comme des anges gardiens, comme des veilleurs qui conduisent les âmes vers les plans supérieurs. Le Père veille sur Ses enfants, mais vous êtes les aînés qui doivent guider les petits, les plus jeunes. Nous, les maîtres de sagesse et de la connaissance, nous sommes en relation avec le monde du Père et chacun agira selon son rayon.

Ayez confiance que tout se passe selon un plan divin. Les choses se feront naturellement et chacun sera appelé à œuvrer dans son rayon particulier. Vous n'avez pas le rôle de transmettre la science des rayons, mais celui d'informer les âmes que chacune a son œuvre à accomplir selon son rayonnement. Par exemple, si une personne doit œuvrer dans le domaine de la santé, il faut la guider et l'aider à s'affirmer dans cette voie. Si une autre doit œuvrer dans le domaine de l'administration, il faut l'encourager dans cette voie. De même pour une autre qui doit œuvrer dans le domaine spirituel, soyez chacun en tout temps un guide inconditionnel.

Vous n'avez pas à inclure tout le monde dans la même voie, même si vous enseignez la spiritualité. En fait, toutes les voies, tous les rayons sont spirituels. Ils servent tous le grand plan divin.

Devant certains phénomènes mystérieux, plusieurs voudront s'engager dans une voie qui n'est pas nécessairement la voie choisie par le Créateur. Ils chercheront des instructeurs pour les diriger et leur faire vivre des expériences mystiques, alors que leur voie est d'œuvrer dans leur rayon spécifique pour mieux accomplir la tâche pour laquelle ils ont du talent et dans laquelle ils ont du succès. Donc, une certaine prudence est requise en ce qui concerne les vocations trop radicales, car cela n'est pas la voie de l'ascension.

La voie de l'ascension, c'est la voie initiatique qui passe par la conscience des plans supérieurs : la compassion, l'ouverture du cœur, l'entraide et le non-jugement. Voilà ce que vous devez enseigner et véhiculer. Voilà ce dont les âmes ont besoin pour les soutenir dans les mois, les années à venir, car parfois la frayeur sera énorme autour d'elles, et aussi la mauvaise information sera abondante. On racontera beaucoup de choses fausses. Il faudra revenir rigoureusement vers la vérité qui doit être accompagnée de la pureté, de la transparence de votre être, de votre « Je suis ». Donc, pour que vos disciples s'appuient sur vous, appuyez-vous sur la transparence de votre « Je suis », car bientôt on jugera selon les œuvres. Ainsi, un être qui se dit compatissant devra le démontrer, car voici que vient le temps des œuvres, le temps de construire.

Nous demandons maintenant moins de messagers mais plus de bâtisseurs. Ainsi, les appelés seront ceux qui sont capables d'œuvrer et non ceux qui ne font qu'implorer les guides de lumière. Cela aussi est la voie de l'ascension. Nous vous suggérons de faire appel à maître Hilarion qui saura vous aider à distinguer avec discernement ceux-ci de ceux-là. Le rayon de ce maître est très actif sur la terre en ce moment.

Parallèlement à ce rayon, il y a le rayon christique qui est maintenant ancré depuis l'entrée de la terre dans l'ère du Verseau. Nous sommes à l'aube de cette ère, mais nous suivons déjà la bonne voie. L'énergie est mouvante et changeante ; ce qui est passé reste passé. Les portes sont en train de se refermer et tous les enfants de la lumière doivent traverser. Après un certain délai, il sera trop tard pour certains : leur flamme sera trop faible. Ils auront certes une autre chance, mais beaucoup plus tard. Comme il avait été dit, la conscience de l'humanité prend forme vers la quatrième et la cinquième dimension. Ce processus est déjà enclenché et nous, de l'autre rive, nous veillons à l'accueil des nouveaux arrivants et nous vous tendons la main, car nous savons que vous allez être accompagnés de plusieurs âmes. Alors, soyez les bienvenus !

L'humain à l'état d'être ascensionné

Maître Sanat Kumara : Moïse, Élie, Jésus et Marie sont des êtres qui ont ascensionné, témoignage à l'appui. Il y a une symbolique des chars de feu, des nuées célestes et des envoyés divins qui les portent vers les cieux. Tout cela est une élévation à la fois de l'âme, de l'esprit et du corps éthérique, ce corps d'énergie qui s'élève.

À son tour, le corps physique est à nouveau énergisé lorsque la personne est encore incarnée et reçoit une nouvelle programmation. Ceux qui sont en âge de procréer auront des enfants qui seront davantage éveillés et qui posséderont des facultés comme la clairvoyance, la clairaudience, la clairsentience, la télépathie, la kinésiologie, l'intelligence du cœur, l'ouverture à une conscience collective et même des facultés supérieures rarement vues sur votre plan. Cela est la démonstration visible de l'ascension sur le plan physique. Cependant, l'ascension comporte bien d'autres niveaux dans des dimensions supérieures. Par exemple, il y aura plus de contacts avec des êtres célestes lors de voyages astraux, des voyages de niveau cosmique, par des gens qui apporteront des informations provenant d'autres mondes, d'autres univers. Il y aura une nouvelle montée créatrice de l'humanité et la technologie se simplifiera pour faire davantage place à des inventions d'un haut potentiel énergétique qui sont actuellement du domaine de la science-fiction. Par exemple, vous avez des objets qui sont télécommandés, comme vos jouets; dans l'avenir, votre pensée les fera se déplacer. Dans l'ouvrage *La Vie des maîtres* de notre envoyé Baird T. Spalding, c'est ce phénomène qui est utilisé.

Vous aurez des facultés nouvelles de transmission de la pensée qui ne sont possibles que par la spiritualisation de votre matière, votre corps physique. Ce qui requiert un processus de plusieurs années. Pour l'heure, vous n'en êtes qu'au balbutiement, mais cela fait partie de l'avenir humain. Vous aurez plus de contacts avec les maîtres ascensionnés. Des écrits, des informations à ce sujet, qui à ce jour n'ont pas été dévoilés, parce que l'humanité n'était pas prête à les recevoir, seront divulgués et de plus en plus accessibles à tous. Certains parmi ceux qui auront ascensionné dans leur cœur seront prêts maintenant à recevoir ces informations. Il s'agit des êtres purifiés, capables de véhiculer l'amour divin, sans lequel aucune de ces facultés n'est possible, car cet amour divin donne accès aux vibratoires supérieures. Sachez que vous êtes adombrés dans cette nouvelle énergie mais que vous avez toujours le libre arbitre.

Nous vous demandons de véhiculer une information juste afin de libérer les personnes qui vous sont confiées. Ce qui les entrave, c'est la confusion ou la désinformation. Nous vous donnons un exemple: en lisant l'akasha de la personne canalisant ce message, nous voyons la fausse information qu'elle a reçue dernièrement, c'est-à-dire qu'il ne fallait pas utiliser la lumière blanche parce que celle-ci, trop puissante, pouvait la consumer et ouvrir son aura à des entités néfastes. Voilà comment l'ombre, par le mensonge, la négativité et la ruse, ouvre la porte à la peur qui s'installe chez certaines personnes. L'information juste est que la lumière blanche est tout simplement le rayon christique auquel nulle entité négative ne peut résister. En fait, ce sont ces entités négatives qui sont consumées ou transformées. Si une personne est effrayée, c'est qu'elle a peut-être beaucoup d'ombre à consumer. En donnant l'information juste, vous devenez le véhicule des agents d'ascension. Mais, pour que vous puissiez aider ces âmes à rejoindre des taux vibratoires plus élevés, la clarté et l'intégration de la lumière blanche doit d'abord se faire en vous.

Les informations vous parviendront ; elles seront de plus en plus nombreuses. Vous constaterez des changements de taux vibratoire chez vos amis et dans votre entourage. Ce sera très perceptible. Faites-leur comprendre qu'ils changent, qu'ils se transforment car souvent dans ce processus, les gens ne s'aperçoivent pas qu'ils sont en état ascensionnel. Vous qui les observez, qui les voyez ponctuellement, vous êtes en mesurede leur faire voir les transformations qui s'opèrent en eux ; cela vous permettra également de reconnaître en vous-mêmes un changement progressif.

Lorsque nous disons que les cités sont de cristal et d'or, nous faisons appel à la sublimation de la matière, à sa spiritualisation. Vos villes de pierre et de béton doivent devenir des villes de cristal. Cela est symbolique et représente la purification. Vos matériaux de fer et de plomb doivent devenir d'argent et d'or. Cela aussi est symbolique et représente la purification.

La rematérialisation est réelle et vous verrez des manifestations dans la matière. Des âmes inspirées, des changements et des œuvres naîtront de ces purifications. Cela se fera progressivement, individu par individu, petit groupe par petit groupe ; de plus en plus de gens sauront vous rejoindre. Cependant, ceux qui seront trop lourds, qui évoluent dans les plans négatifs ne pourront pas se joindre aux êtres de lumière. Ce sera pour eux la réincarnation.

Dans le processus ascensionnel, il y a une incarnation vers des plans plus subtils où vous devez délaisser votre corps physique. Or le changement de sa nature fera évoluer votre esprit dans des dimensions que vous n'aurez jamais connues auparavant. Lorsque vous réintégrerez une forme physique, la nature de cette forme sera différente de ce qu'elle est actuellement. Ceux qui ne connaîtront pas ce processus d'ascension reprendront un autre corps physique par renaissance, par réintégration charnelle dans un corps dont la nature sera à peine changée. Étant donné que le *karma* est nécessaire pour apprendre, voilà le processus auquel l'humanité s'expose si elle ne prend pas la voie ascensionnelle de la lumière qui est la voie du cœur.

Pour ceux qui auront connu l'ascension, il y aura une reconstitution des atomes de l'ADN, mais l'explication en est très scientifique et elle vous sera donnée probablement par maître Hilarion lui-même qui est le *chohan* de l'ascension. Mère Marie fait partie des chohans de l'ascension. Il y aura également d'autres enseignements qui seront véhiculés par un grand maître du sixième rayon. Vous entrez maintenant dans une période, une phase de purification par laquelle vous aurez élevé vos vibrations. Lorsque vous reprendrez votre pouvoir divin, il y aura autour de vous des serviteurs qui ne demanderont qu'à vous protéger, selon les circonstances. Vous serez en mesure de comprendre ces enseignements. Vous comprendrez par l'expérience.

Qui est la Sophia ?

Ischaïa : **Pouvez-vous nous parler de la Sophia ?**

Maître Sanat Kumara : Sophia, c'est la Sagesse, la Sagesse mère, le principe de la Sagesse de la terre. Sophia est une entité comme le Christ. C'est une entité qui adombre la terre et qui fait qu'elle se réharmonise. La terre depuis sa conception possède une sagesse qui était auparavant dans la pensée du Père et qui émerge maintenant. Plusieurs grands maîtres sont adombrés par cette entité et ils vont travailler à la rééquilibration de l'aura de la terre, de son champ énergétique, de son champ magnétique et de ses polarités. Cela se fait en synchronisation entre les maîtres et l'énergie de la terre, l'énergie yin, l'énergie féminine et la mémoire qui est comprise dans la conscience féminine de la femme. La Sophia, c'est la femme éternelle, la femme totale, la mère éternelle, la déesse de compassion et de sagesse. Mère Marie a été adombrée par la Sophia. Deux des incarnations de la Sophia furent Marie et Isis. À présent, cet enseignement s'installe progressivement sur la terre.

Sachez que les prochaines années que vous vivrez seront des années charnières, des années de choix et de décisions en faveur de la lumière ou bien de retrait. Les âmes se jugeront elles-mêmes dignes d'entrer dans la lumière ou de ne pas y entrer. Celles qui se seront jugées dignes recevront l'enseignement directement ou indirectement des maîtres des plans supérieurs. Que cela ne vous effraie pas ! Au contraire, soyez dans l'allégresse car l'essence divine vient : le temps de la grande rencontre entre le Père et Ses enfants arrive. Le royaume est proche.

Nous, Sanat Kumara, sommes à l'accueil et ouvrirons la porte lorsque vous frapperez.

Ischaïa : **Nous vous remercions, seigneur Sanat Kumara.**

Préceptes de I-Em-Hotep *

Si vous désirez trouver le Sentier, vous devez premièrement atteindre les sept Portails. Quand vous les aurez tous franchis, je vous donnerai de nouvelles instructions.

PREMIER PORTAIL : LA PATIENCE

Avant de vous mettre en route, vous devez abandonner toutes les imitations aveugles acquises dans votre passé. Ne vous préoccupez pas si vos amis paraissent vous abandonner ; soyez sincères et vous atteindrez à l'Union.

DEUXIÈME PORTAIL : L'AMOUR

Au passage de ce portail, soyez prêts à souffrir. L'ancienne Personnalité doit être consumée par le Feu de l'Amour, afin que tous vos corps puissent être purifiés. Prenez donc une braise d'Amour et brûlez tout ce qui appartient à votre « moi ».

TROISIÈME PORTAIL : LA CONNAISSANCE

Avec la Patience et l'Amour, vous atteindrez la Connaissance et la Compréhension de l'Union avec la Sagesse Éternelle. Vous détruirez le Carcan du Désir et comprendrez l'Esprit de l'Immortalité. Le soleil se lève, la nuit prend fin.

QUATRIÈME PORTAIL : L'UNION

L'union, dans son sens véritable, vous permet de comprendre que DIEU est la Force Unique qui anime tout. Examinez-vous, vous-mêmes, tous les jours et observez si votre Foi est plus grande, et si votre cœur est occupé davantage des choses de Dieu. Ne laissez

* Tiré de l'ouvrage : *Les Maîtres,* de K. Barkel, éd. De La Chaîne Brisée

plus place au « Désir Personnel « car certainement, lorsque vous atteindrez les plus hautes cimes de la spiritualité, un seul désir terrestre peut causer votre chute.

L'esprit est semblable à un oiseau qui, commençant à voler, désire s'élever toujours plus haut. Libérez votre mental de la ruse, de l'envie, et ne tachez pas votre langue de calomnies.

CINQUIÈME PORTAIL : LE CONTENTEMENT

Béni soit celui qui a atteint ce portail, celui qui sait que toutes les richesses du monde, tout l'Amour, toute la Félicité et toute la Douleur sont envoyés par le « Plus Grand », le Père de tout, et que de Son Abondance provient l'approvisionnement journalier et constant.

Que votre mot d'ordre soit donc : « Dieu me donnera tout ce dont j'ai besoin. »

Au portail du contentement, les cœurs et les âmes communient. Là se trouve le contentement suprême – DIEU.

SIXIÈME PORTAIL : LES RICHESSE

Oh ! mon Bien-Aimé, comment décrire les Richesses de ceux qui s'unirent à Lui, le plus Glorieux ?

Après bien des cheminements et perturbations, là s'ouvre devant vous la plus belle des visions. Vous verrez votre « Maître » face à face, et à chaque instant un Monde Nouveau avec ses mystères, et vous admirerez l'infinie Sagesse déposée en eux.

Comment donc pouvez-vous vous considérer comme petits, si vous possédez en vous-mêmes un Univers ?

SEPTIÈME PORTAIL : LA LIBERTÉ

En passant ce portail, le Pèlerin se délivre de son « moi » et commence à vivre avec Dieu. Il ne donne plus de valeur aux « choses du monde », ni même son admiration, ne désirant qu'une chose : que toutes ses possibilités soient utilisées pour le service de DIEU.

Lorsque vous aurez franchi ce portail, alors vous serez libres de tout ce qui appartient au Monde. Écoutez la voix de l'Esprit de tout votre cœur, de toute votre âme, car la Lumière Divine ne tombera pas toujours sur vous comme la rosée, ni n'importe quelle mer ne recèle des perles, ni toutes les branches, des fleurs.

Toujours donner et être généreux, telles sont les qualités des Êtres Supérieurs. Béni soit qui les cultive.

Seigneur Bouddha

La bénédiction du wésak d'Ellen Lorien (France)

LA PAROLE DU SEIGNEUR BOUDDHA AUJOURD'HUI

« Comme les branches de l'arbre
renvoient leur sève vers les racines dont elles proviennent,
comme le fleuve coule vers la mer qui alimente sa source,
le cœur de qui est compatissant se plaît à rendre le bienfait reçu. »

L'harmonie ou la voie de l'ascension

Seigneur Bouddha : Comme nous vous l'avons promis, le Bouddha est aujourd'hui prêt à vous donner un enseignement.

Ischaïa : **Bienvenue à toutes les entités de lumière qui sont en Bouddha ! Bienvenue à la lune ! Bienvenue, seigneur Bouddha ! Comment est-il juste de vous nommer ?**

Seigneur Bouddha : Vous pouvez nous nommer Bouddha. Bouddha est une énergie, une conscience, tout comme Maîtreya, tout comme le Christ. Bouddha et Christ sont synonymes. Ils viennent cependant de deux mondes bien différents.

Bouddha est venu perfectionner, accomplir son illumination en apportant son énergie et son enseignement aux hommes. Il est venu sacrifier une partie de son énergie afin de préparer l'humanité et d'ouvrir grandes les portes à la venue du Christ sur terre. Plusieurs êtres ont porté le Bouddha, l'humanité entière porte le Bouddha.

Nous aimerions vous parler de l'harmonie.

Qu'est-ce que l'harmonie ? L'harmonie, c'est le guide, le barème, l'examen. Elle est celle qui juge et qui permet de comprendre les étapes qu'il vous reste à franchir avant d'atteindre l'ascension, avant de vous élever dans une dimension, dans une conscience plus grande, plus vaste. L'harmonie régit l'univers car elle est l'ensemble des lois, des préceptes, des équations. Elle est l'équilibre qui régit l'univers et son fonctionnement.

L'harmonie, c'est se mettre au diapason de ces lois et de ces équations, de ces principes qui régissent votre univers, c'est se conformer à la loi et à la volonté du Créateur. L'harmonie, c'est se centrer et créer en soi le vide par la purification, l'élimination des pensées chaotiques, des émotions, des sentiments négatifs, des blocages, des déséquilibres. C'est laisser retomber la poussière qui vous anime dans un sens qui est contraire à l'amour, et la retourner à un état d'élément, un état d'unicité, d'individualité.

Quand vous serez installés, bien ancrés dans ce vide, appelez à vous les énergies les plus élevées, comme celles de la paix. Appelez la Lumière qui transmet et qui contient toute vertu, toute conscience, toute compréhension. Faites appel à l'amour, à des idées, des sentiments, des idéaux qui sont élevés, dont vous avez l'intime conviction qu'ils vous feront évoluer jusqu'à l'infini.

Lorsque nous parlons d'idéaux, nous parlons d'amour, du don complet de soi, nous parlons de transparence, de désintéressement, nous parlons de joie réelle. Nous parlons d'abord et avant tout de gratitude car, parmi toutes les vertus, c'est elle qui ouvre toutes les portes du ciel puisqu'elle crée et rétablit en vous les lois qui gouvernent l'univers.

Peut-être n'êtes-vous pas en mesure scientifiquement d'analyser et de comprendre tout le fonctionnement, toute la raison d'être de toutes les infimes parties d'énergie de mouvement qui régissent l'équilibre de votre terre, l'équilibre dans votre corps et dans vos atomes. Vous comprenez qu'il y a le magnétisme, qu'il y a les polarités, qu'il y a les électrons ; vous comprenez que la matière voyage et se déplace, mais ce qui régit cette polarité, cette unité dans la diversité, c'est la gratitude. Méditez sur le sentiment de gratitude, vous posséderez la clef qui vous permettra de comprendre le fonctionnement de l'univers. Car la gratitude contient l'amour et le don de soi ; elle reconnaît que l'on reçoit et que l'on doit donner. Elle vous permet d'aimer votre Père et tout ce qu'il y a autour de vous. Elle permet d'ouvrir les portes qui laissent pénétrer en vous une énergie de plus en plus puissante. La gratitude accepte également la loi d'évolution qui vous demande de prendre de l'expansion, tout en retournant au Créateur ce qu'Il vous a offert afin qu'Il complète le cercle, ce cercle qui Le compose.

La gratitude est le sentiment qui anime chaque être de la Création, de façon inconsciente pour certains, mais consciente pour bien d'autres. La gratitude régit l'univers car elle nourrit de la substance divine toutes les créatures de cet univers, toutes les créatures à l'intérieur de notre Créateur.

La gratitude permet à l'énergie de circuler librement. Elle transforme et rend positive toute l'énergie à l'intérieur de vous, car vous pouvez remercier pour tout ce qui existe, à l'intérieur comme à l'extérieur de vous. Ce faisant, vous élevez l'amour qui est essentiel à la gratitude. Puisque, comme tout être de la Création, vous êtes capables de gratitude, vous êtes donc capables d'amour à chaque instant. La gratitude vous fera comprendre l'amour. Elle ouvrira votre conscience et par elle, vous comprendrez l'harmonie dans tous ses secrets.

Toutes les clefs qui ouvrent les portes de l'harmonie sont contenues dans la gratitude. Elle est le sentiment humain le plus élevé qui contient toute la divinité, toute la science de la métaphysique, toute la science du divin, toute la science de l'amour, toute la science de l'élévation et de l'ascension. De toutes les vertus, de toutes les consciences, de tous les apprentissages, la gratitude est la plus grande, la plus importante.

La gratitude est le moteur et le véhicule de l'amour inconditionnel. Toutes choses sont contenues les unes dans les autres, mais pour l'humain, l'émotion la plus élevée, celle qui lui permet les pensées les plus sublimes et qui lui ouvre bien grandes les portes de l'intuition, c'est la gratitude. C'est ce sentiment qui propulse le plus loin, car il ouvre les portes de l'amour et de l'harmonie.

La gratitude apporte le respect pour chaque individu. Elle vous apprend à vivre en harmonie, à vivre dans la conscience que vous faites partie d'un tout beaucoup plus vaste que l'idée ou la connaissance que vous avez de vous-mêmes. Elle apporte le respect qui vous permet d'aimer et d'accorder à chaque être la liberté dont il a besoin, l'amour inconditionnel et universel dont il doit se nourrir. Vous respectez ainsi toutes les lois de l'univers et peu importe où vous vous situez sur l'échelle de l'évolution, vous êtes constamment nourris, vous êtes protégés, élevés et enseignés parce que vous avez inscrit et ancré la gratitude à l'intérieur de chacune de vos cellules, de chacun de vos corps et chacune de vos pensées.

La gratitude apporte la foi qui vous permet de croire en notre Seigneur, notre Dieu ; la foi qui vous permet de vous élever et d'atteindre le sommet de la montagne ; la foi qui vous permet de vous propulser vers l'infini et d'atteindre une véritable autonomie et un véritable état de complète souveraineté. La foi permet toute création, toute réalisation et toute projection. La foi ouvre grandes les portes de la vérité. C'est par la foi que vous vivez car elle maintient l'équilibre entre chaque particule de vie, elle maintient votre corps et vos pensées et fait tenir l'univers en un tout cohérent.

La foi, c'est la conscience ; la foi, c'est la mère ; la foi, c'est l'amour. C'est ce qui ancre chaque élément dans un tout, dans une seule conscience, dans une terre. La foi, c'est ce qui vous permet de connaître Dieu : en elle se trouve le Créateur tout entier, en elle se trouve une parcelle immense de la vie du Créateur, une parcelle de sa vérité et de son pouvoir.

Seule la gratitude peut vous donner la foi et peut vous enseigner à la faire grandir en vous. La foi est une bénédiction, elle est ce que vous avez en commun avec le Créateur, tandis que la gratitude est le symbole de votre relation et de votre affiliation au Créateur et à l'univers. La gratitude est votre sixième sens car c'est ce qui vous permet de vous nourrir.

L'harmonie

Maintenant que vous possédez la clef, parlons de l'harmonie. Elle est une façon de reconnaître votre élévation, de reconnaître les efforts que vous avez faits et ceux qu'il vous reste à faire pour vous sentir de plus en plus près, de plus en plus à l'intérieur et au cœur du Créateur qui est au cœur de l'univers.

L'harmonie est une sensation, une intuition, une compréhension que vous êtes de tout ce qui est céleste et de tout ce qui ne l'est pas ; de tout ce qui est amour et de tout ce qui ne l'est pas. L'harmonie, c'est sentir tout simplement qu'en vous et autour de vous tout est au diapason ; la même paix, la même plénitude existe à l'intérieur comme à l'extérieur puisque l'amour du Créateur coule à travers vous sans entraves. L'harmonie est constituée des vertus qui sont le summum de votre compréhension et de votre manifestation en tant qu'humains. Ces vertus sont : l'amour inconditionnel, le détachement, le don de soi, le respect, la discipline, la compassion, le pardon, la vérité, le sens du devoir qu'exprime le terme *dharma,* l'érotisme. L'érotisme peut vous apprendre beaucoup sur l'harmonie et sur la science de la relation.

L'harmonie renferme le courage, l'audace, la sagesse et la beauté. Elle est la manifestation du divin sur cette terre. Lorsque vous l'avez intégrée, tout à l'intérieur de vous devient transparent, conforme à la volonté divine, c'est-à-dire aux vertus. Vous possédez le libre choix. L'harmonie n'est pas une science de l'intellect, même si l'intellect peut en percevoir des parties. L'harmonie, c'est tout simplement savoir que tout évolue, que tout existe dans l'amour, dans la joie et dans la sagesse. Dans votre quête d'harmonie, vous atteignez un état d'amour et de paix toujours plus grand. L'harmonie, c'est votre but, c'est votre création. C'est pourquoi nous disons qu'elle est l'examen ; elle est comme vos notes de cours, elle vous permet de toujours savoir à quel point vous êtes éloignés du divin, de la vérité. C'est une source intérieure de référence qui vous permet d'apprendre et de vous souvenir que vous avez un but à atteindre, un résultat à apporter et à matérialiser. Ce résultat comprend le respect du libre arbitre qui accorde à chaque être le droit et la liberté d'aimer. L'harmonie est une nourriture en soi qui vous incite à grandir ; elle est une manifestation qui permet à l'être humain de laisser tomber toutes ses chaînes pour s'élever dans la lumière. En créant l'harmonie, vous laissez comme héritage une œuvre accomplie.

L'harmonie, un guide pour l'ascension de la terre

Ischaïa : **Vous dites que l'harmonie est comme nos notes de cours. Pourriez-vous développer ?**

Seigneur Bouddha : L'harmonie est votre guide, votre point de référence et d'apprentissage qui vous permet de vous souvenir du but à atteindre, du résultat à apporter et à matérialiser. Elle est ce résultat, ce but car elle comprend le respect du libre arbitre qui accorde inconditionnellement à chaque être le droit et la liberté d'aimer et d'agir. Elle est une nourriture qui vous incite à grandir et évoluer dans la légèreté et dans la lumière en laissant tomber vos chaînes. Une fois que vous avez ancré et manifesté l'harmonie, votre âme peut se reposer pour que votre essence divine s'élève car vous laissez en héritage une œuvre accomplie. Vous pouvez alors franchir une nouvelle étape parce que vous vous êtes efforcés d'apporter l'harmonie partout où vous étiez. L'harmonie, c'est accorder le libre arbitre à toutes vos cellules à l'intérieur comme à l'extérieur. C'est, de plus, continuer à les nourrir d'amour, de gratitude, de pardon, de détachement et de toute nourriture divine que vous êtes capables de canaliser. Ainsi nourries, ces cellules garderont leur affiliation à vous, tout en continuant de se propager, de se multiplier et de grandir. Vous êtes donc prêts à vous élever, à ascensionner.

L'harmonie dont je parle, une fois réalisée complètement, apporte une ascension ; non seulement celle dont il est question ici, qui est l'ascension vers la quatrième dimension vers l'état christique, mais une harmonie qui apporte l'ascension de l'humanité, de la terre dans sa globalité. Une fois créée en vous, elle vous apportera l'état autonome de créateur, de cocréateur avec le Père divin car vous aurez diffusé toute votre substance à l'univers. Voilà ce qu'est l'harmonie que chaque être humain, peu importe son évolution, est capable de sentir, de pressentir ; chaque être humain est capable de se connecter à elle et de la vivre, tout simplement en se concentrant, en y pensant et en se questionnant sur elle. Mais l'être humain qui appelle à lui l'harmonie et qui la cultive doit chercher à chaque instant à la préserver et à la faire grandir. À cette fin, il se servira de la gratitude, car elle est la vertu la plus élevée.

Lorsqu'il réalise l'harmonie, chacun devient le créateur et il est parfait. L'harmonie est aussi infinie que l'univers lui-même parce qu'elle est constante. Lorsque vous aurez réussi à accorder le libre arbitre à chacune de vos cellules, vous devrez continuer à les nourrir de toutes vos vertus, car elles contiennent non seulement des univers mais aussi des entités qui devront être stimulées et nourries en passant par vous. Maître Jésus apporta une très grande dose d'harmonie à l'intérieur et autour de lui. Il était prêt à embrasser l'univers et c'est pourquoi aujourd'hui chaque être humain peut entrer en contact avec lui parce que Jésus-Christ préserve l'harmonie ; Jésus-Christ s'est étendu à tout l'univers ; il continue à nourrir de vertus tout ce qui est intérieur et extérieur à lui. Il permet à l'énergie divine de se propager dans toute sa conscience qui englobe non seulement toute la terre mais aussi tout l'infini. Maître Jésus aujourd'hui travaille à propager et à approfondir davantage cette harmonie. En atteignant l'état de Christ, il a donné une telle poussée à l'harmonie et à la perfection que plus rien ne peut entraver ni arrêter le processus.

Cette harmonie parfois peut vous sembler faible ou même inexistante, mais n'oubliez pas que l'univers contient de très grands défis et que parfois il faut prendre un certain recul, faire un pas en arrière afin de surmonter un obstacle tout en y plongeant avec votre harmonie, votre gratitude et votre amour. Une fois que vous l'aurez suffisamment recherchée, l'harmonie et que vous l'aurez appelée à vous, vous vibrerez constamment dans la gratitude. Vous

vous propagerez dans l'infini en totale confiance, car vous saurez que vous êtes capables de nourrir l'univers tout entier par votre énergie, par l'énergie du Créateur.

Il n'est d'autre maître, il n'est d'autre guide à l'intérieur de vous que la gratitude. Il n'est d'autre Dieu, d'autre but que l'harmonie, que de rechercher à manifester l'harmonie. Il n'y a d'autre réalisation dans la vie que celle de l'harmonie, sachez-le.

C'est ce que l'enseignement du Bouddha a légué à la terre : la Lumière, la gratitude, la compassion, l'harmonie. C'est à vous maintenant dans le Christ de faire fleurir ces graines qui contiennent en elles seules tout l'univers, tous les secrets de l'univers. Il n'est nul besoin de science, ni d'autres connaissances que la gratitude, que l'harmonie, car elles seules appellent tout ce que l'univers contient. Elles seules ouvrent toutes les portes et vous donnent la connaissance, la sagesse et la vérité ; non pour que vous les emmagasiniez, non pour que vous en nourrissiez votre ego et qu'elles cessent de circuler et de se répandre dans l'univers, mais plutôt pour que cette connaissance, cette sagesse et cette vérité se transmettent par vous à tout l'univers.

Nous ne pouvons donner des perles à quelqu'un qui les gardera pour lui-même, à quelqu'un qui fera mourir la seule perle qui vous est nécessaire pour avoir toutes les autres. La flamme divine, cet atome de Dieu, est la gratitude ; l'amour pur qui est au plus profond de votre cœur s'appelle connaissance, sagesse et gratitude.

Alors, au risque de trop nous répéter, nous allons maintenant passer à vos questions.

Comment atteindre l'état d'harmonie

Seigneur Bouddha : La première chose à faire lorsque vous vous levez le matin est de remercier le ciel, remercier l'univers, remercier le Seigneur. Tout en vous réveillant, remerciez de plus en plus profondément jusqu'à ce que vous sentiez que les racines mêmes de votre reconnaissance partent de votre cœur. Remerciez pour toutes les bénédictions reçues, pour le sommeil, pour la lumière, pour l'amour, pour la vie, pour les pensées offertes. Remerciez même pour la gratitude que le Seigneur vous permet de posséder. Après avoir remercié, levez-vous dans un état de paix et de béatitude, et faites vos ablutions matinales afin qu'il ne subsiste aucun sentiment, aucune énergie ni entité négative en provenance de votre sommeil et commencez la journée en remerciant à chaque instant pour chaque geste, chaque événement, chaque cadeau. Remerciez aussi pour l'eau, pour la pureté. Remerciez pour chacune de vos respirations, remerciez pour chaque bouchée de votre repas, pour l'énergie contenue dans ce repas. Prenez le temps de manger tout en remerciant et en ayant de la gratitude pour chaque particule de nourriture que vous absorbez.

Lorsque vous êtes dans la nature, remerciez le ciel pour ses couleurs, pour le temps qu'il fait, pour les arbres, les fleurs et les animaux. Remerciez pour l'air, l'oxygène et le prana qui vous font vivre. Dans cet état de gratitude, commencez votre journée dans la paix et dans l'harmonie avec tout l'univers car vous avez été reconnaissants. Vous avez remercié chaque être et chaque créature. Vous avez ouvert votre cœur à recevoir les plus belles bénédictions que l'univers peut vous apporter.

Remerciez chaque être d'exister car chaque être, peu importe son évolution, joue un rôle important dans les plans divins. Alors, remerciez chaque être que vous croisez pour ce qu'il apporte à l'univers, pour l'énergie de Dieu qu'il transmet à l'univers. En le remerciant, vous lui pardonnez aussi ses erreurs et ses manquements, vous lui pardonnez les entités négatives qu'il traîne avec lui, et tout le mal qu'il pourrait vous faire. Ainsi, vous vous empêcherez d'être enchaînés à cette terre, à la négativité qui s'y trouve. Vous y serez ancrés par l'amour et non par des chaînes d'obligations ou par des chaînes karmiques. Vous serez simplement ancrés par le lien d'amour très puissant qui relie tous les êtres de l'univers, peu importe la distance qui les sépare.

En remerciant, vous pardonnerez et aimerez de façon inconditionnelle car c'est le Créateur, c'est la nature, c'est l'amour divin et la mère divine que vous remercierez. Maintenez un tel état de vigilance car, bien sûr, vous devez penser à plusieurs choses, à vos obligations et à vos responsabilités. Quoi qu'il en soit, n'oubliez jamais que vous travaillez pour la Source, que vous travaillez pour le Seigneur. Alors, à chaque instant, tout en vaquant à vos occupations, demandez au Père de vous aider à préserver la gratitude, à l'amener et à la rayonner à tout moment au plus grand nombre d'endroits et de gens possible.

Programmez votre subconscient afin qu'il demeure toujours dans l'amour et dans la gratitude. Si tous les humains exprimaient déjà cet état d'être, il y a longtemps que la terre entière serait ascensionnée. Cependant, nous comprenons, acceptons, pardonnons et remercions qu'il en soit ainsi, que les hommes aient des apprentissages, des occupations et des tâches à accomplir au cours de leur journée. Si l'être humain est conscient qu'il travaille pour le Seigneur, s'il est conscient que son Patron céleste est toujours avec lui et l'encourage tout en lui présentant des défis dans sa journée, il saura comment apporter la gratitude à chacun de ses gestes, car le défi de l'être humain est justement d'apprendre à vivre dans la gratitude pour chaque respiration.

La gratitude, c'est votre mission à tous sur terre car le Christ est gratitude, rien d'autre, sachez-le. Le Christ, votre flamme divine, votre feu divin, c'est l'amour qui réside à l'intérieur de la gratitude.

Lorsque chacun de vous réussira à avoir de la gratitude à chaque instant de sa vie, il sera entièrement Christ, il manifestera l'état christique à tout moment, peu importent les circonstances. Vous vous élèverez plus encore que tout ce que la terre a pu observer jusqu'à maintenant. Elle vous témoignera sa reconnaissance car vous l'aurez aussi élevée jusqu'au plus haut sommet de sa vie. Vous la conduirez à pénétrer tous ses corps subtils et toute son essence divine.

Lorsque vous pratiquez la gratitude, vous pouvez remercier pour votre négativité car elle vous apprend à vous élever. Vous pouvez remercier pour vos peurs car elles vous apprennent le courage. Vous pouvez remercier pour votre haine car elle vous apprend l'amour, le pardon et la compassion. Vous pouvez remercier pour votre colère car elle vous apprend la tolérance, la patience, la compassion et le pardon. Vous pouvez remercier pour chaque chose de votre vie. Enfin, vous pourrez accomplir une tâche divine sans crainte de faire une erreur ou de commettre une bévue, car la gratitude est parfaite et chaque enfant comme chaque adulte est capable de l'employer. La gratitude, si infime soit-elle, existera jusqu'au dernier moment à l'intérieur du cœur humain.

***Ischaïa*: Après ce dernier moment, qu'y aura-t-il?**

***Seigneur Bouddha*:** Cela dépend, si vous parlez du dernier moment d'un être qui s'élève, alors il n'y a pas de dernier moment. Le corps lui-même ne meurt pas, il s'élève, car chaque cellule est complètement vivante, complètement autonome, entièrement christique et ne connaît point la mort. Ce dernier moment n'existe donc pas, il est tout simplement le passage d'un état un peu plus lourd à un état plus léger, un peu plus vaste; d'un état plus dense à un état beaucoup plus subtil, beaucoup plus grand et beaucoup plus merveilleux.

Mais si vous parlez du dernier moment d'un cœur qui n'a pas su remercier, il vivra jusqu'à ce que la dernière parcelle de gratitude dans son cœur soit suffisante pour le faire vivre. Il vivra, mais lorsque la gratitude sera devenue trop infime pour faire vivre le puissant organisme qu'est un corps et un cœur humain, la gratitude, elle, quittera ce corps. Elle quittera cet être pour devenir une flamme divine complètement pure et infinie. Elle demeurera en vie éternellement car la gratitude est éternelle. Cet être humain se désagrégera tranquillement, retournera à la terre et au néant pour repartir de zéro dans le grand cycle de l'univers et de la vie.

Et l'étincelle divine viendra un jour rappeler à elle tous les éléments encore vivants, tous les éléments maintenant nettoyés par le cycle de la vie, et les reformera un jour, tout simplement. Puisque cet être humain était si profondément ancré dans la négativité, toute parcelle de gratitude s'est à nouveau divisée et est retournée à l'état pur, à l'état sublime. Son corps est retourné à la terre, ses atomes se sont tous séparés afin que les mauvaises combinaisons de ces atomes, de ces pensées, de ces sentiments retournent aux éléments et à la nature. Cela peut prendre très longtemps, n'oubliez pas que nous parlons d'infini et d'éternité.

Mais un jour, la parcelle maîtresse de gratitude rappellera à elle tous ces éléments, toute cette énergie pour recréer un corps, recréer un être humain qui lui appartient, dont elle est maître, dont elle est la vie.

Comment répandre l'harmonie

Ischaïa : **Comment répandre l'harmonie autour de soi et maintenir des liens d'amour éternels avec ceux que nous aimons ?**

Seigneur Bouddha : La réponse est dans un mot qui doit être gravé à la porte du temple de votre esprit en belles lettres d'or et de lumière, c'est la GRATITUDE. Vous devez l'ancrer dans votre esprit. C'est par la gratitude que vous pouvez répandre l'harmonie et la vie, car elle seule possède le discernement et l'amour nécessaires pour donner en respectant le libre arbitre. Avec la gratitude, vous offrez l'essentiel au lieu de donner des perles à celui qui n'en n'a pas besoin. Car l'être humain reçoit vraiment ce qu'il peut donner avec gratitude. Chacun de vous est pour lui un miroir de sa générosité ; la vie à travers vous le remercie pour ce qu'il donne. De cette façon, vous répandez l'harmonie autour de vous. Car, si vous respectez le libre arbitre d'une personne, elle peut elle-même l'accorder à chacune de ses cellules. Ainsi, l'harmonie est possible même si quelqu'un ne l'accepte pas. C'est par ce principe que Jésus a pu ascensionner, puisque son entourage qui refusait son harmonie l'avait crucifié. L'harmonie respecte le libre arbitre, respecte l'univers tout entier. Elle est amour inconditionnel et toutes les vertus à la fois ; elle se répand, mais ne force rien ; elle encourage et conscientise. L'harmonie rend incorruptible.

Si les êtres autour de vous sont fermés, l'harmonie les poussera gentiment, subtilement comme une eau qui coule sur un rocher. Avec patience et persévérance, elle réussira à modeler, à polir ce rocher, à le fissurer, à créer l'érosion dans sa matière, si cela est nécessaire. L'harmonie est cette patience, elle est ce doux encouragement divin qui incite les hommes à s'élever, qui leur fait comprendre dorénavant que c'est leur libre arbitre qui veut s'élever car ils sentent l'harmonie, cette vibration au diapason de laquelle ils veulent se mettre. Alors, pour apporter l'harmonie et la répandre, installez-vous au préalable dans le sentiment de gratitude qui est la porte, la première chose essentielle à avoir. Puis centrez-vous dans votre cœur et pensez tout simplement à l'harmonie. C'est cet exercice de concentration qui fera se manifester à l'intérieur de vous toutes les pensées et toutes les sensations qui s'y rapportent.

Prenez quelques instants de votre journée pour méditer sur l'harmonie. Fermez vos yeux, détendez votre corps, calmez votre esprit, inspirez et expirez lentement mais profondément, en respectant votre rythme. Pratiquez le sourire intérieur ; souriez à toutes les cellules de votre corps, comme si elles étaient vos enfants, comme si elles étaient vos plus belles créations. Laissez venir à vous les plus belles pensées d'amour pour votre Créateur. Offrez-vous les plus belles fleurs ; laissez infuser dans votre cœur les plus doux parfums ; laissez venir à vous tout simplement les pensées d'harmonie.

C'est par un exercice aussi simple que Dieu, que l'univers a généré en Lui une pensée d'harmonie et tous les éléments se sont manifestés autour de cette idée première pour la nourrir et la perpétuer. Alors est venu l'amour et toutes les vertus qu'il comporte. Il y a un point, un atome, un proton positif autour duquel toutes les planètes, tous les électrons viennent s'agréger, créer et cristalliser cette force. C'est un tout très complexe. Apprenez à cultiver, à laisser fleurir en vous des pensées d'harmonie, des pensées d'amour et de paix qui seront la base de votre propre création.

Ce simple exercice est un exercice de cocréation divine, ne le négligez pas. Si vous le faites, faites-le bien. Prenez le temps nécessaire et ne faites naître en vous que des pensées de pureté. Rééduquez, entraînez votre cerveau, votre corps, vos cellules à penser et à agir positivement. Faites-le progressivement et ainsi, vous apporterez l'harmonie en vous.

Pratiquez cet exercice un certain temps, cinq minutes peuvent être suffisantes. Il importe d'être persévérant, constant et de créer chaque jour, à chaque instant cette atmosphère de détente et de relaxation, de placer l'harmonie au centre de votre cerveau et de chacune de vos cellules, au centre de votre corps et de la laisser s'infuser et s'ancrer dans votre esprit. Adoptez des gestes de plus en plus gracieux, de plus en plus légers. Libérez-vous de tout ce qui vous alourdit ; exécutez chaque geste avec grâce pour que la gratitude soit réellement présente dans votre journée. Faites que la gratitude et l'harmonie soient les seuls sentiments qui vous habitent au réveil comme au coucher. Endormez-vous dans cet état de gratitude, cela est nécessaire à toute réalisation divine.

Vous pouvez faire des milliers de créations, avoir des milliers de possessions sur cette terre, si elles ne sont pas réalisées dans la gratitude, elles ne font pas partie de votre trésor, aucune d'elles ne fera partie de votre âme, aucune d'elles ne fera partie de votre être. À la mort de votre corps physique qui retournera à la terre, vous n'aurez rien qui soit digne d'être emporté car vous n'avez pas créé dans la gratitude.

Comment élever nos frères à la conscience fraternelle

Ischaïa : **Nous croyons que tous les humains sont frères. Comment aider ceux qui n'ont pas la conscience à comprendre ces liens fraternels pour que leurs actions, leurs pensées et leurs gestes soient tournés vers le bien-être de tous, quelles que soient leur race, leur couleur, leur religion, leur apparence, et que leur amour englobe la terre entière afin que tous se sentent chez eux ?**

Si vous les traitez comme des frères, comme des membres de votre famille, comme vous aimeriez qu'on vous traite, en leur témoignant votre amour et votre gratitude, en leur révélant votre perfection divine, en étant tout simplement détachés et vraiment désintéressés.

Alors, ils sentiront votre être comme une demeure où ils peuvent entrer en toute paix d'esprit et en toute confiance.

C'est lorsqu'on éprouve un tel sentiment pour un être humain que l'on est dans la véritable fraternité et qu'on peut la lui témoigner. Lorsque vous regardez quelqu'un avec détachement, vous regardez Dieu, vous voyez le divin. Exprimez-lui de la gratitude pour ce qu'il est profondément car vous êtes affiliés à sa divinité et non à la négativité, qui bloque la Lumière. Car tout être de la création porte la divinité en son être, en son cœur et dans le cœur de toutes ses cellules. Lorsqu'un être humain vous exprime de la haine, il est normal que vous la refusiez car nul ne doit accepter la haine venant de son frère. Répondez à cette haine par l'amour inconditionnel, par la sagesse et la fermeté, par la vigilance, par le pardon, par le courage et l'audace ou, mieux encore, laissez les anges répondre à travers vous par le silence ; connaissant le sens de la vraie fraternité, ils savent répondre à tous les humains.

Dans votre désir de propager la fraternité universelle, il est essentiel de considérer le divin en chaque être et en chaque créature. Si vos pensées envers eux sont des pensées d'amour, alors elles les atteindront. Vos frères sentiront que vous êtes une porte ouverte, que vous êtes un soleil, que vous êtes un abri, même s'ils ne vous ont jamais vus, même s'ils n'ont lu que vos livres ; ils sentiront que vous êtes leurs sœurs, que vous êtes leurs frères et c'est ainsi que vous propagerez en eux le sentiment de fraternité. Vous ne pouvez exprimer ou ancrer en quelqu'un un sentiment aussi puissant que la fraternité qu'en y étant vous-mêmes ancrés, qu'en étant vous-mêmes amour, qu'en étant vous-mêmes des frères ou des sœurs, qu'en étant vous-mêmes un père ou une mère pour cette personne, car en vérité, vous êtes tout cela et beaucoup plus encore.

Ischaïa : **Très bien. Je vous remercie, seigneur Bouddha.**

Comment donner en respectant le libre arbitre de celui qui reçoit

Ischaïa : On a tendance à forcer l'harmonie chez ceux qu'on aime ; on a tendance à vouloir qu'ils soient bien, qu'ils soient heureux. Comment savoir ce dont ils ont besoin et donner avec justesse, tout en respectant leur libre arbitre ?

Seigneur Bouddha : Nous avons déjà répondu à cette question, mais nous pouvons préciser pour renforcer toujours et toujours la GRATITUDE, ces lettres d'or placées sur le temple de votre cœur et de votre esprit. La gratitude vous enseignera à donner dans une juste mesure. Ne forcez pas l'harmonie chez vos frères ; ce faisant, vous ne respectez pas leur libre arbitre. Amenez de plus en plus de détachement, de pardon et de désintéressement dans votre vie, sachant que l'important, c'est d'être dans une harmonie de plus en plus grande et de plus en plus parfaite. Ceux qui ont besoin de votre aide viendront à vous ; vous les aiderez de votre mieux, en rayonnant la lumière et en étant de plus en plus à leur écoute.

Sachez que le but n'est pas d'aider ni d'illuminer tous les êtres humains. Le but, c'est de purifier et d'agrandir votre cercle de rayonnement et vous pouvez l'atteindre en étant toujours conscients de Dieu, du Père, de la Mère en vous ; en étant conscients des maîtres, vos frères de lumière qui ont leur place dans votre cœur, en étant conscients de la gratitude et de l'unité dans tous les êtres ; et en étant conscients de votre harmonie. C'est sur cela que vous devez vous concentrer, car seule la gratitude possède la perfection nécessaire pour faire passer la totalité de cette énergie. Préservez en vous l'harmonie et rayonnez-la ensuite. Elle imprégnera tous les êtres autour de vous, comme le soleil qui envoie tous ses rayons et donne toute sa chaleur ; c'est de l'intérieur qu'il crée, et il ne force pas les planètes à absorber de sa chaleur. Si les planètes n'en voulaient pas, elles s'en iraient, mais si elles restent autour, c'est qu'elles ont besoin de chaleur, de lumière et de conscience. Peu importent les tremblements ou autres événements catastrophiques qu'il peut y avoir sur la terre, elle reste auprès du soleil pour bénéficier de son aide et de son amour. Lorsqu'elle a besoin de moins de chaleur pour poursuivre son propre chemin, elle s'en éloigne un peu. Mais elle ne perd jamais de vue ce soleil qui, lui-même demeurant toujours stable, nous inspire et inspire à la terre cette stabilité. Alors, comme lui, vous ne devez forcer personne ; vous ne pouvez que rayonner ce que vous êtes profondément : chaleur, lumière, amour, conscience et vérité.

Selon l'enseignement de la vie, vous pouvez prévenir un être humain que son orientation l'éloigne de la chaleur, et de la lumière de Dieu. Vous pouvez avec tout votre amour l'informer de ce que vous croyez être son erreur. Mais il est de sa responsabilité de réagir, sinon la vie se chargera de lui. Si de votre côté vous commettez une erreur, un maître utilisera tous les moyens pour vous le dire afin que vous puissiez la réparer. L'intelligence du Créateur ne laisse rien au hasard. Alors, faites-Lui confiance car c'est dans cette confiance que vous pourrez enseigner à tous les êtres humains.

***Ischaïa :* Je vous remercie, seigneur Bouddha.**

Archange Michaël

LA PAROLE DE L'ARCHANGE MICHAËL AUJOURD'HUI

« Je suis avec vous,
mais lorsque je deviens silencieux
cela signifie que je suis en train de recevoir sur mon bouclier,
les flèches qui vous étaient destinées. »

MAÎTRE EL MORYA

L'intervention de l'archange Michaël

Le médium Channel : L'archange Michaël est avec nous.

Ischaïa : **Bienvenue, Archange Michaël.**

Archange Michaël : Du souffle de la Terre est né le dragon. Nous, archanges avons été conduits par le feu vers les cieux pour faire le lien entre l'énergie terrestre, de feu, et celle de la lumière cosmique. Dans une grande controverse, les êtres de lumière ont vaincu le dragon par l'Amour divin. Amour représenté par l'épée de lumière, par l'étincelle insufflée dans la compréhension des premiers habitants de cette planète, qui voyaient l'énergie de la terre surgir des volcans. En vision, ils apprirent et ils enseignèrent que le flot du feu était comparable à un serpent dont la gueule béante était le volcan. Le feu était le dragon. Ils furent les premiers témoins de l'énergie la plus forte qui était sur la terre et qui existe encore à maints endroits.

Comme le serpent qui enfante ses petits, les flots de lave et de feu s'écoulant du volcan symbolisent l'énergisation et la purification de la terre. Nous, archanges savons cela et lorsque nous transmettons l'enseignement par symboles, votre énergie corporelle est embrasée. Souvent cela se passe dans l'inconscient, sans qu'il y ait compréhension. Ainsi en invoquant l'épée de Michaël, l'épée de feu, vous vous embrasez, tel le volcan qui explose sur votre planète Terre.

Nous, êtres de Lumière, sommes descendants du volcan, du Dragon. Mais comme Gaïa qui a maîtrisé cette force, vous devez le faire aussi en vous-mêmes ; comme Nous l'avons déjà fait. Du Feu naquit la Lumière ; Nous sommes Lumière. Notre épée représente cette maîtrise, c'est l'épée divine, l'épée sacramentelle, l'épée de la justice, de la vérité, de la connaissance, l'épée de guérison et d'amour, celle qui a vaincu le Dragon. Nous, Michaël, sommes gardiens de l'épée. Celui à qui nous confions l'épée, nous sommes son Serviteur. La lumière descend sur lui et il devient amour. Il est protégé. Il est invincible. La Puissance divine lui est ainsi conférée. Et le Dragon reconnaît le Maître.

Celui qui a bu la coupe de purification a vaincu son ennemi intérieur. La coupe est le symbole de la transmutation et de la transformation. Elle est le réceptacle où l'eau peut être changée en vin. Vous êtes cette coupe à travers laquelle s'opère la magie de la transformation. Jésus a changé l'eau en vin, symbole de l'abondance de la terre, symbole de son sang purificateur versé pour le salut du monde ; symbole aussi de la gratitude envers le Père, envers le Créateur. Dans Notre Royaume, nous célébrons dans l'allégresse, ce geste. Il est le symbole ultime de l'appropriation de sa divinité intérieure. Ainsi maître Jésus bu la coupe de sa divinité et la passa ensuite à chacun de ses apôtres ; ensemble ils étaient désormais *un,* ensemble, ils étaient Christ…

Point n'est besoin que vous ayez en votre possession une épée matérielle, l'âme purifiée voit l'épée. Vous êtes l'épée. Nous agissons avec les Maîtres pour pacifier votre monde. La crise dans vos âmes réveille le dragon et la tension ainsi provoquée réveille les énergies de la Terre endormie. Voyez tous les bouleversements qui s'ensuivent : tremblements de terre, éruptions volcaniques, ouragans, déluges, effondrements de terrains, maladies, accidents, drames… Tout ceci est purificateur. Néanmoins, le Dragon de vos âmes doit être maîtrisé. Invoquez l'épée purificatrice de Michaël. Elle se multiplie en des millions d'exemplaires pour vous conférer cette Puissance à travers votre lumière intérieure.

Rappelez-vous de cette époque où suite à de grands bouleversements, l'Europe ressuscita de ses cendres. Nous, archanges, avons été proches de vous. Vos écrivains et médiums de l'époque ont relaté la légende des Chevaliers de La Table Ronde. Fut-ce vraiment une légende ? Non point, l'énergie était bel et bien présente à travers ces hommes de courage et de droiture qui voulaient se dépasser, maîtriser leur propre dragon intérieur. Ils ont réussi et ils s'appellent : Uriel, Gabriel, Zadchiël, Chamuel, Antarion, Métarion, Michaël. Je fus à travers Arthur.

Et après cette période très trouble, il y a eu l'époque que vous appelez Renaissance où l'Europe sortit de sa noirceur. Il y a eu de grandes réalisations, particulièrement en Europe. Il y a eu les Templiers, les Bâtisseurs de cathédrales. Il y a eu la Foi en votre divinité. Constatez le chemin parcouru ; constatez l'énergie divine qui vous fut insufflée. Cette énergie, arrive en chacun de vous par mouvements circulaires, du plus vaste au plus condensé. Comme ces trombes d'eau qui partent des nuages, qui descendent du ciel vers la terre, l'énergie divine, vous est ainsi disponible de façon très puissante et en quantité illimitée. Ouvrez votre conscience à la recevoir et s'ouvrira en vous la soupape qui lui permettra de traverser votre canal par votre *chakra* de la couronne jusqu'au centre de la Terre, symbolisé par le Dragon de Feu qui capte cette énergie. Ainsi, la Lumière rejoignant le Feu, dans une grande purification, vous tirez de la Terre une énergie vitale qui se répand dans vos cellules et qui vous libère de vos lourdeurs, de vos impuretés.

Étant donné cette lourdeur de vos vibrations karmiques, nous vous encourageons à visualiser comme le maître Saint-Germain vous l'enseigne la couleur violette pour faire appel aux énergies les plus élevées, les plus pures que vous puissiez supporter. Car les énergies archangéliques sont tellement puissantes qu'il faut des intermédiaires entre Nous et vous. Réfugiez-vous dans la flamme violette, comme si vous vous mettiez dans une bulle de protection, afin de capter sans perturbation nos vibrations archangéliques. Prenez l'habitude de le faire matin et soir comme un rituel de prière.

Car si vous deviez faire appel seulement à l'énergie de la Terre, vous pourriez faire monter en vous une énergie non purifiée alors, des entités négatives pourraient vous habiter. Pour vous prévenir de ceci, Nous, archanges, servons de filtres, pour tamiser l'énergie cosmique qui vous parvient. Et lorsque Nous envoyons un rayon sur vous, c'est dans le but de purifier l'énergie du Dragon qui est dans la terre, qui est en vous, afin de détruire toute entités négatives. Mais si vous faites appel seulement à l'énergie de feu de la terre, vous serez énergisés, mais avec plusieurs impuretés. C'est pour cette raison que certaines personnes qui manipulent les énergies à des fins thérapeutiques, sont parfois contaminées parce qu'elles ne sont pas bien connectés aux énergies célestes, purificatrices. Faites part de ceci à vos initiés. En faisant appel à Nous, archanges, vous serez protégés.

Sachez que nous assistons à vos initiations et sommes plein d'admiration pour le respect et la beauté de ces rituels transmis dans la simplicité et dans la pureté. De par Notre énergie rayonnante, Nous formons autour de vous un cercle de lumière protectrice. Et diffusons une lumière rose dorée qui imprègne les âmes des initiés d'un parfum éternel de joie et de béatitude.

Vous êtes La nouvelle vigne ; les raisins sont mûrs ; je boirai avec vous le vin nouveau. Soyez dans l'allégresse. « Pais mes agneaux, pais mes brebis. » Ainsi vous changez de statut et Je vous dis : Pais mes amis, mes frères. Vous êtes devenus « Chevaliers de Dieu ». N'oubliez jamais ceci... Vous faites partie de cette Grande Table Ronde.

La voie du milieu du *Dharma*

Ischaïa : **Voudriez-vous nous parler de la voie du milieu et du *dharma* ?**

Archange Michaël : Le mot *dharma* vient du sanscrit. Il signifie loi, il signifie devoir fondamental et essentiel, il signifie gratitude. Le *dharma,* c'est la voie du milieu. L'univers étant régi par le *dharma*, votre responsabilité est donc d'exprimer une gratitude infinie pour la perfection de la vie qui s'écoule à travers vous. Cet état de gratitude vous conduira à la voie du milieu.

Le *dharma,* c'est le rayonnement du Seigneur. C'est cette énergie d'amour, cette énergie divine qui coule incessamment à l'intérieur de tout être, de toute créature et de toute chose. Votre devoir, c'est de la laisser circuler librement dans toute sa pureté afin qu'elle se répande dans l'univers tout entier. Pour être au diapason de cette énergie, vous devez vous harmoniser de plus en plus.

La voie du milieu, c'est *excalibur*, l'épée de lumière, l'épée de l'archange Michaël, qui symbolise l'énergie verticale et l'énergie horizontale, qui symbolise le Christ sur terre et dans le ciel, dans la matière et dans la lumière. C'est le point central où se croisent les deux branches de la croix, les deux branches de l'épée. La voie du milieu est en vous, au cœur de votre cœur et par le fait même, dans le cœur de chacune de vos cellules. Elle vous suggère de rester centrés, en sachant que vous êtes des transmetteurs de l'énergie divine pour l'univers et des transmetteurs de la gratitude de l'univers envers Dieu. Il s'agit de l'énergie verticale qui se matérialise dans l'énergie horizontale et de l'énergie horizontale qui retourne à l'état d'énergie verticale. Comme dans une respiration, où le souffle divin crée l'univers et le rappelle à Lui. Voilà ce qu'est la voie du milieu, une sagesse toute simple d'être humain, une sagesse suffisante pour permettre à tout être humain d'évoluer, d'aller de plus en plus loin, de plus en plus haut car c'est une sagesse initiatique que tout grand maître sait vivre et appliquer.

En exprimant votre foi, votre gratitude et votre confiance en notre Créateur, vous êtes l'épée de l'archange Michaël et vous faites régner l'harmonie, vertu indispensable qui vous permet de répandre toute l'énergie universelle, l'énergie divine offerte à l'humanité.

Pratiquer le *dharma,* c'est ancrer la méditation dans chacune de vos actions, et la meilleure façon de le faire, c'est d'exprimer la gratitude. Par la gratitude, vous nourrissez Dieu, vous nourrissez l'univers, vous nourrissez la terre et tous vos frères. En vivant constamment dans la gratitude, vous sentirez à chaque instant de votre vie la responsabilité de partager et de servir inconditionnellement.

Pour être dans la gratitude, il suffit d'être dans l'émotion d'amour, de contentement, de joie, de reconnaissance. En maintenant une certaine vigilance, vous éveillez, éduquez, entraînez, renforcez chaque partie de votre corps. Cet exercice, dans sa simplicité, renferme pour chacun une foule de détails, une foule d'occasions d'être de plus en plus vigilant, de plus en plus intelligent, de plus en plus intuitif, et amoureux de la vie. La gratitude peut vous apporter beaucoup plus que tout ce que nous pouvons vous enseigner et beaucoup plus que tout ce que vous pouvez imaginer. Elle est la méditation par excellence.

Le guerrier de la lumière

Ischaïa: Pourriez-vous nous parler du guerrier de la lumière?

Archange Michaël: Le guerrier de la lumière possède une force d'amour et de volonté qui lui est propre. Il s'entraîne continuellement à la pureté de son âme et à la clarté de son esprit. Il aime à se retirer pour se reposer, se détendre et calmer son mental. Dans cet état de paix et de sérénité, il fixe au centre de son être, dans l'infini entre ses yeux, un but qui peut être un projet, une pensée élevée ou une vertu. Il le nomme, lui donne une vibration, une couleur; puis, lui accordant toute son attention, il appelle constamment dans son être et dans son esprit les plus belles et les plus pures énergies ayant une consonance avec ce but afin d'en permettre la manifestation dans ses pensées et la matérialisation dans ses attitudes et dans ses actes.

Ainsi procède-t-il, dans toutes ses entreprises, vers ses plus belles et ses plus grandes réalisations. C'est ainsi que vit le guerrier de la lumière. C'est ainsi qu'il accomplit des miracles.

Alors, pour être un guerrier de la lumière, il faut développer cette capacité de concentration nécessaire à toute manifestation, sans toutefois violenter son corps, mais l'entraîner à faire des efforts constants. Si vous développez quotidiennement cet état de concentration et de méditation, bien vite votre corps adoptera cette formule, votre esprit la comprendra et l'appliquera de plus en plus à chacun de vos gestes. De cette façon, chacun de vous deviendra un créateur de la perfection, car en appelant à vous les énergies du magnétisme, les énergies de la croix, vous n'attirerez que les particules qui composent cette perfection et tout le négatif sortira de vous.

Concentrez-vous chacun sur la perfection et vous deviendrez chacun un guerrier de la lumière. Votre parole sera lumière, elle sera vérité, elle sera sagesse. Et lorsque vous sentirez que votre parole n'est plus l'expression de l'amour, de la vérité, de la gratitude et de la divine sagesse, vous vous tairez, en appelant à vous ces vertus afin de les distribuer, de les rayonner dans votre environnement, à votre entourage.

Il ne s'agit pas d'un caprice, les gens doivent comprendre qu'ils se compliquent inutilement la vie. C'est dans la simplicité qu'ils arriveront à « complexifier » les choses, mais de façon divine. Avant de vous lancer dans des équations complexes et incompréhensibles pour vous, vous devez en intégrer les plus simples qui peuvent souvent mieux vous enseigner.

Ischaïa: **Comment les guerriers de la lumière peuvent-ils se reconnaître ? Comment pouvons-nous les reconnaître ?**

Archange Michaël: Les guerriers de la lumière sont nombreux sur la terre. Ils se disent les fils du soleil, et plusieurs se reconnaissent dans cette filiation avec la Lumière, avec le Père. Les guerriers de la lumière sont ceux dont le cœur et la conscience se sont éveillés à quelque chose de plus grand, de plus haut, quelque chose de plus sublime. Les guerriers de la lumière sont des hommes et des femmes dont le cœur s'est éveillé à l'amour, et dont les pensées sont évoluées au point de comprendre qu'il y a dans le monde des phénomènes qui ne s'expliquent pas scientifiquement. Ces êtres savent que les lois qui régissent notre monde ne sont pas celles des hommes, et ils font leurs ces lois de l'amour, du respect, de la compassion, du pardon et de la fraternité. Ils comprennent qu'il y a une tâche à accomplir pour servir la cause du Dieu d'amour, la cause des maîtres de la Hiérarchie divine, la cause de Gaïa, afin de transformer ce monde. Telles sont les caractéristiques des guerriers de la lumière.

Vous reconnaîtrez les guerriers de la lumière par leur détachement, par leur souci de s'améliorer, d'aller toujours plus haut et de faire de plus en plus d'efforts pour se rendre plus loin que leur nature humaine ne veut leur permettre, c'est-à-dire surpasser la densité de leur matière. Ils cherchent d'abord et avant tout à aider leur prochain, à apporter l'harmonie, à propager l'amour, à améliorer leur vie et la vie des personnes autour d'eux.

Les guerriers de la lumière vivent dans le présent. Ils cherchent de plus en plus à comprendre, à pénétrer l'amour divin, à pénétrer les mystères de la vie et ceux qui se cachent dans leur propre corps ; ils cherchent à en connaître la substance, à en connaître l'âme, à en connaître l'esprit et la personnalité, afin de les maîtriser.

Les guerriers de la lumière sont ceux qui acceptent le Christ, reconnaissant qu'Il était à l'intérieur d'eux-mêmes. Ces travailleurs de la lumière cherchent par leurs efforts et par leur dévouement à atteindre les cieux. Ils cherchent à atteindre un niveau d'amour de plus en plus puissant, de plus en plus fort, de plus en plus grand. Ils savent que les événements sont orchestrés et dirigés pour leur donner certaines leçons et ainsi leur permettre certains apprentissages. Ils savent voir, reconnaître la main, la présence divine dans leur vie et ce, à travers chaque événement, chaque situation.

Ce sont des fils de Dieu le Père, comme Jésus-Christ est venu vous le dire. Ils ont de grands défis à relever : celui d'apprendre à maîtriser leur propre chair, à maîtriser leurs émotions, à maîtriser leur mental. C'est une discipline qui exige beaucoup de vigilance et d'efforts et qui fait appel à une grande dimension d'amour, de pardon et de courage.

Au cours de leur vie, les guerriers de la lumière sont souvent testés et confrontés dans la profondeur de leur engagement envers la Source, envers la Lumière. Il leur arrive de plus en plus rapidement des épreuves qu'ils doivent surmonter afin d'être prêts au grand affrontement avec les ténèbres qui se manifesteront sur terre, avant que toutes les énergies du nouveau millénaire soient installées. Ils seront prêts à être des phares lorsque les ténèbres sembleront s'installer sur terre pour y demeurer. Ils devront alors être prêts à affronter tous les dangers, toutes les facettes négatives qui retiennent l'homme enchaîné à sa condition.

Les guerriers de la lumière devront vivre dans ces conditions difficiles, parfois chaotiques, sans pour autant laisser les ténèbres entacher leur lumière car, après ces épreuves, tous ceux qui resteront sur terre, ayant triomphé de cette « bataille », porteront le sceau du guerrier de la lumière. Ils seront les enfants du soleil, capables de briller de leur plein feu pour nourrir la terre et l'élever vers les dimensions supérieures… Y a-t-il d'autres questions ?

Ischaïa : **Il a été dit plus haut que plusieurs êtres ont porté le Bouddha. Pourriez-vous expliquer ?**

Archange Michaël : « Bouddha » comme « Christ » est un principe. Le Bouddha apporte la Lumière, l'Illumination. Il fait descendre et matérialiser la Lumière sur la terre. Alors, plusieurs hommes ont porté l'énergie du Bouddha, ce grand enseignant venu de la lune, venu de l'espace pour enseigner aux gens de la terre. Le Bouddha possède donc plusieurs corps car plusieurs êtres humains ont réussi à maîtriser suffisamment leur matière et à développer leur nature divine pour recevoir l'illumination du Bouddha, et ainsi se fondre avec le Christ cosmique.

Ischaïa : **Je vous remercie, archange Michaël.**

Maître El Morya

LA PAROLE DE MAÎTRE EL MORYA AUJOURD'HUI

« La force patiente de l'eau perce le roc
Et fait de ce qui hier était solide
Une poussière.
Qu'est-ce que le temps
Pour des êtres se contentant de remplir le rôle
Qui leur fut divinement assigné
Ce rôle qui est celui de l'eau et celui du roc ? »

MAÎTRE EL MORYA

LA PAROLE DE MAÎTRE EL MORYA AUJOURD'HUI

Maître El Morya : Nous souhaitons apporter notre contribution à ce projet, reconnaissant toute l'importance des informations qui pourront y être livrées. Nous sommes très heureux de pouvoir vous instruire. Étant membre de la Hiérarchie divine, nous unissons nos efforts afin de porter main-forte à la terre dans son élan d'ascension. Tout ce qui a trait à l'évolution humaine nous concerne et nous touche directement.

Nous sommes prêts à répondre à vos questions.

Qui étaient les apôtres ?

Ischaïa : **Bienvenue, maître El Morya... Les apôtres qui ont œuvré aux côtés de Jésus et qui ont continué sa mission après son Ascension, en propageant son enseignement à travers le monde, étaient-ils de très grands maîtres de sagesse ?**

Maître El Morya : Quelques-uns furent de très grands maîtres de sagesse, des initiés de très haut niveau. Il y avait parmi eux des hommes qui représentaient l'élite de ce que l'humanité pouvait offrir à l'époque : maître Hilarion faisait partie de l'entourage de Jésus ; maître Saint-Germain était Joseph, son instructeur ; Marie, sa divine Mère, était une entité très élevée. Autour de maître Jésus vivaient donc plusieurs êtres de lumière comme Pierre, Jean, etc., qui avaient atteint, grâce à lui, grâce à son enseignement, des états de canalisation très élevés. Nous disons canalisation car tout comme Jésus a accepté en lui le Christ, des disciples tels que Pierre, Jean et Paul (Saül), etc. ont accepté de canaliser d'autres grands êtres de lumière.

Ischaïa : **Comment expliquer que Jean le Baptiste fut Hilarion et Paul fut également Hilarion alors que les deux hommes étaient contemporains et avaient à peu près le même âge ?**

Maître El Morya : Par la conscience d'Hilarion qui était en Jean le Baptiste, et lorsque ce dernier mourut, cette même conscience, quelques années plus tard, alla en saint Paul avec l'aide des enseignements du Christ. Donc, en Jean le Baptiste comme en Paul, c'est Hilarion qui agissait.

Toute cette élite autour de Jésus était constituée d'hommes et de femmes déjà engagés sur le chemin de la purification et qui recevaient l'inspiration d'entités de dimensions très élevées, jusqu'au point où ils ont pu pour les besoins de la cause se prêter à la lumière de ces entités-là.

Les êtres de lumière peuvent s'incarner soit par la naissance ou en empruntant le corps d'un disciple élevé pour remplir leur mission et par ce fait, ils élèvent ce disciple à un niveau de conscience supérieure. Voilà le phénomène d'adombrement dont vous entendez si souvent parler. C'est comme emprunter dans un pays étranger une maison qui est déjà meublée pour l'habiter le temps d'accomplir une mission. Le corps humain est cette maison que l'être de lumière emprunte au lieu d'en construire une dans le sein, dans la terre d'une femme. Par ce procédé, il gagne du temps.

L'adombrement

Ischaïa : **Voudriez-vous nous expliquer plus en détail ce phénomène d'adombrement ?**

Maître El Morya : L'état d'un maître englobe une grande partie de ce que vous appelez la réalité visible et invisible. Il vit dans l'état d'union et de fusion avec la Source qui est en chaque être. Un disciple qui a réalisé la perfection de ses cellules et de toutes les entités qui le composent, jusqu'à la 4e initiation, que nous pourrons appeler « initiation de transparence », peut prêter son corps à un être de lumière, un maître des dimensions supérieures qui enseignera à travers lui. Par cette cohabitation avec la lumière (le maître, s'étant libéré de la matière, est devenu lumière), le disciple évoluera plus rapidement jusqu'à sa Source.

Lors de vos séances d'harmonisation, de méditations ou de prière, vous permettez à l'énergie des maîtres guides, des saints, des anges et des archanges de passer à travers vous. Ce phénomène est comparable à l'adombrement en ce sens que vous vous prêtez à une ou plusieurs entités de lumière qui parfois enseignent à votre conscience, parfois à l'un de vos corps, parfois à tous vos corps et à toutes les entités qui vous composent.

La plupart des humains en quête d'évolution, en quête d'ascension vivent en quelque sorte ce phénomène. Cependant, si vous considérez les maîtres comme des humains ordinaires avec des défauts et des faiblesses, vous vous sentirez séparés d'eux. Mais lorsque vous voyez en eux la perfection divine, vous comprenez qu'ils sont unis à la Source de cette perfection divine dans laquelle ils se fondent de plus en plus. Ainsi, lorsque vous faites appel à la Source, vous faites appel aux maîtres par la même occasion.

La Source qui fait vivre le maître est la même qui vous fait vivre. Elle vous touche en des parties plus infimes encore que vos cellules, que vos atomes. Elle vous touche à l'infini. Donc, si vous choisissez la perfection, vous vous purifierez jusqu'à la transparence et vous serez cette Source ; le maître en face de vous qui a purifié son corps est aussi la Source. Alors, peut-il exister deux Sources ? Ainsi, lorsqu'un disciple a atteint un degré d'évolution assez élevé, l'énergie de tous ceux qui se sont élevés avant lui le pénètre. Par exemple, si Paul fut associé à Hilarion, c'est que le rôle qu'il joua se nomme Hilarion. Paul travaillait à éveiller l'intuition, à éveiller l'amour dans le cœur des gens, et c'est un travail qu'Hilarion accomplissait à travers lui. C'est une direction de l'énergie cosmique, de l'énergie divine. Alors, est-ce que votre vision de l'histoire humaine de la Hiérarchie divine vous semble un peu plus claire ? Le mystère est-il un peu moins voilé pour vous ?

Ischaïa : **Un peu moins voilé, certainement. Mais vous parlez d'Hilarion comme s'il était antérieur à Paul ; n'est-ce pas le contraire ? Pourriez-vous expliquer ?**

Maître El Morya : Hilarion est le nom que Paul voulait garder. Ce nom dégage pour lui une résonance beaucoup plus précise que celle de Paul. La résonance Hilarion donne une direction à son rôle dans la Source. Vous devez savoir qu'Hilarion, cet être de lumière, a dû passer par différentes incarnations et recevoir différentes initiations, pour parfaire son rôle, comme Jésus et Sananda l'ont fait. Car il y a dans le ciel des énergies parfaites qui empruntent le corps humain afin de le faire évoluer.

Vous existez dans toutes les dimensions. Lorsque certaines initiations sont menées à terme, l'être incarné sur terre se rapproche de plus en plus de celui que vous êtes dans les plans supérieurs car ces initiations vous donnent accès à des robes de lumière de plus en plus belles, de plus en plus éclatantes et de plus en plus transparentes que notre Père vous réserve, à mesure que vous vous rapprochez de lui ; et n'oubliez pas qu'Il est dans votre cœur.

Nous, les frères de lumière, avons pour mission d'éveiller en l'humain la conscience de sa double nature d'enfant de la terre et de la lumière, du soleil et de l'univers. Sur terre, vous remplissez une mission déjà décidée, qui est d'unir les différentes vibrations de la Création. C'est une mission d'une grande originalité. Il s'agit de partir d'un point de lumière, d'un point de légèreté, pour visiter des points plus sombres, des points de lourdeur. Parvenus à cette lourdeur, vous devez harmoniser le haut avec le bas pour ainsi découvrir de façon globale ce qu'est la Source, ce qu'est Dieu, car comme nous l'avons dit, Dieu est partout et en tout, il est en bas et il est en haut... Vous êtes donc venus adombrer la matière pour la faire évoluer et aussi pour la connaître, la pénétrer et l'accepter afin d'avoir une connaissance plus complète, plus approfondie de la Source. Cela représente pour vous une grande étape d'évolution.

Considérez qu'il est possible, nous disons bien possible que vous fassiez tous partie de ces êtres qui, dans un élan de compassion pour la terre, décidèrent de venir la spiritualiser et la rendre indépendante. Peut-être aussi que tous les humains faisaient partie de ce beau projet et qu'un jour, ils pourront affirmer leur filiation à la Hiérarchie. Cette deuxième possibilité est plus probable que la première. Mais nous demeurons dans le domaine du possible, et une affirmation pourrait dépasser l'entendement humain. La réponse se trouve à mi-chemin entre ces deux hypothèses car une subtilité les différencie. Trouvez-la et vous aurez une meilleure idée, une meilleure appréhension de qui vous êtes, de ce qui se passe autour de vous, de comment cela procède et de ce que vous pouvez faire pour vous accorder à ce mouvement d'ascension. Acceptez la Source ; acceptez les êtres de lumière, les maîtres qui ont élevé leur pensée ; faites appel à eux ; connaissant les problèmes de la chair, ils comprennent les situations dans lesquelles vous êtes et ils peuvent vous apporter une aide précieuse.

À titre d'exemple, nous vous nommons maître Djoual Khoul qui a vécu très récemment une grande initiation, ainsi que maître Omraam Mikhaël Aïvanhov qui a ascensionné depuis peu. Omraam se trouve entre la 4e et la 5e dimension. Il connaît très bien la chair et la nature humaine. Comme instructeur, il est venu parler aux hommes de leur quotidien. Ayant vécu bien des initiations auparavant, il était depuis sa naissance assez évolué pour jouer son rôle. L'enseignement laissé par Omraam était son legs à l'humanité avant que son énergie devienne trop forte pour être un instructeur de masse.

Son ascension correspond dans le temps à ce que le projet de Shambhalla est en train de concrétiser puisque notre désir est de former le plus grand nombre possible de canaux ayant le détachement nécessaire pour laisser passer l'énergie christique, cette étincelle qui se trouve à l'intérieur de l'homme et qui le pousse à évoluer de plus en plus jusqu'à l'ascension. Cette énergie christique en vous est comparable au phénomène d'adombrement qui a été expliqué un peu plus haut.

Chaque humain sur terre reçoit l'aide d'anges et de guides qui sont très proches de lui ; des êtres de lumière qui vivent presque à sa surface. Ces êtres vous mettent en communication avec la Source et avec toute la Hiérarchie, filtrant pour vous les enseignements venant des dimensions les plus élevées. Ainsi, la Source est accessible à tous les niveaux.

Nous conseillons à tous ceux qui se sentent animés d'une énergie de service à l'humanité de s'informer sur leurs guides et sur leur rayon de travail. Tentez de vous identifier à eux, car ces guides de lumière travaillent en étroite collaboration avec l'humanité pour préparer la venue de Maitreya, le Christ planétaire. Reconnaissez l'énergie qui vous motive le plus. Est-ce une énergie de dévotion envers la Source ? Est-ce une énergie de compréhension profonde des principes métaphysiques, des principes de justice, des principes reliés à votre environnement ? Est-ce l'amour de la nature, des animaux, des humains ? Est-ce du domaine de l'intuition ou de la communication avec la 4e dimension ? Interrogez vos motivations et sûrement, vous trouverez des mots très précis, des mots clefs pour les caractériser et vous situer. Une fois que vous aurez accompli cette démarche, le maître, l'être de lumière, cette entité, ce personnage sage de l'histoire de l'humanité viendra à vous. Ils sont très nombreux et viennent de différentes dimensions. Ils opèrent dans leurs champs respectifs d'activité tout en étant unis et travaillant de concert à l'évolution de l'humanité : ce sont des saints, des moines, des religieux, des artistes, des femmes et des hommes du domaine des affaires, des mères et des pères de famille, des scientifiques qui avaient une conception de la beauté, de l'amour, de la fraternité. Pensez à Léonard de Vinci, Michel-Ange, Padre Pio, mère Teresa, Martin Luther King, mahatma Gandhi, Muktananda, maître Gurumayi. Pensez à ces personnes qui sont volontaires dans des associations comme Greenpeace, pour ne citer que celles-là, des personnages ayant une dévotion ou un idéal très élevé comme Christophe Colomb, lequel a franchi tous les obstacles sur son chemin pour venir découvrir l'Amérique, ce berceau de l'ère nouvelle qui est enclenchée.

Si vous ne reconnaissez pas les maîtres que nous vous proposons, tournez-vous vers des personnages que vous admirez et qui vous inspirent. Méditez sur le guide intérieur pour connaître votre maître de rayon. Ainsi, votre travail sera facilité et vous réaliserez le but de votre incarnation car vous êtes sur terre pour concrétiser et réaliser le projet de bien d'autres vies antérieures. Découvrez vos propres couleurs, c'est-à-dire ce qui vous motive dans la vie. Quelles sont vos plus belles qualités, vos plus belles aspirations ? Votre guide peut vous orienter et vous introduire dans la bonne voie. Écoutez votre intuition afin d'évoluer d'une façon plus parfaite et plus transparente.

Intérieurement, vous êtes des divinités aux multiples facettes, aux multiples couleurs évoluant dans plusieurs dimensions à la fois. Trouvez la signification du mot « divinité », recherchez dans la Bible, dans le Coran, dans les Veda, dans les grands livres du bouddhisme. Et lorsque vous aurez bien compris son sens, nous vous invitons à être plus conscients de la portée de vos gestes, de vos paroles et de vos pensées. Rendez-vous compte de l'erreur que vous commettez si souvent de vous afficher comme étant imparfaits. Soyez remplis d'amour et de compassion pour vous-mêmes. L'évolution exige que vous vous pardonniez. Si vous avez le sentiment de manquer des qualités nécessaires pour avancer sur le chemin, faites appel à El Morya pour acquérir la persévérance, la ténacité, la force, la volonté et la fermeté. Sa force est volonté divine, mais elle englobe bien plus que cette expression ne peut contenir. El Morya élimine, transcende toute difficulté, toute imperfection pour que la vérité et l'amour divin prennent place dans la Création. Sachez que la volonté est aussi Amour.

La mission de maître El Morya

El Morya a pour mission d'accomplir la volonté divine et de réaliser vos aspirations les plus profondes. Il représente la main divine et est responsable de toutes les transformations que vous vivez depuis les années 90. Ces chamboulements peuvent vous sembler incroyables, mais ils sont nécessaires. Sachez que nous travaillons depuis fort longtemps pour l'avènement du nouvel âge ou l'avènement du Christ Maitreya. Maha Chohan, maître Koot-Hoomi et nous, El Morya accomplissons un travail considérable pour que l'humanité franchisse cette nouvelle étape de la quatrième dimension. Vous en avez déjà franchi les trois premières, qui sont nos royaumes respectifs. Nous assumons la perfection de ces trois dimensions, ces trois royaumes dans lesquels se situent la majorité des hommes, en détruisant les barrières qui empêchent l'avènement de la conscience christique, la conscience de l'amour. L'instructeur de l'humanité viendra à travers des êtres de lumière, des maîtres ascensionnés, des instructeurs ayant la connaissance des sept dimensions, des sept royaumes, des sept portes. Il existe un instructeur à la tête de chaque royaume, c'est sa venue qui est annoncée et que nous préparons car Le Christ sera ***un*** et il sera plusieurs. La majorité des êtres humains seront sous sa tutelle quand ils franchiront la quatrième dimension, le quatrième royaume dont le maître Sérapis Bey est l'instructeur.

Alors, aujourd'hui, maître El Morya fait appel à votre volonté, à votre « violence » intérieure, à votre fermeté et à votre détermination alors que maître Koot-Hoomi fait appel à votre sagesse, à votre discernement et Maha Chohan vous invite à cultiver des pensées élevées. Nous travaillons la main dans la main à harmoniser ces trois forces en vous afin que vous soyez pénétrés par le quatrième règne. Depuis déjà plusieurs siècles, ce quatrième royaume est ancré dans la pensée des humains. Plusieurs y vivent déjà ; mais, selon le plan divin, un nombre considérable y fera son ascension dans un avenir très proche car les initiations qui ouvrent à la conscience christique y sont reliées. Par votre ouverture à ce quatrième royaume, les portes des royaumes supérieurs seront très ouvertes.

Des événements sont prévus, qui exigent de grandes préparations. Toutes les instructions pour le prochain millénaire doivent être exécutées. Dans la quatrième dimension, l'indépendance et l'autogérance des êtres est beaucoup plus facile, car ils ont une conscience plus élevée, plus élargie de la Source, de leur entourage et de leur propre lumière. L'évolution dans cette dimension vous permettra de voir le Christ et de mieux comprendre son enseignement bien qu'il soit à un niveau d'évolution beaucoup plus élevé que vos instructeurs, lesquels vous pourrez cependant approcher plus facilement. Ces instructeurs étant dans un royaume bien plus élevé que le vôtre, ils continueront de vous aider à ascensionner de plus en plus haut vers leurs royaumes respectifs. Dans les années à venir, il sera primordial pour plusieurs d'entre vous de franchir la 5e initiation, la 5e porte, le 5e royaume.

Ischaïa: **En quoi consiste la 5e initiation?**

Maître El Morya: Elle consiste en l'acceptation et en la maîtrise du phénomène de création, du phénomène d'intuition, et celui de l'expression divine. Les hommes qui accepteront de passer à travers cette porte recréeront la planète terre, recréeront le monde dans lequel vous vivez.

Ce passage se produira dans un laps de temps très court, car depuis la venue de Jésus-Christ sur la terre, la quatrième dimension s'est instaurée en vous. Il ne reste que le point final à placer, que les dernières préparations à terminer, mais les chamboulements semblent se précipiter. Beaucoup d'efforts sont déployés, mais ces efforts viennent d'une origine passée, ils viennent des siècles passés. Au seuil de l'ère du Verseau, vous en voyez les conséquences.

Aujourd'hui, notre tâche, celle de maître Koot-Hoomi et de Maha Chohan particulièrement, est de travailler avec la volonté humaine, la sagesse humaine, les désirs humains et la pensée humaine. Nous voulons perfectionner ces trois outils afin qu'ils servent l'intuition, qu'ils servent la Source. Lorsque vous serez dans l'intuition, vous ferez la volonté de la Source consciemment.

Ischaïa : **Vous avez dit que maître El Morya est responsable des chamboulements, de toutes les transformations que nous vivons ces années-ci. Pourquoi en est-il responsable ?**

Maître El Morya : Parce que lui, El Morya a la tâche de représenter, d'exécuter et de transmettre la volonté divine. Il a pour responsabilité de répartir l'information sur la volonté divine entre les membres de la Hiérarchie divine, du plus grand au plus petit. Il la répartit d'un être humain à l'autre, d'une créature divine à l'autre. Il est ce que l'on pourrait appeler un lieutenant, un sergent ou un caporal qui reçoit l'ordre et le fait exécuter. Ainsi, plus la volonté divine passe à travers lui, plus elle est divisée, plus elle est répartie.

Cette volonté vient aussi de la communication entre vos cœurs et la Source. Celle-ci transmet ses ordres à travers différents canaux, qui les retransmettent à travers un nombre encore plus important de canaux, et ainsi de suite. Le travail d'El Morya est la division et la répartition de cette énergie. En ce sens, nous sommes très reliés aux chamboulements, aux transformations de votre société à l'heure actuelle.

Maître El Morya travaille en étroite collaboration avec la sagesse transmise par maître Koot-Hoomi. Il travaille au niveau mental, au royaume de l'intellect, avec les informations transmises par Maha Chohan. Il travaille avec maître Sérapis Bey au royaume de l'intuition. Il est en relation avec maître Hilarion, maître Saint-Germain et maître Sananda, ce dernier travaillant au septième royaume à amener la vision, la réalisation du projet dans sa globalité. Donc, la tâche de maître Sananda est intimement reliée à celle de maître El Morya, qui est au premier royaume. Car le but à atteindre est cet état de conscience qu'est Sananda.

Maître El Morya a pour tâche d'exécuter et de transmettre la volonté divine. Il reçoit l'information et la répartit entre toutes les couches de la réalité et entre tous les membres de la Hiérarchie, du plus grand au plus petit. Il la répartit entre les couches de l'humain, de l'animal, des minéraux et des végétaux. D'un être humain à l'autre, d'une créature divine à l'autre, il la transmet à Gaïa, à la terre entière afin de permettre cette réalisation.

Ischaïa: **Toutes ces couches étant reliées entre elles, chaque couche en supporte-t-elle une autre?**

Maître El Morya: L'une supporte l'autre, et un ordre de volonté divine amené par une couche peut avoir un impact direct sur la couche la plus élevée.

El Morya est comme un être assis derrière son bureau, les yeux fermés, avec devant lui la Création tout entière comme il est capable de la concevoir. Cette image, il la remet à Dieu, à la Source. Elle passera par maître Sananda, maître Saint-Germain, maître Jésus, maître Hilarion, maître Sérapis Bey, Maha Chohan, et maître Koot-Hoomi, etc. Cette image, les maîtres l'ont constamment en tête. La pureté de leur énergie leur permet d'être conscients constamment de la Création pour laquelle ils ont le rôle de messagers divins.

Le rôle de maître El Morya est le même que celui des autres chohans, mais leur spécificité est différente. Ils ont tous le rôle de répartiteur d'information et d'énergie. Selon l'information reçue du monde de la réalité, Dieu envoie l'information, l'énergie propre à chacun de ces grands chohans, ces grands instructeurs, ces grands répartiteurs de l'énergie qui la retransmettent à travers un nombre plus important de canaux, et ainsi de suite. Ces êtres, ces grands maîtres sont en relation constante avec tous les êtres de la Création. Vous devez comprendre ce processus qui explique le fonctionnement de l'énergie christique. Car c'est par l'énergie christique que tout cela est possible.

L'énergie christique est l'énergie d'unification dans le « Je », qui n'est possible que par le « Je », le « Je Suis ». Car, lorsqu'un maître ascensionne et élève sa conscience à la conscience de Dieu, il englobe la totalité et il fait ***un*** avec le Créateur ; le Créateur lui inspire chacune de ses actions, lui inspire aussi son champ de conscience. À vous, par exemple, le Créateur inspire la pièce dans laquelle vous vous trouvez, comme il vous inspire la chaise, la personne qui est en face de vous. C'est de la même façon qu'il inspire la conscience de ces maîtres, inspire leurs actions, c'est-à-dire la répartition de l'énergie divine.

Et bien sûr, les maîtres travaillent en collaboration avec toute une hiérarchie. Maître El Morya est en relation avec quelques êtres, quelques *deva* et maîtres qui, eux, sont en relation avec d'autres *deva*, en relation à leur tour avec une autre chaîne évolutive, et ainsi l'énergie peut être transmise à toute la Création.

Chaque être humain a un ange gardien, lequel est en relation avec le maître responsable des anges gardiens, qui, lui-même, est en relation avec le maître responsable de chaque niveau d'évolution, soit celui du centre de la volonté, du mental et du corps physique. Un ange gardien est en relation avec le responsable de l'intuition et le responsable de la sagesse. Grâce à ce système de division, rien, aucun être, aucune cellule de perfection divine, dans le grand plan de la Création planétaire, n'est négligé. Car la volonté de Dieu vient de toutes ces petites étincelles de lumière. Et pour Dieu, chaque étincelle est aussi importante qu'elle est aussi proche de Lui.

Ischaïa : **Les humains utilisent une forme de paliers. Quelle forme votre organisation utilise-t-elle ? Est-ce la spirale ?**

Maître El Morya : Oui, la spirale est une très bonne forme ; mais nous disons que l'organisation céleste est aussi sous forme de paliers, sauf que ce qui est en bas est comme ce qui est en haut.

Tous les humains représentent la volonté divine. L'homme qui vit dans son cœur est conscient de son propre niveau d'évolution, il fait donc appel à des forces supérieures, à des êtres remplissant des fonctions supérieures, des maîtres dont le rôle est d'être à l'écoute de la volonté divine dans le cœur de l'individu. Cette volonté divine dans le cœur est en liaison, en communication avec la volonté divine globale. Il s'agit en fait de la même volonté mais à un niveau d'expression différent.

Lorsqu'il est dit que le maître est celui qui sert l'humain, il sert en fait la Source à travers ses frères humains. Les ordres lui viennent de son propre cœur dont il a une très grande capacité d'écoute. Il entend les souhaits et les désirs de chaque être de la Création pour laquelle sa conscience est adaptée. Il répond donc en envoyant un flux d'amour selon les besoins. Il peut également, de concert avec toutes les autres divisions dont nous avons parlé : celle de maître Sananda, celle de maître Hilarion, de maître Saint-Germain, etc. envoyer des influx qui créent ou qui équilibrent les énergies de la planète ; en cela consiste une grande partie du travail, de la mission de ces maîtres.

Si ces maîtres ne percevaient pas chez l'humain ce besoin, ce désir, cette possibilité de s'élever très haut, ils pourraient, en accord avec la volonté divine, quitter le plan terrestre pour offrir leur aide ailleurs où les appels se font entendre.

Ischaïa : **Ils n'ont donc pas de limites ?**

Maître El Morya : Ils n'ont pas de limites et ils bénéficient d'une grande ascension en faisant ascensionner la terre. Pour eux, il s'agit d'une étape très importante de leur évolution. Chaque maître est à l'image du Christ qui tend à s'élever et à élever en même temps chacune de ses composantes vers la Source. Chaque maître travaille dans cette énergie christique et est animé par elle. Vous êtes donc une cellule de chacun de ces maîtres, puisque vous êtes en Christ.

Ischaïa : **Vous dites que le travail d'El Morya est la division de l'énergie. Pouvez-vous nous expliquer un peu plus ?**

Maître El Morya : Nous disons division en ce sens que l'énergie vient d'une direction et doit atteindre deux points. Pour ce faire, elle doit se diviser, se séparer. C'est un travail de redistribution d'énergie.

Tout ici-bas : l'être humain, la terre, les animaux, tout ce qui forme ce que nous appelons « entité » possède intérieurement des parties qui sont spécialisées. Par exemple, vos oreilles perçoivent les sons et vos yeux la lumière. Le son et la lumière sont vibration et sont reliés. La lumière est le son à une fréquence beaucoup plus rapide, c'est donc la même énergie. Mais, après un phénomène de transformation, de redistribution, vos yeux et vos oreilles qui sont différents et qui ont un rôle différent, perçoivent une forme, une facette, une fréquence différente de cette même énergie. Et lorsque cette énergie se retrouve à nouveau assemblée, votre mental perçoit et comprend l'information qui vous a été envoyée. Alors, le travail de maître El Morya et d'ailleurs de tous les maîtres consiste à recevoir cette énergie pour la spécialiser et lui donner un but précis. Ce but est toujours un point mais le travail finit toujours par être réuni ; l'énergie finit toujours par être unie lorsque le résultat est atteint. Donc, cette énergie n'est jamais vraiment divisée comme vous pourriez le croire ; elle est plutôt spécialisée pour remplir sa mission. C'est comme les couleurs de l'arc-en-ciel qui remplissent chacune une fonction et pourtant, chaque couleur vient du blanc, de la source blanche. Une fois que les rayons dans votre corps ont accompli leur travail, l'être grandit dans toutes ses parties, dans toutes ses dimensions.

Qu'est-ce qu'une entité ?

Ischaïa : **Le mot entité peut-il être utilisé pour dénommer les êtres de lumière ? Certains pensent que ce mot fait référence à des forces, à des énergies de bas niveau. Qu'en est-il ? Qu'est-ce qu'une entité ? Peut-on dire, par exemple, qu'El Morya est une entité ?**

Maître El Morya : El Morya est un égrégore d'entités. Entité signifie ce qui possède le germe divin. Entité signifie un être ayant la capacité d'atteindre son plein développement. Parlant d'entité, nous pouvons dire qu'il y en a des milliards. Nous pourrions aussi dire qu'il n'y a qu'une entité.

Les mots « entité » et « être » ont servi à plusieurs sectes, plusieurs religions à définir les concepts auxquels elles travaillent, sans avoir à semer la confusion dans le cœur des gens. Mais dites entité, dites être, dites esprit autonome, vous dites la même chose. Dites divin, dites cristal, là, vous vous élevez encore. Cela répond-il à votre question ?

Ischaïa : **Cela répond à ma question. Merci, maître El Morya. Donc, El Morya est un égrégore d'entités. Peut-on dire la même chose de maître Koot-Hoomi, de maître Saint-Germain, de maître Hilarion, de maître Sérapis Bey, de maître Djoual Khoul, de maître Jésus, bref de tous ces grands maîtres de la Hiérarchie connus de nous ?**

Maître El Morya : Dites cela de Ischaïa, de Sylvain, de François et de tous ceux que vous rencontrez, et il serait bon d'en prendre conscience lorsque vous rencontrez quelqu'un. En considérant chaque personne que vous rencontrez comme un égrégore d'entités différentes, la compassion et le pardon deviennent plus faciles. Venir en aide à cette personne ou lui enseigner devient plus facile. Être véridique, authentique et transparent face à elle devient plus facile, et si vous avez un reproche à lui faire, adressez-vous spécifiquement à l'entité ou aux entités qui sont en elle. Ainsi, vous respecterez cette personne. Vous ne la rendrez responsable qu'en partie du mal que vous avez ressenti.

C'est un travail de précision, de direction et de vérité qui vous est demandé. Les résultats des efforts de recherche réalisés en psychologie abondent dans le même sens. Une branche de la psychologie travaille avec les individus justement en les prenant comme un ensemble d'entités. Nous sommes très heureux que ce travail ait vu le jour car il est une bonne méthode pour amener la guérison de l'âme, l'évolution de l'esprit et du corps.

Vous avez tous pour but de réaliser l'harmonie avec la Création, avec la divinité, et il y a en vous plusieurs esprits autonomes qui vous aident dans cette tâche. Vous trouverez dans les esprits ce même désir, vous trouverez en eux une meilleure compréhension de vous-mêmes et des autres. Il y a en vous des archétypes qui se retrouvent un peu partout dans vos parents, dans vos amis, dans vos voisins. Une compréhension de vous-mêmes amène une compréhension de l'univers entier.

Cette leçon est très vieille mais elle est encore très actuelle.

Les guides de lumière

Ischaïa: **Vous avez dit qu'il serait bien que les humains comprennent les guides et qu'ils s'informent d'eux afin de mieux profiter de leur aide, de leur énergie. Pourriez-vous nous donner un enseignement sur les guides de lumière?**

Maître El Morya: Les guides sont à la fois vos grands frères. Ils font partie de vous. Ils sont une main tendue à l'intérieur de vous lorsque vous cherchez la Source, lorsque vous cherchez à vous élever.

L'énergie des guides est distribuée partout dans l'univers car ils travaillent à l'équilibre de ce monde. Elle est également distribuée en vous et il vous est donc possible en pensant à vos guides de sentir automatiquement leur présence et les bienfaits de leur intervention. L'énergie des guides est très proche de vous car ils sont très proches de la Source et la Source est aussi proche de vous que l'est votre souffle.

Il y a des guides connus qui sont de très grands centres de gestion de l'énergie divine. Ces mêmes guides sont assistés de plusieurs entités qui ont le désir de servir à leur niveau et qui ont déjà fait preuve d'un grand service envers la Source. Ces guides ont pour mission des tâches spécifiques. Prenons l'exemple de vos anges gardiens, leur tâche est de représenter exactement ce qu'il y a de mieux en vous en s'adaptant à la couleur que la Source a mise en vous. Les guides font partie de vous, font partie de cette couleur. Ils ont évidemment leur contrepartie mais ils sont très proches de vous. Rien ne peut mieux vous faire connaître vos guides qu'une expérience directe. Nous vous conseillons d'apprendre et de vous informer de façon concrète sur eux. Plus votre désir de les connaître sera grand, plus vous les découvrirez en cherchant en votre cœur et dans vos expériences et plus vous serez aussi à l'écoute des réponses.

Les livres peuvent vous apprendre mais une expérience personnelle vous fera comprendre. Il y a une marge qui peut faire toute la différence dans votre rythme évolutif, et cette marge qui a aussi fait une très grande différence dans l'histoire humaine est celle qui existe entre celui qui apprend et celui qui comprend.

Ischaïa: **Est-ce que nos guides changent à mesure que nous évoluons?**

Maître El Morya : Il s'agit plutôt d'un certain ordre de guides que vous apprenez à connaître selon votre préparation. Mais sachez que chaque être humain est relié à tous les guides, à tous les maîtres évolués de ce plan et même, je dirai d'autres plans car certaines aides nous viennent du cosmos.

Les guides que vous rencontrerez en premier sont ceux que vous êtes le plus aptes pour le moment à aborder. Mais au rythme de votre évolution, certains guides doivent céder la place à d'autres, même si les premiers continuent de travailler avec vous. Votre esprit conscient accepte bien un nouveau guide qui peut réveiller en vous des choses différentes qui sont maintenant prêtes à être réveillées. Mais votre guide ne vous abandonne jamais, car ce qu'il vous a appris et ce qu'il a appris et ce qu'il a réveillé en vous continue d'être sa tâche et il doit continuer à vous apprendre à être responsables des facettes que vous réveillez en vous-mêmes.

Ischaïa : **Arrive-t-il que les guides échouent dans leur tâche ?**

Maître El Morya : Le mot échec n'est pas divin.

Ischaïa : **Arrive-t-il que les guides renoncent à leur tâche auprès d'une personne s'ils rencontrent trop de résistance ou des barrières infranchissables pour eux ?**

Maître El Morya : Les guides savent ces choses et jamais ils ne se découragent. Lorsque la personne oppose une résistance, ce n'est pour eux qu'une première offensive. C'est comme cogner à la porte pour dire : nous sommes là ! Ils retourneront et cogneront encore jusqu'à ce que la porte s'ouvre. C'est ce que vous devez savoir.

Ischaïa : **Au cours du travail que nous faisons ensemble, certaines personnes constatent qu'elles ont plusieurs guides, d'autres en ont un, deux ou trois et d'autres, malgré leur clairvoyance, n'en voient aucun. Est-il vrai que certaines personnes n'ont pas de guide ? Pourquoi ?**

Maître El Morya: D'abord nous vous dirons qu'il ne s'agit pas de degré d'évolution, comme certains le croient. Nous disons plutôt que certaines personnes ont besoin d'avoir une très grande preuve que la Source est en elles. Elles ont besoin d'avoir une très grande confiance en elles-mêmes, d'apprendre à s'abandonner, à laisser la Source pénétrer complètement en elles. Donc, ces personnes ne voient pas, ne visualisent pas de guides, mais les guides sont toujours là avec chacune, même lorsqu'on ne veut pas les voir ou les visualiser, même lorsqu'on est indifférent à leur égard. Ils peuvent aussi choisir de ne pas se montrer ou de ne pas se faire entendre à un moment donné.

Lorsque vous voyez quelques guides, c'est que vous avez besoin de vous identifier et de vous familiariser avec leur énergie particulière. Cela permet une inspection en profondeur de ce que ces guides représentent pour vous, de ce que leur énergie représente pour vous. Lorsque vous voyez plusieurs guides, c'est que vous avez besoin d'une grande famille. Vous avez besoin d'intégrer l'humilité d'être une simple parcelle dans une immensité. Ce ne sont que des exemples mais les raisons peuvent être nombreuses et tout à fait différentes de celle-là. Les raisons correspondent au degré d'évolution spécifique à une personne, et non en rapport avec une autre personne.

Ischaïa: **Vous nous avez parlé de notion de couleur en rapport avec les guides. Pourriez-vous éclairer ce point?**

Maître El Morya: Comme vous le savez, un guide dans sa spécificité représente un rayon de couleur. Par exemple, maître Koot-Hoomi est le rayon de la sagesse mais il est aussi relié aux rayons des émotions. Ce rayon est orange.

Maître El Morya est relié au premier rayon, celui de la volonté, de la pulsion divine première. Ce rayon est de couleur rouge.

Maha Chohan est relié au troisième rayon qui est de couleur jaune…

Maître Saint-Germain est relié au sixième rayon, le rayon de la flamme violette, la flamme de la transformation et de la transmutation. Maître Saint-Germain est le grand maître des alchimistes etc.

Ischaïa : **Je vous remercie, maître El Morya.**

DÉSIDÉRATA I*

« Va paisiblement ton chemin, à travers le bruit et la hâte,
Et souviens-toi que le silence est Paix.
Autant que faire se peut, et sans courber la tête,
Sois ami avec tes semblables ; exprime ta vérité.
Calmement et clairement ; écoute les autres,
Même les plus ennuyeux et les plus ignorants.
Eux aussi ont quelque chose à dire.
Fuis l'homme à la voix haute et autoritaire ;
Il pèche contre l'esprit.
Ne te compare pas aux autres, par crainte de devenir vain
Ou amer, car, toujours, tu trouveras meilleur ou pire que toi.
Jouis de tes succès mais aussi de tes plans.
Aime ton travail, aussi humble soit-il,
Car c'est un bien réel, dans un monde incertain.
Sois sage en affaires, car le monde est trompeur.
Mais n'ignore pas non plus que vertu il y a,
Que beaucoup d'hommes poursuivent un idéal
Et que l'héroïsme n'est pas chose si rare.
Sois toi-même et surtout ne feins pas l'amitié,

---

* Les deux textes : *Désidérata I* et *Désidirata II* (texte suivant) ont été trouvés dans l'église Saint-Paul de Baltimore et sont datés de 1693.

N'aborde pas non plus l'amour avec cynisme, car,
Malgré les vicissitudes et les désenchantements,
Il est aussi vivace que l'herbe que tu foules.
Incline-toi devant l'inévitable passage des ans
Laissant, sans regrets, la jeunesse et ses plaisirs.
Sache que, pour être fort, tu dois te préparer
Mais ne succombe pas aux craintes chimériques
Qu'engendrent, souvent, fatigue et solitude.
En deçà d'une sage discipline, sois bon avec toi-même.
Tu es bien fils de l'univers, tout comme les arbres et les étoiles.
Tu y as ta place. Quoi que tu en penses, il est clair
Que l'univers continue sa marche, comme il se doit.
Sois donc en paix avec Dieu, quel qu'il puisse être pour toi ;
Et quelles que soient ta tâche et tes aspirations
Dans le bruit et la confusion, garde ton âme en paix.
Malgré les vilenies, les labeurs, les rêves déçus,
La vie a encore sa beauté.
Sois prudent.
Essaie d'être heureux. »

DÉSIDÉRATA II

« Quelle que soit la religion qu'on t'ait enseignée,
Quelle que soit la façon dont on t'ait élevé et
Quelle que soit la manière dont tu aies compris tes maîtres,
Sur ces niveaux, tu comprendras et saisiras ce message.
Il ne suffit pas que l'on croie en ce message. Il faut le vivre.
L'essence de la religion universelle, ce sont la paix et
La vérité, imprégnées de l'amour et de la bonté pour
Toutes les créatures de la terre. Le moment est venu
D'exprimer cette essence dans la vie personnelle.
Il faut commencer par toi-même et ta vie intérieure.
Tu veux réformer le monde ? Réforme-toi, mon ami !
Le message de celui qui ne s'est pas réformé n'inspire
Jamais la réforme. L'amour est au centre de toute religion, et
La vertu, qui est l'amour en action, est l'accomplissement
De la religion. N'aime pas seulement la famille et les amis,
Car limiter l'amour, c'est le nier !
Cherche la paix intérieure et l'inspiration divine.Persiste à
faire ces choses ; n'y renonce pas un seul instant.

Par ta foi et tes actions, tu formes ta vie et tu aides
À former la vie des autres. Quelle responsabilité !
En toi, l'esprit trouve son agent et son partenaire ;
Autant tu en es conscient, autant tu seras enrichi.
Tu auras une révélation, plus profonde que tes rêves
Les plus exaltés. La nouvelle époque va poindre
Où l'on se rendra compte de l'unité de tout.
Les différences entre les religions disparaîtront.
Ce qu'elles ont de bon sera réuni et deviendra le but commun
De l'humanité. Sache que le choix est à toi.
Choisis l'amour plutôt que la haine, la douceur plutôt
Que la violence, la sainteté plutôt que le mal ;
Ose croire que le règne de l'amour et de la paix arrive.
Sois préparé, sois vertueux en toute action. La vertu
Ouvre toutes les portes, et au-delà des portes se trouve
L'amour. Que l'inspiration divine envahisse toute ta vie,
La revêtissant de récompenses pour les accomplissements
Quotidiens, des trésors d'une existence réfléchie et
De la lumière éternelle, du paradis atteint. »

Photographie d'une authentique apparition de Jésus-Christ

Ce portrait est l'exacte reproduction de celui que l'empereur Tibère fit graver sur émeraude ; lequel faisait partie du trésor impérial de Constantinople, qui tomba entre les mains des Turcs en 1453, et devint propriété du Sultan Bajazet II ; ce dernier en fit don au pape Innocent VIII ainsi que de la *Sainte Lance* qui blessa le flanc du Seigneur, en échange de la libération de son propre frère qui avait été fait prisonnier par les armées chrétiennes à Rhodes. Dans une célèbre lettre de P. Lentulo, proconsul de la Judée à l'empereur Tibère. Il est clairement fait … à ce suave portrait iconographique.

LA PAROLE DE JÉSUS-CHRIST AUJOURD'HUI

« Vous pouvez être roi dans les cieux, et vous serez simplement roi.
Mais pour être roi des hommes, il faut être roi de la matérialité
Pour être Christ-Roi, il faut réussir à vaincre la matière,
Tout en étant roi dans les cieux »

Jésus-Christ

Enracinement et connexion du channel

Le médium channel: Je suis sur ma montagne et je me trouve dans une vaste salle sous une grande pyramide. Les maîtres sont là et il y règne une grande paix. L'atmosphère devient neutre, d'abandon. Je vois le soleil grossir au-dessus de ma tête, il grossit de plus en plus. Je le sens prêt à m'accueillir et je suis attiré vers lui. Je vois la terre devenir minuscule et je sens un fil me reliant à elle et au soleil. Je pénètre dans une lumière dense, il y a une salle à l'intérieur du soleil. Les archanges et tous les êtres de lumière s'y trouvent ainsi que la partie supérieure de toutes les âmes vivant sur terre. Tous sont autour d'un point de lumière central. Un ange m'apporte une boule de cristal, me demandant d'y laisser mon mental, d'y laisser tout ce qui me retient à mon corps. Je me retire tranquillement de mon corps vers cette boule de cristal.

Le médium channel : Maître Jésus est prêt à répondre à vos questions.

Ischaïa : **Bienvenue, maître Jésus.**

Maître Jésus : Nous vous remercions et vous souhaitons la bienvenue dans nos dimensions.

Ischaïa : **Vous nous souhaitez la bienvenue chez vous au soleil, chez nous au soleil. Nous vous souhaitons la bienvenue chez nous sur terre, chez vous sur terre.**

Maître Jésus : Alors, tout le monde est chez soi dans l'infini du cœur de Dieu.

Ischaïa : **Tout le monde est chez soi... Dans la précédente conversation, maître El Morya nous a dit que maître Saint-Germain est relié au 6e rayon situé au troisième œil, qui est de couleur bleu indigo, mais tous les écrits disent que maître Saint-Germain est relié à la flamme violette dont le siège est le *chakra* de la couronne (sommet de la tête). Voudriez-vous clarifier ce qui semblerait une contradiction pour plusieurs ?**

Maître Jésus : Il s'agit en fait de points de vue différents. Tout d'abord, l'énergie des sept rayons dont il a été question est l'énergie des sept rayons d'ascension, ce qui est différent des sept rayons venant du soleil, lesquels ont pour tâche d'enseigner à la terre.

Ces sept rayons sont les sept grandes portes d'ascension qui sont un lieu sur terre représentant vos sept niveaux de conscience et vos sept différents corps. Maître Saint-Germain, avec l'archange Zadkiel, est chargé du 6e corps et est en relation avec le septième corps, la septième porte, tout comme maître Sananda qui est le dirigeant de ce septième corps est en relation avec le corps supérieur, le corps christique.

Lorsque vous vous trouvez à un certain point et que vous dites : je suis dans le présent, *je suis ceci,* si votre pensée s'arrête à : je suis ceci, vous resterez ceci. Mais il s'agit ici d'ascension ; alors, chaque maître, gardien d'une porte d'ascension, se doit de préparer la suivante. Ainsi, maître Saint-Germain prépare la voie, le chemin vers la septième porte d'ascension, et c'est pourquoi il fait appel à la flamme violette. Lorsque vous vous retrouvez dans la septième porte, vous faites appel à la flamme or, maître Saint-Germain travaille avec le rayon de la flamme violette. Il travaille à la transformation, à la transmutation vers une union que nous pourrions dire définitive avec le cosmos. Maître Saint-Germain est le gardien du *chakra* de la couronne. Son travail se situe entre la 6e et la 7e porte dont il surveille les entrées et les sorties car le pouvoir qu'il détient, l'énergie qu'il appelle vient de la septième porte. Il doit faire ancrer les vertus, les énergies de la 7e porte dans le corps humain afin d'amener cette énergie sur terre. Il doit la faire ancrer par petites doses jusqu'à ce que la terre en soit complètement inondée. Alors, l'entité, l'être humain qui a reçu l'énergie de la septième porte et qui l'a complètement assumée traverse cette septième porte et là, il est pris en charge par Sananda qui le prépare pour franchir la nouvelle porte. Saint-Germain est donc le guide, le gardien entre la sixième et la septième porte, comme Hilarion l'est entre la cinquième et la sixième porte, et ainsi de suite.

Les portes, ou *chakras* de la terre

Ischaïa : **Les différents *chakras* (portes, royaumes intérieurs) dans l'humain, sont-ils reliés à des maîtres de sagesse ? Ont-ils leur correspondance sur la planète ?**

Maître Jésus : Effectivement, ces portes sont reliées à des entités de lumière. Elles se situent au niveau éthérique de chaque corps de la planète et sont reliées à des vibrations sonores qui sont rattachées à des *mantras*. Les maîtres, selon la porte à laquelle ils sont rattachés au niveau planétaire, sont responsables des mêmes portes qui se situent à la même échelle dans l'humain. Alors, bien entendu, la première porte est reliée à la note *do*, la vibration la plus dense. Le représentant sur terre est maître El Morya, et aussi l'archange Michaël. Maître El Morya détient donc l'épée de l'archange Michaël.

Maître Koot Hoomi avec l'archange Gabriel pour l'instant gardent la deuxième porte ayant pour son la note *ré*. Il y a sur terre des entités de lumière vibrant à des notes différentes et vibrant aussi à des *mantras* spécifiques. Ces *mantras* font partie de la science initiatique ; en les répétant, vous pouvez vous mettre en harmonie avec les vibrations qui maintiennent la terre. Ces *mantras* sont à la portée de tous, vous les trouverez dans différents écrits. Nous vous encourageons à les chercher.

Mais sachez qu'il n'y a pas que le nom du mantra. Il y a aussi une façon particulière de le prononcer. C'est plus qu'une répétition de mots ou de phrases, le mantra est comme la forme rituelle. Par exemple, les premières fois que vous prononcez le son AUM, vous le faites d'une certaine façon, qui se précise avec l'habitude. Le son AUM n'est pas le rassemblement de trois lettres en une syllabe, il s'agit d'une vibration sonore très spécifique ayant un rôle très précis à jouer. Avant de connaître un mantra, vous devez le chercher en vous-mêmes. Ensuite l'instruction vous viendra de façon individuelle et vous pourrez ajuster votre prononciation du mantra à la prononciation universelle.

Des lieux comme l'Himalaya, le désert de Gobi, le mont Shasta en Californie, le mont Mérou, quelques endroits au Brésil, en Australie, en France, au Canada et en Egypte sont des centres d'énergie qui nourrissent la terre. Mais les lieux précis des centres d'énergie de la terre sont pour la plupart éthériques.

La 3e porte se trouve à la frontière entre l'Europe et le Proche-Orient. Là, il existe un très fort centre d'énergie, entre la mer Méditerranée et les grands fleuves, où était à l'époque le Croissant fertile, il y a de cela quelques milliers d'années. Maha Chohan et l'archange Uriel sont chargés de cette 3e porte, dont la note clef est *mi.* À cet endroit, l'énergie est reliée au 3e *chakra*, lui-même relié au mental et aussi à l'espérance.

Regardez ce qui se passe en Europe maintenant, voyez le nettoyage qui s'y fait. Voyez comme les gens sont enlisés dans leur passé, enlisés dans des principes, dans une logique, dans une science implacable. Ils ont de la difficulté à contrôler leur corps émotionnel et à prendre contact avec leurs vraies émotions. Ils laissent aller leur corps, leurs sens à l'émotivité. Eh bien ! ce centre dans la terre a un urgent besoin de nettoyage au même titre que les gens ont besoin de se purifier, de libérer leur mental. En ce centre et autour de ce centre, un très grand travail est en cours actuellement. Il semble y régner une période très noire.

Ces contrées du monde, Israël et l'Irak, vivent une période de très grand nettoyage dans une période très sombre car la venue en force du quatrième centre énergétique de la terre, celui qui prendra la relève, doit se préparer. Ce 3e centre énergétique avait la responsabilité la plus grande sur cette terre depuis les quelques milliers d'années que vous venez de vivre. Comme vous qui vivez à présent une transition de ce *chakra* à celui du cœur, la terre vit cette même transition. Elle doit se détacher de ses énergies mentales pour s'unir, s'harmoniser au rythme de la nature, au rythme de la Création, et se mettre à l'écoute de l'inspiration.

Le 4e centre, la 4e porte se trouve en Californie, au mont Shasta. L'archange Emmanuel et le maître Sérapis Bey ont la responsabilité de cette porte, dont la note clef est *fa.* Cette porte est reliée au cœur de la planète, à cet endroit où elle reçoit les énergies. Il s'agit de certains points physiques, de points géologiques qui agissent comme des portes à l'énergie cosmique.

Remarquez à quel point, depuis le début du dernier siècle, les États-Unis sont devenus un phare pour le monde entier. Grâce à ce pays, le dernier siècle a connu une évolution très rapide, très forte. L'harmonisation, la globalisation de la planète s'est effectuée depuis que ce pays est devenu une force mondiale. Il a influencé cette mondialisation, tel le rôle d'un cœur qui unit chaque partie d'un être entier. Alors, voyez le lien qui existe entre cette porte et le cœur de la terre. Attention ! Nous ne parlons pas de la politique des États-Unis.

Le 5e centre, la 5e porte, celle de l'intuition est gardée par maître Hilarion et par l'archange Raphaël. Sa note clef est *sol.*

Le désert de Gobi est situé près de l'ancienne URSS. On y trouve le temple éthérique de Shambhalla qui est relié à la septième et dernière porte. En Russie, un autre point très important est relié à la 5e porte, celle de l'intuition, dont maître Hilarion est responsable.

Maître Hilarion séjourne en ce moment dans des pays proches de la Russie, ceux de l'ex-bloc soviétique. Il travaille beaucoup avec les chercheurs soviétiques car leur travail est très important pour la concrétisation de la prochaine ascension de la planète. Il s'agit en fait d'une union qui doit avoir lieu entre la Russie et les États-Unis d'Amérique. Ces deux-là doivent s'unir pour faire face aux grands changements à venir. La Russie et ses voisins susmentionnés sont réputés pour leurs très grandes forces de médiumnité, d'occultisme et d'ésotérisme. Ces connaissances sont en directe relation avec le centre d'énergie correspondant, et si l'Amérique veut réussir à demeurer un flambeau pour les siècles à venir, elle doit apprendre à se lier aux forces qui existent en Russie. Maître Saint-Germain, maître Hilarion ainsi que maître Sérapis Bey travaillent beaucoup en ce sens afin de motiver les gouvernements à se rapprocher.

Au Proche-Orient, près de la Méditerranée, près du Croissant fertile, en Mésopotamie, la 3e porte, celle de Maha Chohan connaît en notre temps de grands troubles. Par refus de soumission à la 4e et à la 5e porte, elle représente un danger. Les gens qui vivent près de ce centre d'énergie créent une force de résistance à la prochaine ascension de la terre. C'est pourquoi les États-Unis, point central dans le monde d'aujourd'hui, ont besoin de se lier à la Russie qui possède une très grande sagesse initiatique, une très grande sagesse d'inspiration.

Quant à la 6e porte, dont la note clef est *la,* elle est maintenant en Australie. Une importante partie de l'information brute que la terre reçoit provient de ce coin très retiré du globe. Il s'agit en fait du regard cosmique de la terre : c'est là qu'elle reçoit ses énergies d'initiation, ses énergies de métamorphose. L'archange Antarion est relié à cette porte ainsi que maître Saint-Germain. Cela peut vous surprendre puisqu'il est si loin de son centre. Maître Saint-Germain travaille partout dans le monde, mais son lieu premier de repos lorsqu'il disparaît est l'Australie.

Enfin, la 7e porte, le septième centre dont la note clef est *si* a son centre à Shambhalla, lieu du Père des Pères, et aussi de Jésus Sananda. Ce centre, cette porte se trouve dans le désert de Gobi, comme nous l'avons dit, et l'archange Zadkiel y travaille. C'est donc ce centre qui depuis le début de votre histoire vous appelle à lui, et c'est vers lui que vous vous dirigez. Un jour, c'est vers ce centre que toute la planète sera tournée car il est le point d'union entre le cosmos et la terre.

Ischaïa : **Merci, maître Jésus.**

Le rôle de maître Saint-Germain dans la venue du Christ sur terre

Ischaïa : **Vous avez dit : « Comprenez qu'il est possible, comme le Christ adombra Jésus, que maître Saint-Germain adombra le Christ. » Pouvez-vous nous expliquer cela ?**

Maître Jésus : Maître Saint-Germain a joué un rôle de lien entre le Christ qui adombra Sananda et Jésus qui était sur terre. Tout comme Jésus-Christ qui est à présent sur terre a eu le rôle d'instructeur de la planète à travers Zarathoustra, à travers le Bouddha, à travers Élisée, à travers Moïse, à travers Mahomet, maître Saint-Germain eu le même rôle à une certaine époque, au début de l'histoire de l'humanité, lors de l'âge d'or de la terre. Maître Saint-Germain est à un niveau très élevé. Il éleva ses vibrations afin de canaliser toute l'énergie christique, toute l'énergie de Sananda dans le céleste. Il s'est ouvert en tant que canal pour recevoir cette énergie et la transmettre à la divine Marie afin qu'ait lieu la naissance virginale. Il a canalisé cette énergie de manière à féconder dans le corps physique d'une vierge, Marie, l'être qui sera Jésus. Bien avant le baptême dans le Jourdain par Jean le Baptiste, Joseph, le père de Jésus, avait déjà laissé le Christ pénétrer en celui-ci avec une très grande force.

Comme vous qui êtes un canal d'énergie pour la Source, Joseph (maître Saint-Germain), canalisa cette énergie, la fit pénétrer en lui, pour la transmettre à Marie, afin de créer un enfant. Cet enfant se développa, grandit, se perfectionna pour ensuite appeler lui-même l'énergie christique complète, c'est-à-dire, appeler à lui son Moi supérieur. C'est ainsi que le Christ prit complètement part en Jésus, prit sa force totale en le corps de Jésus. Une expansion très grande, jamais connue encore à l'époque.

Ischaïa: **Donc, le premier qui adombra Jésus fut Joseph, son père, à travers Marie?**

Maître Jésus: En un certain sens oui, car il servit comme canal de l'énergie divine en Jésus. Comme l'homme porte en lui le germe de son enfant et le transmet à la mère pour qu'elle porte l'enfant. Pour porter la semence de l'Enfant Jésus en lui, Joseph a dû élever ses vibrations pour permettre à maître Sananda de passer à travers lui pour qu'il transmette à Marie le germe de la conception virginale. Sananda étant le Christ par la fusion, Joseph a donc canalisé Sananda et à la fois, l'énergie christique. Ainsi, il fut possible à Jésus d'extérioriser le Christ qu'il avait déjà en lui par la perfection de son corps physique, perfection héritée de Marie, sa mère, une vierge choisie et préparée à recevoir ce germe, ce corps. Donc, une partie de Jésus était d'essence divine complètement, alors que l'autre était physique. Après avoir discipliné son corps physique, il fut prêt à extérioriser complètement le Christ. Il n'était alors plus Jésus, fils de Joseph et de Marie, mais Jésus le Christ. Cet événement se produisit lorsqu'il fut baptisé dans le Jourdain par saint Jean le Baptiste.

Hilarion, saint Jean le Baptiste, saint Paul: une seule et même entité

Ischaïa: **Saint Jean le Baptiste était le fils d'Élisabeth, la cousine de Marie, donc le cousin de Jésus?**

Maître Jésus: Oui, Jean le Baptiste était en fait une incarnation d'Hilarion et il est venu presque en même temps que Jésus. Tout cela faisait partie d'un grand plan d'incarnation fixé d'avance.

Puisque Joseph (maître Saint-Germain) était le maître le plus élevé après Sananda, il devait canaliser la force de ce dernier afin que son incarnation soit le plus près possible de la perfection. En fait, l'essence divine est allée directement dans le corps de Marie pour la féconder. Sachez que cela est arrivé très peu de fois dans l'histoire de l'humanité.

L'histoire est que maître Hilarion, avec le concours d'un ange, se rendit dans le temple voir l'époux d'Élisabeth, ce prêtre qui allait être le père de Jean le Baptiste, pour lui annoncer que sa femme était enceinte et que cet enfant allait préparer la venue du Christ. Cet enfant n'était autre que maître Hilarion lui-même. Il faut se rappeler qu'Élisabeth n'était plus en état d'enfanter, elle était très âgée.

***Ischaïa:* Quand vous dites qu'il était maître Hilarion, était-ce l'être de lumière dans le ciel?**

Maître Jésus: Oui, c'était cet être dans le ciel, mais occupant aussi un corps dans la matérialité: car les deux états sont reliés, comme vous êtes reliés à votre Moi supérieur dans le soleil.

Lorsque vous aurez atteint la maîtrise, c'est-à-dire l'ascension, vous aurez conscience d'être à la fois dans le soleil et partout sur la terre en même temps. Bien entendu, ce sera beaucoup plus que cela. À l'instar de Sananda qui se trouvait dans le ciel tout en étant incarné sur terre en la personne de Jésus, Hilarion se trouvait dans le ciel tout en étant incarné sur terre en la personne de saint Jean le Baptiste. Ce n'est que lorsqu'on atteint sur terre une maîtrise suffisante de soi-même que l'on peut se savoir dans le ciel et à la fois sur terre. Durant son incarnation, saint Jean le Baptiste ne sut jamais qu'il était maître Hilarion. Il mourut sans le savoir et n'en prit conscience qu'au moment où Saül reçut l'illumination, sur le chemin de Damas. C'était alors l'énergie de maître Hilarion qui pénétra Saül, lequel deviendra Paul.

Sachez que maître Hilarion prépara Saül à devenir Paul. Lorsque Saül fut frappé par la lumière et devint aveugle, il prit alors contact avec son être intérieur et devint ainsi un canal pour maître Hilarion. Quand on perd la vue sur l'extérieur, on est forcé de regarder à l'intérieur de soi.

Ischaïa: **Saül devint un canal pour maître Hilarion dont saint Jean le Baptiste était une incarnation?**

Maître Jésus: En effet.

Ischaïa: **Lorsque vous avez dit qu'Hilarion avait préparé Saül, s'agit-il de saint Jean le Baptiste durant son incarnation ou d'Hilarion, cet être de lumière dont Jean le baptiste était une incarnation?**

Maître Jésus: Nous parlons bien sûr de l'esprit de saint Jean le Baptiste, de l'être de lumière autrement appelé Hilarion.

Saül avait accepté le Saint-Esprit, l'énergie christique qui était à cette époque d'une grande force et d'une grande pureté, car Jésus venait de ressusciter, le Christ était ressuscité. L'énergie christique était très forte et, par son entremise, Hilarion adombra le corps de Saül qui devint Paul. Saül, par Hilarion, fut inspiré vers la conscience christique et cela fait qu'un lien devenait possible entre Hilarion et le corps de Saül.

Ischaïa: **Pourquoi tout ce théâtre puisque tout était arrangé d'avance? On sait que Saül a persécuté les chrétiens, qu'il a œuvré contre le Christ. Pourquoi ce grand théâtre, toute cette stratégie pour amener Saül (Paul) à être un géant de l'Église plus tard? N'auriez-vous pas pu le faire autrement?**

Maître Jésus: Selon la morale et les perceptions d'aujourd'hui, cela semble être un théâtre très tragique, les humains étant tragiques. Vous savez, lorsque vous vous incarnez et que vous êtes pris dans la matérialité, vous êtes comme dans un tourbillon, et seule une discipline très exigeante peut vous en sortir afin de réaliser l'état christique. C'est comme à l'époque actuelle où vous devez vous battre contre la matérialité et poser des actes considérés comme mauvais sur votre chemin d'ascension avant d'atteindre l'illumination. À cette époque, les événements douloureux, que l'on connaît, les persécutions de Saül contre les chrétiens étaient le lot de la matière qui l'a conduit jusque-là. La naissance de Jésus est en soi un événement, une mise en scène très importante car elle unissait l'entité Hilarion à l'entité Saint-Germain, ce qui fait que les deux comptent maintenant parmi les plus hautes entités de la Hiérarchie, où leur rôle est essentiel. Aujourd'hui, l'entité Sananda s'incarna en Jésus par l'intermédiaire de Saint-Germain (Saint Joseph). Donc, ce théâtre, cette mise en scène se devait d'être ainsi et ce fut un calcul très serré qui en permit la révélation.

Ischaïa : **Pourriez-vous expliquer ce que vous entendez par un calcul très serré ?**

Maître Jésus : Premièrement, le père de Jésus devait correspondre à ce que les prophéties avaient annoncé, il devait être de la descendance de David et il devait être un homme d'une très grande science initiatique. Il devait donc être un très grand être. Alors, il a fallu que l'être connu aujourd'hui sous le nom de maître Saint-Germain s'incarne. Pour que cette incarnation ait lieu, il devait y avoir correspondance astrologique permettant à plusieurs grands maîtres de s'incarner en même temps dans le même lieu. Tous ces maîtres sont nés dans la région de la Méditerranée, pour la plupart en Israël, en Palestine. Il s'agissait donc d'un calcul serré, d'un événement longtemps préparé.

Que Saül ait persécuté les chrétiens est un fait très intéressant qui procure la preuve du très grand pardon de Dieu. Nous pourrions même dire que dans l'histoire, saint Paul est aujourd'hui l'un des plus grands représentants de la parole du Christ, le plus grand disciple de Jésus, avant même saint Pierre. Il est l'un des apôtres les plus connus après que Jésus fut ressuscité.

Ischaïa : **Il n'a pas connu Jésus ?**

Maître Jésus : Il n'a pas connu Jésus, mais les gens avaient la preuve que Paul était un homme comme les autres. Il était né d'un père, d'une mère, il a vécu, travaillé pour l'armée romaine. Il était un homme qui, ayant persécuté, a réalisé la vérité de l'être par une véritable prise de conscience. Un homme qui eut à lutter contre la chair et qui reçut le pardon.

Hilarion, précurseur et principal enseignant de la voie du Christ

Ischaïa : **N'est-ce pas symbolique aussi pour l'humanité ?**

Maître Jésus : Très symbolique. Puisque vous appelez cela une mise en scène, nous espérons que vous ne sous-estimez pas l'importance de ces événements. Il s'agit en fait d'un symbole qui montre que l'homme pouvait maîtriser la matière pour recevoir l'Esprit du Christ. Que les apôtres qui ont suivi Jésus et qui ont profité de son enseignement de façon si intensive arrivent à guérir, à ressusciter des morts en son nom ne relève pas d'un plus grand miracle que celui de Paul. Le grand miracle est qu'un homme qui fut persécuteur soit pardonné du jour au lendemain ; en plus, il devient l'un des chefs de cette nouvelle Église, l'un des chefs de l'Apostolat.

Il était beaucoup plus facile pour le commun des mortels de s'identifier à un homme tel que Paul plutôt que Pierre qui a été choisi par le Maître lui-même. Paul était la preuve vivante que le pardon divin existe pour la personne qui recherche l'initiation, il représentait ce grand initié qui de lui-même a appelé la force cosmique, a appelé le Saint-Esprit pour le réaliser d'abord en lui-même et l'enseigner à son tour. Qu'est-ce que Paul enseigne ? Il enseigne comment devenir un initié, comment accepter et accueillir le Christ en soi. Jésus apportait des lois, il donnait des exemples en utilisant des paraboles, et il élevait la conscience. Mais Paul apportait la conscience d'être, la façon de vivre le Christ quotidiennement. Paul a parlé d'amour et de charité. Lisez ses épîtres, lisez l'épître aux Corinthiens sur la charité. Vous découvrirez qu'elles sont toutes des clefs sur le chemin de l'ascension. Elles sont une très grande vulgarisation des enseignements de Jésus. Quoique Paul n'ait pas, comme les autres apôtres, vécu près de Jésus, il est l'un des disciples, l'un des apôtres qui a le mieux compris son message. Il a saisi la tâche à accomplir ainsi que l'objectif, le but visé par la Hiérarchie. Ainsi, vous voyez qu'Hilarion en saint Jean le Baptiste fut le précurseur qui annonça la venue du Christ. Plus tard, en saint Paul il en fut l'instructeur, l'enseignant et la voie.

Jésus dispensa une instruction très forte mais très restreinte, en fonction de l'ouverture des gens à qui il s'adressait. Paul ensuite propagea cette instruction et la précisa. Il fit un travail de vulgarisation, sensibilisant la masse aux grandes vérités que le Christ enseignait. Le Christ amenait des révélations codées qu'une âme avertie pouvait interpréter mais que la masse prenait pour de simples préceptes d'amour, qui pouvaient cependant mener loin toute personne qui y réfléchissait, y méditait en vue de se transformer. Ces messages codés, les apôtres les comprirent seulement par la suite. Saint Paul les comprit, il les vulgarisa à la masse et ainsi les premiers chrétiens purent être baptisés. Parmi ces hommes, il y a de grands maîtres qui sont aujourd'hui incarnés pour continuer le travail qui est de manifester Christ sur terre.

Plusieurs personnes réussirent leur ascension grâce à la détermination de Paul et des autres apôtres. Ils ne la réussirent peut-être pas directement dans cette vie, car il y a eu l'époque des martyrs où les chrétiens étaient farouchement persécutés. Mais ceux qui furent instruits par Paul finirent par acquérir la maîtrise durant les vies suivantes. Parmi eux, plusieurs sont sur terre aujourd'hui pour réaliser, selon un plan divin, l'ascension afin de faciliter celle de la planète entière. Leur choix de réaliser l'ascension dans la présente vie est volontaire et conscient afin que le Christ vienne sur terre de façon globale, en cette époque de l'ère du Verseau. Plusieurs qui étaient les disciples de Jésus à l'époque ont évolué au cours des deux mille ans qui suivirent, dans le seul dessein d'ascensionner durant l'ère du Verseau. C'était aussi prévu.

Si le message vous parvient, c'est peut-être que vous avez à réveiller à l'intérieur de vous, certaines mémoires de votre contact avec le Christ. Si vous vous savez aimés, protégés par le Seigneur, si vous vous sentez appelés de façon particulière à servir l'humanité, c'est que vous êtes venus pour préparer, discipliner votre corps afin de réaliser cette ascension que vous avez décidée, il y a deux mille ans.

Ischaïa: **L'histoire enseigne que saint Paul fut décapité, n'est-ce pas?**

Maître Jésus: Tout comme saint Jean le Baptiste.

Ischaïa: **Pourriez-vous nous expliquer ce qui semble être une coïncidence. Saint Jean le Baptiste qui a été Hilarion fut décapité et pour continuer sa mission, il est entré par la suite dans Saül (saint Paul) qui lui aussi fut décapité. Il doit sûrement y avoir une raison. L'histoire révèle que, quand on a tranché la tête de saint Paul, il en est sorti du lait à la place du sang. Qu'en est-il exactement? Comment expliquez-vous ce phénomène?**

Maître Jésus: Hilarion actuellement est le *chohan* de la cinquième porte, du cinquième rayon. Ce rayon a pour base la gorge. La gorge représente aussi le lien entre le divin, la présence cosmique et le corps terrestre. Nous dirons que le point d'union est le cœur, mais l'information mentale et aussi l'information divine passent par la gorge en se rendant au cœur. Alors, nous disons que maître Hilarion est la tête, le cosmique, et que des êtres prêtent leurs corps à maître Hilarion ; celui-ci venait en fait comme une tête et transmettait des informations par la gorge au cœur de l'individu, il transmettait la divinité. Ainsi, l'individu enseignait aux foules et lorsque sa mission était terminée, la tête était retranchée pour qu'Hilarion puisse repartir.

L'histoire raconte que lorsque le bourreau porta le coup fatal qui ôta la vie de l'apôtre Paul, sa tête rebondit trois fois sur le sol faisant naître trois sources d'où le nom de « Tre Fontane » (les trois fontaines), une curiosité touristique à Rome.

Ischaïa : **(Rire) Ah ! c'est beau ! Merci pour cette histoire. Mais, comment expliquez-vous ce phénomène qu'à la place du sang, c'est du lait qui sortit de lui ?**

Maître Jésus : Le lait est la nourriture divine, la nourriture de votre sainte Mère.

Ischaïa : **Mais, est-ce vrai qu'au lieu du sang il y avait du lait ?**

Maître Jésus : Tout est vrai.

Ischaïa : **Voudriez-vous en parler, s'il vous plaît ?**

Maître Jésus : Que voulez-vous savoir ?

Ischaïa : **Tout ce que vous voudriez nous en dire.**

Maître Jésus : Un être qui s'est dépouillé de son ego redevient un enfant. Saint Paul ayant purifié son corps, il était redevenu un enfant de lumière qui recevait sa nourriture des corps célestes ; donc, c'est le lait qui coulait dans ses veines. Le lait est le symbole de la connaissance, de l'immortalité et de la pureté.

Lorsqu'ils le décapitèrent, il n'y avait pas de sang, il y avait donc du lait. Eh bien, le lait, la nourriture de l'enfant, était la nourriture divine du corps de saint Paul, la nourriture venant de son esprit supérieur dans la matière ! Saint Paul n'appartenait pas à ce plan de conscience ; son royaume n'était pas du monde de la troisième dimension, mais de celui de la Lumière.

***Ischaïa :* Qu'est-ce que vous pouvez encore nous dire sur saint Paul, cet apôtre incompris de plusieurs ?**

Maître Jésus : Nous adressons un message à tous ceux qui sentent en eux l'appel du divin et qui sont sur la voie de la réalisation. Ils sentent cet appel, mais aussi le poids de la culpabilité, face à leurs actions qu'ils reconnaissent être guidées par l'ego. Nous vous invitons à contempler l'exemple de saint Paul et celui de Paul Claudel qui était une de ses récentes incarnations. Tous deux ont eu des vies très difficiles et mouvementées ; ils ont souvent agi à l'encontre de l'esprit chrétien et de la morale. Paul Claudel était riche et il menait une vie très luxuriante, une vie de pacha, jusqu'au jour où il comprit qu'il n'était pas dans la voie, il implora un grand pardon et il se purifia par l'écriture.

De même, après son illumination, saint Paul demeura aveugle deux ans durant, au cours desquels il travailla à son pardon et à sa purification. Il se prépara à être un pur canal des messages divins, un pur canal des messages christiques. Il rapatria ainsi son pouvoir divin. Quand il perdit la vue, le monde extérieur cessa d'avoir une si grande emprise sur lui. En cultivant sa force intérieure, il atteignit à une telle pureté, à une telle perfection qu'il devint un canal pour l'entité Hilarion, qui parla par sa bouche, en compagnie du Saint-Esprit, en compagnie de l'énergie christique. C'est ce qui permit à Hilarion d'avoir une ascension prodigieuse.

***Ischaïa :* C'est donc maître Hilarion l'être de lumière qui a baptisé Jésus en tant que saint Jean le Baptiste ?**

Maître Jésus : Exact. C'est lui qui a baptisé Jésus. Nous dirons que les êtres, même s'ils sont très puissants dans les cieux, ne montrent leur valeur et leur rôle qu'en s'incarnant sur terre. Car les grands défis sont sur terre, dans la matérialité. Vous pouvez être roi dans les cieux, et vous serez simplement roi. Mais pour être roi des hommes, il faut être roi de la matérialité. Pour être Christ-Roi, il faut réussir à vaincre la matière, tout en étant roi dans les cieux. C'est pourquoi nous disons que Jésus était un si grand roi, un si grand initié.

Maître Hilarion avait pour mission de parachever l'œuvre de Jésus-Christ. Il devait faire un travail de finition pour instaurer l'ère du Verseau et préparer la venue du Christ Maitreya sur terre. Il devait pour cela acquérir une plus grande discipline et une plus grande pureté de son corps matériel, alors que Jésus était l'initié par excellence, qui a atteint le niveau d'évolution le plus élevé jamais atteint dans un corps physique.

L'importance de la naissance virginale de Jésus

Ischaïa: **Mais Jésus a aussi été guidé par sa mère et par son père, eux-mêmes des êtres très évolués.**

Maître Jésus: Joseph était un architecte de l'âme humaine. Il est maintenant le chef de la fraternité des Grands Maçons à travers maître Saint-Germain. Il a fait un grand sacrifice de la chair. Sachez que comme Jésus, Joseph était un grand instructeur à une époque différente. Et Marie était une incarnation de la Mère divine. C'est pourquoi nous ne pouvons faire de comparaison entre ces êtres.

Ischaïa: **Maintenant, j'aimerais qu'on revienne sur la naissance virginale. Qu'est-ce que cela signifie vraiment pour vous ? Les gens aujourd'hui doutent et refusent d'y croire. Est-ce que c'était important que Marie, celle qui porte l'Enfant-Dieu, soit vierge ? Et quel est le sens que vous donnez à la virginité ?**

Maître Jésus : Le sens de la pureté.

Ischaïa : **Voudriez-vous, s'il vous plaît, clarifier, expliquer ?**

Maître Jésus : Premièrement, la naissance virginale bientôt ne sera plus un mystère, puisque vous l'appliquerez, vous aussi. Selon les Écritures, pour que Jésus soit reconnu comme un messie ou un prophète, il devait concrétiser certaines prophéties. Il devait être de la lignée de David ; d'autres prophéties prédisaient qu'il devait être d'une naissance virginale. Nous voulions démontrer, par le fait même, quelque chose qui bientôt sera pour vous une réalité. Cet événement, la naissance virginale, est plus important aujourd'hui qu'il ne l'était il y a 2000 ans. Si les prophéties ont été telles, c'était en fait pour l'époque dans laquelle vous vivez actuellement. La naissance virginale a vraiment eu lieu parce que Jésus, le sauveur du monde, devait être totalement pur, donc naître de parents aussi purs. Si cet événement n'avait eu d'importance que pour l'époque de Jésus, peut-être que la naissance virginale n'aurait pas été une nécessité.

Joseph, son père était à l'époque le chef d'une grande fraternité, d'un grand mouvement religieux. Plus que cela, il était avec les Rois mages un des grands chefs spirituels de la terre. Il avait une parfaite maîtrise de la magie blanche, la magie divine. Il savait comment réaliser, manifester une naissance virginale. Joseph a élevé les vibrations de son corps à un niveau tel qu'il a pu, comme nous l'avons dit précédemment, canaliser la vibration du Christ Sananda. Par le fait même, il a élevé les vibrations de Marie, car pour voir un archange ou un ange, il faut que vos vibrations soient très élevées. En effet, Marie était en prière, en méditation, dans un état vibratoire très élevé, quand l'archange Gabriel lui est apparu. C'est à cet instant même qu'il y a eu canalisation de l'énergie christique, l'énergie de Sananda, dans le corps de Marie. Il y a eu fusion. Cet événement rendait possible la naissance virginale.

Le symbole de la pureté avait toute son importance. Pour l'homme, il est clair que Jésus était le Fils de Dieu, car l'archange Gabriel annonça à Marie que Dieu lui donnerait un fils. Mais pour le commun des mortels, ce miracle ne pouvait arriver que par la naissance virginale. Comme Dieu ne pouvait pas passer par l'homme, encore moins, être en lui, pour que soit acceptée la conception virginale, Marie devait être pure et divine, donc vierge et chaste. Sinon, qui aurait cru que Jésus était le Fils de Dieu si son père biologique avait été Joseph, un humain ? La preuve qu'il était né du Père céleste, donc par l'opération directe de l'Esprit saint, devait être faite ; d'où l'importance de la « pureté », de la virginité de Marie. Nous apportons ces informations pour corriger, rectifier les deux mille ans d'histoire et d'ignorance que vous avez vécus.

Ischaïa : **J'imagine que les hommes n'ont pas manqué d'utiliser tous les moyens à leur disposition pour examiner Marie, vérifier sa virginité qu'ils associaient à de la pureté.**

Maître Jésus : Ils ont certes vérifié. Car, à l'époque, l'homme avait tous les droits sur la femme : c'est Joseph, le mari, qui devait vérifier la virginité de sa femme, ou un rabbin, ou toute personne ayant compétence ou autorité à cette époque.

Ischaïa : **C'est donc pour cela que cette histoire est parvenue jusqu'à nous, puisque la virginité de Marie a été bien vérifiée par les autorités en place qui s'étaient donné les droits et les moyens pour le faire.**

Maître Jésus : Il faut dire que les gens qui eurent foi en cette histoire de la vie de Jésus ne vécurent pas en son temps, en son époque. L'importance de la naissance de Jésus est venue bien après que les Évangiles furent écrits. C'est là que les premières bases de la religion chrétienne furent jetées et que la naissance virginale prit tout son sens pour les chrétiens. À cette époque, la foi étant d'une telle importance, personne n'oserait douter ni remettre en question un tel fait, une telle affirmation. C'est pourquoi, jusqu'à nos jours, Marie est la Vierge mère. Les juifs auraient pu en douter, mais de toute façon, très peu de juifs se sont convertis à la religion chrétienne.

Ischaïa : **Pourquoi ?**

Maître Jésus : Parce que les juifs ne croyaient pas que Jésus était Fils de Dieu.

Ischaïa : **Est-ce qu'ils le croient aujourd'hui ?**

Maître Jésus : Les juifs croient certainement en un prophète. Car le fameux Messie annoncé dans toutes les religions, celui qu'ils attendaient il y a 2000 ans, est beaucoup plus le Christ attendu aujourd'hui. Les juifs ont eu un prophète et il fut le plus grand que l'humanité a connu : c'était Jésus.

Ischaïa : **En se cantonnant dans les barrières d'une religion, est-ce qu'on ne passe pas à côté de ce Messie attendu par tous les humains ?**

Maître Jésus : Ceux qui verront le Messie auront pour la plupart détruit complètement en eux les vieilles bases de la religion. Ils auront effacé les dogmes et les préjugés, alors qu'aujourd'hui la religion est pleine de préjugés.

Les nouveaux chrétiens sont ceux qui seront ouverts aux enseignements nouveaux. Dans les enseignements de Jésus, il y a des symboles et des codes qui permettent l'ascension de ceux qui seront aptes à recevoir ces enseignements nouveaux, comme si c'était la première fois qu'ils les recevaient. Ce sont les premiers à qui le Christ sera révélé. Ils doivent tout d'abord rejeter les dogmes et les barrières qui les retiennent dans de fausses croyances, dans une autorité qui est extérieure à eux. Ces gens ont besoin de contacter leur divinité intérieure avant de recevoir complètement l'histoire de la religion. C'est pourquoi certaines personnes trop cantonnées dans la religion seront les dernières à voir le Christ. C'est dommage que ces 2000 ans d'enseignement aient été véhiculés par les autorités dans la manipulation et le mensonge, dans la torture et les atrocités. Car, en fait, tout le travail effectué durant ces 2000 ans par ces envoyés du Père, les maîtres et les prophètes, c'était pour qu'aujourd'hui la religion occupe moins de place dans la vie des gens qui, étant au faîte de leur nature divine, reçoivent le Christ par affiliation au Père.

Depuis quelques milliers d'années, tous ces événements religieux et toutes ces histoires furent préparés et mis en train. Il s'agit d'un grand plan décidé par des hommes qui, de tout temps, ont reconnu cette filiation divine. Ces hommes ont prévu et conçu le grand plan que l'humanité vit depuis des milliers d'années et qui se concrétise à notre époque.

Ischaïa : Vous avez dit que la naissance virginale, c'était pour préparer les événements d'aujourd'hui. Voulez-vous dire que les femmes enfanteront de cette façon-là ?

Les scientifiques ont découvert que le nombre de spermatozoïdes a diminué de beaucoup chez les hommes. Y a-t-il un lien avec ce que vous venez de dire ?

Maître Jésus : C'est un lien très intéressant, mais nous ne parlerons pas de la diminution du nombre de spermatozoïdes chez l'homme, car elle n'est en fait qu'une façon de pousser cette nouvelle réalité. La femme par sa nature est un réceptacle que vous pouvez comparer à la terre, à un contenant, à quelque chose qui soit prêt à recevoir. En elle se trouve tout ce qui est nécessaire à la propagation et à la création de la vie. L'homme apporte à la femme une semence contenant le germe divin et ainsi la vie est créée de façon physique ; c'est aussi la façon dont procèdent les *anima*ux. Mais il y a aussi la façon des êtres de lumière. C'est l'entité féminine qui détient tout ce qui est nécessaire à la création et à la propagation de la vie. L'entité masculine, positive pénètre l'entité féminine, négative où s'opère le mariage, la fusion des deux pour que naisse l'homme nouveau. Bien entendu, nous parlons en termes de polarité d'énergie.

La femme possède un corps que plusieurs scientifiques ont nommé *anima*. Cette *anima* a la même fonction que l'utérus, c'est-à-dire qu'elle sert de réceptacle à l'énergie. L'homme se doit d'être un canal puissant et fort de l'énergie verticale, de l'énergie cosmique afin que celle-ci puisse toucher, pénétrer l'*anima* féminine.

Plus l'*anima* s'éveille, plus la femme prend conscience de son affiliation à la Mère divine, donc avec tout ce qui est féminin et ce qui est divin par la même occasion. Lorsque la femme décide d'évoluer, elle réveille ces corps, que toutes les femmes possèdent grâce à leur *anima*. Un jour, toutes les femmes de la terre, grâce à leur *anima*, formeront une seule et même entité, prête à recevoir une intention divine, une simple intention divine, venant du Fils de Dieu et ainsi vous recréerez un monde complètement nouveau et différent.

L'*anima* est ce que nous appelons un corps de création. Elle se doit d'être stimulée, d'être réveillée et elle le sera par l'énergie masculine qui le fera par des pensées élevées, des pensées d'amour, des pensées inspirées de la Source.

Comme vous le savez, les êtres humains ont les deux polarités. En l'homme se trouve autant la femme et en la femme se trouve autant l'homme qu'ils doivent tous les deux équilibrer. Alors, la responsabilité de la femme est d'élever ses pensées afin de faire descendre en elle la joie de vivre. La responsabilité et le rôle de l'homme est de capter les messages divins d'amour et de les transmettre dans la matérialité aux êtres qui l'entourent afin de les inspirer et de les rendre heureux. C'est tout simplement la pratique des vertus, la pratique du don de soi.

L'homme et la femme doivent apprendre à se donner en entier, à donner toute l'énergie qui passe à travers eux de la façon la plus pure possible, donner une énergie de joie divine, de vérité. C'est ainsi qu'ils stimuleront ce corps féminin de création. Car, grâce à ce corps, beaucoup de magie, beaucoup de création et de réalisations sont possibles.

Nous vous donnerons l'exemple du roi Salomon, qui était toujours entouré de plusieurs femmes, plus d'une centaine de concubines environ. Pourquoi cela ? Croyez-vous qu'un roi comme Salomon avait le temps de simplement prendre plaisir en ses concubines ? S'il s'entourait d'autant de femmes, c'est qu'il connaissait ce principe. Il connaissait ce corps féminin qui était essentiel à l'application de sa magie. Car Salomon était un grand magicien. Il se servait de cette féminité, de ce principe féminin dans une intention spirituelle et non simplement charnelle. Mais, puisqu'il n'avait qu'un contrôle partiel sur ces énergies, du fait de ses pulsions non totalement maîtrisées, il chuta à la fin de sa vie, tourmenté par les forces qu'il commandait : celle des anges, des *deva*, des esprits de la terre et de tous les esprits de lumière. Or, souvent, certains de ces esprits à proprement parler étaient dépourvus de moralité, quoique d'une source universelle. Car étant inconscients, ils exécutaient tout simplement la tâche qu'on leur demandait. Ils en vinrent à tourmenter Salomon, qui, ne possédant plus suffisamment de force intérieure pour leur résister, finit par succomber. Ainsi, il n'a pu atteindre l'ascension comme il aurait dû.

Maître Saint-Germain, ce magicien éternel, était l'enseignant et le précepteur du roi Salomon. Il était le concepteur et l'architecte de son temple selon, bien entendu, la volonté du roi lui-même. Il lui enseigna à gouverner sagement. Étant fils de David, Salomon se devait d'être un roi très puissant. Il avait la sagesse de Dieu en lui et il était sur le chemin de l'ascension. Mais nous dirons que les affaires et les occupations de son royaume étaient tellement importantes qu'il dut se consacrer à beaucoup de magie pour y maintenir la paix et l'harmonie. C'est à cause de cette même magie qu'il n'a pu atteindre l'ascension dans cette incarnation. Car, pour utiliser cette porte de la magie, il faut avoir une très grande abnégation de soi-même. Or, depuis David la bénédiction de Yahvé à cette époque était sur toute la maison de David, mais ses fils devaient être enseignés, et ce rôle d'enseigner au roi Salomon enfant revenait à maître Saint-Germain. Mais en tant que roi, Salomon devait faire lui-même ses choix car il avait son libre arbitre. Bien sûr, il était sous la bienveillance du divin, de la Hiérarchie divine, mais ce sont ses choix qui l'ont guidé.

Ischaïa : **Maître Saint-Germain, n'était-il pas lui aussi de la lignée de David ?**

Maître Jésus : Cela nous fait rire, car voyez-vous, maître Saint-Germain est vraiment partout dans l'histoire. Il est derrière chaque grand homme, chaque grand mouvement de l'histoire de l'humanité. Il a eu un nombre incalculable d'identités différentes. Maître Saint-Germain est un très, très grand initié et un très grand alchimiste, et il est plus que cela. Il est celui qui connaît la magie, qui connaît la métaphysique et les rouages de ce monde. L'univers qui vous entoure n'a aucun secret pour lui. Maître Saint-Germain est magie. Au lieu de dire que maître Saint-Germain est de la lignée de David, disons que maître Saint-Germain est la lignée de David. Il l'a inspirée tout entière. Maître Saint-Germain est derrière chaque grand homme. Il est souvent l'un de ces grands hommes.

Il joue un rôle primordial dans l'évolution de la planète. Car n'oubliez pas qu'il s'occupe de la sixième porte et du passage de la septième porte. C'est par cette sixième porte que tous les grands hommes entrent en communication avec l'Éternel. C'est cette porte, le troisième œil, qui guide les grands hommes dans leur chemin.

Car un grand homme doit être capable de voir à travers les gens à qui il parle, avec qui il communique. Il doit comprendre la magie, et toute cette faculté de comprendre se trouve à l'intérieur du troisième œil, son royaume. Donc, maître Saint-Germain se doit d'être derrière tous ces grands hommes. Pourquoi croyez-vous que maître Saint-Germain fut derrière Jésus en tant que Joseph (son père), derrière le roi Arthur en tant que Merlin (son tuteur), derrière Alexandre le Grand en tant qu'Aristote, pour ne citer que ceux-la ? Comme nous l'avons dit, il est derrière tous les grands hommes et femmes qu'a portés cette terre.

Ischaïa : **Maître Saint-Germain fut-il Toth ?**

Maître Jésus : Maître Saint-Germain était Toth, lien que nous faisons avec Hermès qui était un érudit, un grand alchimiste, un être comprenant la chimie, la physique et l'astrologie, et qui sut concilier philosophie et physique. L'inspiration venait de maître Saint-Germain. Son travail d'ailleurs ressemble beaucoup à celui de maître Saint-Germain. Toth fut un grand roi. Fils d'Osiris, il s'appela Hermès Toth ; et plus tard, dans l'histoire, Hermès Trismégistos. C'était la même entité. Hermès Trismégistos était un grand alchimiste et un métaphysicien, ce que maître Saint-Germain est aujourd'hui et qu'il a toujours été. Mais nous pourrions nous référer dans ce cas au principe de l'incorporation mixte, dans le sens que maître Saint-Germain est une source d'inspiration pour tous ceux qui servent et qui cherchent dans le domaine de la métaphysique. Il y a beaucoup de maîtres qui travaillent dans le même sens que maître Saint-Germain. Ils sont adombrés par lui. Il est comme un dirigeant, comme une étincelle de vie à l'intérieur de chacun de ces êtres qui acceptent de fusionner en lui selon le travail à accomplir. C'est ainsi que se créent les archanges.

Ischaïa : **Merci, maître Jésus. Pourriez-vous revenir sur la question de la diminution des spermatozoïdes chez l'homme ?**

Maître Jésus : D'abord, j'aimerais vous parler de l'énergie sexuelle. Vous avez tantôt mentionné que les scientifiques ont découvert que les hommes produisaient de moins en moins de spermatozoïdes et vous voyez une relation avec l'avènement de la naissance virginale, et un lien avec l'*anima* féminine.

Il y a, en effet, une relation. Étant donné que l'homme a de la difficulté à contrôler lui-même son énergie sexuelle, la nature se charge de le faire pour lui. Bientôt, vous n'aurez plus besoin d'enfanter. Je parle de ce règne entre l'humain et le divin ; vous êtes dans une période de transition, mais vous enfantez encore de la même façon que la nature enfante. C'est-à-dire que votre méthode de procréation et de création demeure beaucoup plus rattachée à la nature, au corps physique. Or qui dit création, dit vie ; c'est pourquoi la création de l'homme qui semble être la plus parfaite, la plus complète, est l'enfant. Et cette création vient de l'union parfaite entre la polarité féminine et la polarité masculine.

Alors, puisque l'*anima* se développe de plus en plus chez la femme, l'homme doit apprendre à se purifier suffisamment afin de devenir une énergie très pure de création. Pour qu'il y ait création, vous avez besoin d'amour et de conscience. Le côté féminin étant la conscience et le côté masculin l'amour, l'homme doit se transformer en développant cet amour en lui-même. L'énergie d'amour, c'est l'énergie vitale qui traverse chacune de ses cellules, chacun de ses *chakras*. L'homme en général met un frein à cette énergie lorsqu'elle passe à travers le *chakra* sacral qui est relié aux organes génitaux. À ce point, il laisse l'énergie se déverser complètement dans ce centre relié aux émotions et à la créativité. Donc, si vous voulez que vos créations soient divines, vous devez vous élever, en vous détachant de la matérialité ; vous devez aller plus loin que le simple plaisir physique. L'énergie, une fois passée à travers ce *chakra*, doit monter pour qu'elle inspire votre mental qui deviendra un support afin d'élever, de propulser cette énergie jusqu'au cœur. Là se trouve le premier essaim de l'amour. Dans le cœur, vous ressentez les premiers vrais plaisirs de l'amour, après quoi cet amour devient science. Et lorsqu'elle passe à travers les autres *chakras*, les autres centres d'énergie, elle se transforme en paroles et en expressions. Ensuite, en modèle et en archétype afin de rejoindre le divin. Et lorsque l'énergie d'amour aura passé à travers le septième *chakra*, vous réaliserez l'union avec toute la planète. Il y aura donc fusion en vous. L'énergie masculine et l'énergie féminine rempliront respectivement leur rôle. Ainsi, vous découvrirez l'union de ces deux polarités en vous.

Il s'agit ici d'un but, mais nous ne pouvons faire évoluer tous les êtres humains en même temps. C'est pourquoi l'entité femme et l'entité homme continuent d'exister.

À ce point, nous parlerons de l'*anima* de l'homme face à celle de la femme. Il est du rôle de l'homme de canaliser son énergie sexuelle, une énergie d'amour, reliée au *chakra* racine qu'il exprime souvent avec son corps physique. Il doit faire monter ces énergies à ses émotions, ce qu'il fait déjà lorsque ces énergies atteignent le deuxième *chakra*. Il doit ensuite les diriger vers le mental. Lorsqu'il se sent touché par l'amour physique et l'amour émotionnel, il doit élever cet amour à tout ce qui est féminin, à toute la perfection féminine qui l'entoure et qui est aussi en lui-même. Il doit la propager à tout ce qui est en lui et autour de lui. Il doit s'en imprégner, l'envoyer à ses pensées, qui lui serviront de véhicule pour agir. Car l'amour dans le cœur de l'homme le pousse à agir pour inciter, embellir, glorifier la féminité, glorifier l'*anima* et glorifier la conscience de la femme. L'homme a pour rôle d'exprimer l'amour. Il doit, lorsque l'occasion se présente, stimuler la beauté par des expressions d'amour afin de contribuer à l'épanouissement des femmes autour de lui. Pour cela, il doit avoir une grande confiance en lui-même. Il doit vouer à lui-même et à ses semblables un amour irréprochable et complètement pur, afin de rayonner cet amour. Il réussira par ses efforts à faire monter l'amour jusque dans son cœur. Par son simple rayonnement, il stimulera et inspirera les êtres autour de lui. Car l'amour est divin, ne l'oubliez pas. Il est une expression de l'énergie divine. Il est le plus beau fruit de la Création. Il est le don du Créateur. L'amour est vie et il est aussi le désir d'expansion de la vie.

L'amour que vous ressentez physiquement vous incite à propager la race. Ce même amour peut être dirigé beaucoup plus haut, beaucoup plus loin. Lorsque vous commencerez à reconnaître les côtés subtils de la vie, vous apprendrez à vous projeter jusqu'à un niveau assez élevé pour entrer en relation d'amour avec toute la Création, tel est le but. Bien entendu, vous pouvez continuer à vivre en couple, l'homme reconnaissant la Mère divine dans la femme et celle-ci reconnaissant le Père céleste dans son compagnon. Évidemment, vous devez vous voir l'un et l'autre dans la perfection, sans jamais vous arrêter aux défauts, aux limitations de l'autre face à vous. Vous devez plutôt prendre conscience de tout son potentiel, de tout l'infini qu'il englobe. Sachez que les limitations que vous attribuez à l'autre ne sont en réalité que vos propres limitations. Ce que vous jugez être une limitation est peut-être justement le propulseur personnel de cette personne. Alors, il est préférable que vous regardiez le potentiel des gens. Regardez la féminité potentielle à l'intérieur d'une femme et la masculinité potentielle à l'intérieur d'un homme. Comportez-vous face à l'autre avec sagesse et amour. Lorsque vous percevez des défauts chez une personne, complimentez-la sur l'opposé de ses défauts. Si la personne est peu sage, dites-lui qu'elle s'assagit, s'il elle est faible, dites-lui qu'elle prend de la force, si elle est peu disciplinée, dites-lui qu'elle a de plus en plus de discipline. Efforcez-vous de vous donner à l'être en face de vous. Et puisque vous vivez dans un monde où les polarités sont pour l'instant en déséquilibre à l'intérieur d'un même individu, eh bien, donnez-vous complètement à l'autre, à votre polarité opposée.

Que l'homme fasse rayonner la femme par sa lumière, sa force, sa volonté, son idéal élevé. Que la femme illumine en rayonnant la beauté, la douceur, la tendresse et les vertus d'amour ; qu'elle illumine par son calme et son attention. Développez toutes ces qualités qui se rapportent au sexe opposé et l'homme deviendra un meilleur homme et la femme, une meilleure femme. Même si pour une évolution de masse, il est important que l'*anima* soit stimulée, vous ne devez point négliger votre évolution personnelle. Celle-ci passe inévitablement par l'équilibre des contraires, l'équilibre entre les deux polarités à l'intérieur de vous. L'homme doit retrouver la femme en lui et la femme, l'homme en elle, c'est-à-dire retrouver les vertus de l'un et de l'autre afin d'être un être complet qui se donne à la création de façon complète. Ainsi, tout en étant l'énergie qui donne à la création, il est la création qui reçoit cette énergie.

Vous êtes à la fois énergie et réceptacle d'énergie. Vous êtes votre propre création et, en même temps, l'énergie active à l'intérieur de cette création. Vous l'êtes quand vous prenez de l'expansion, quand votre conscience englobe la conscience de l'énergie qui fait vivre cette terre et que vous avez l'impression d'être les deux pôles à la fois, de vous transformer continuellement en énergie positive et en énergie négative. Cette transformation s'opère à l'infini, vous n'avez jamais vraiment l'impression d'être complètement masculins ni complètement féminins parce que ce phénomène se passe simultanément en vous et il en sera ainsi continuellement. Seulement, nous disons que pendant le temps d'une vie, un être humain évolue dans un corps, soit féminin ou masculin, alors que sa contrepartie se trouve dans le céleste. Dans une prochaine incarnation, cela pourrait être le contraire. Alors, bien sûr, vous expérimentez un passage où vous vous voyez plus masculins ou féminins. Mais si vous pouviez vous regarder autrement, vous vous verriez presque autant féminins que masculins. Seule la différence physique et quelques différences de caractère dues au phénomène hormonal font que vous êtes dans vos gestes, dans vos pensées et dans votre façon d'être, plus masculins ou plus féminins. Mais vous êtes très près de l'équilibre et nous insistons beaucoup pour que vous travailliez à atteindre cet équilibre. Car l'énergie christique représentée par le cristal est justement une énergie d'équilibre parfait entre les deux pôles.

Ischaïa : **Représentée par l'eau aussi ?**

Maître Jésus : Ainsi que par l'air.

Ischaïa : **L'eau est un cristal fluide comparable au cristal de roche qui est solide, n'est-ce pas ?**

Maître Jésus : L'eau en tant que cristal est partout autour de vous, et en vous. Il est réceptacle de lumière. Mais il n'existe pas sans la lumière et la lumière sans lui n'a aucune raison d'être. Il doit y avoir union de deux pôles. La bipolarité n'est que la méthode de fonctionnement de la réalité. Là où vous avez des actions à mener, vous devez les mener en conséquence de la bipolarité. Peut-être qu'à un niveau d'évolution très avancé dépassant le niveau christique, c'est-à-dire un niveau d'évolution très rapproché de la Source, la bipolarité n'est plus nécessaire. Elle est peut-être une fusion parfaite des deux contraires. Mais en attendant, vous expérimentez aujourd'hui une grande division de ces deux polarités et plus vous évoluerez, plus vous verrez que la bipolarité est un travail très serré entre deux forces où vous ne saurez plus différencier le féminin du masculin, le négatif du positif.

Il est important que les individus travaillent à se réaliser ; pour ce faire, ils doivent incorporer en eux la moitié qui leur manque, par exemple, l'homme doit rapatrier en lui toutes les vertus féminines, tout en s'efforçant de faire rayonner de plus en plus ses qualités masculines. De la sorte, il pourra garder son équilibre et permettre à ses vertus féminines de bien se matérialiser et de bien s'installer. Ainsi, l'homme s'élèvera beaucoup plus rapidement et évitera d'être pris dans une dualité ou dans des épreuves trop difficiles à surmonter. En rayonnant dans l'humilité sa masculinité tout en éveillant sa féminité, l'homme constatera que ses qualités masculines ont une portée d'action redirigée par la féminité. La force d'esprit combinée avec la douceur apporte réconfort et encouragement à la personne en face de vous. La douceur étant féminine et la force étant masculine, une personne qui vous parle avec force et douceur tout en démontrant de la légèreté et en ayant de la compassion pour vous, eh bien, cette personne-là arrive à vous élever. Ce juste emploi de vos deux polarités en ce sens est ascensionnel et cela devient une vertu. Additionnez force et douceur, vous obtenez la compassion.

En tant que réalité où les deux doivent cohabiter, la femme, par son rayonnement, sa douceur et sa beauté, inspire l'homme à devenir plus fort, à devenir meilleur. Étant plus sain dans son corps et dans son esprit, celui-ci devient naturellement plus protecteur et plus inspiré. Par son effort d'inspiration, par son regard et la maîtrise acquise sur lui-même l'homme doit tenter de faire fleurir la femme, de lui faire bonne impression pour qu'elle s'épanouisse, pour qu'elle se sente belle et en sécurité. Vous devriez étudier les archétypes féminins et masculins et chercher dans vos relations à bien les faire évoluer. Nous ne voulons pas paraître sexiste, mais il y a tout de même une différence entre un homme et une femme ! Même si certaines vérités ont bien souvent été mal dirigées, elles existent par rapport aux deux sexes. Cependant, le rôle individuel de chacun est d'inciter en soi-même une cohabitation de l'énergie masculine et féminine dans une parfaite harmonie. Inspirez-vous, pour vous aider, de la création de la terre ou celle de votre propre corps qui est en quelque sorte le réceptacle de l'énergie et qui serait ou représenterait l'énergie féminine.

N'oubliez pas que le corps humain, ce réceptacle, est relié à la terre mère dont il est une cellule. Votre corps est la terre mère, reconnaissez en votre esprit le Père céleste. Si vous êtes conscients que votre être tout entier est un mariage du corps et de l'esprit, vous comprendrez donc que chaque être en lui-même est à la fois homme et femme, père et mère, sans égard à la configuration du corps au sens métaphysique.

Que vous soyez hommes ou femmes, vous êtes des entités complètes. Votre corps est mère et votre esprit est père et, du mariage de ces deux entités, naissent vos créations qui sont vos paroles, vos pensées, vos sentiments, vos actions, lesquels sont vos dons divins autant au ciel que sur la terre. Alors, votre rôle est de réaliser un bon mariage et ce mariage, vous ne pouvez le réaliser en vous inspirant des livres et surtout des livres de religion. C'est une expérience qui se vit à deux entre le corps et l'esprit. Vous pouvez vous inspirer de l'expérience d'autres personnes pour vous aider, mais votre mariage est surtout intérieur. Vous devez faire en sorte que les aspirations de votre esprit conviennent aux désirs de votre corps, car c'est essentiel. Par la suite, la fusion pourra se réaliser entre les hommes et les femmes sur ce plan.

Les humains doivent d'abord réaliser la fusion en eux-mêmes, se marier à eux-mêmes. Ils doivent nourrir, embellir, entretenir et sécuriser la partie féminine en eux-mêmes. Puis être à l'écoute de l'esprit qui veut franchir des barrières, qui veut resplendir, rayonner et séduire. Vous devez vous séduire vous-mêmes par vos idées géniales. L'âme sœur que vous cherchez dans une personne extérieure est à l'intérieur de vous. Elle l'est réellement car, avant d'être sur terre, vous étiez une entité unie, vous étiez un entre le masculin et le féminin, puis vous vous êtes séparés pour venir vivre dans la matérialité et la dualité. Cependant, lorsque la partie masculine vit sur terre, la partie féminine demeure dans le ciel et vous surveille. Vous devez faire cohabiter ici, dans un même corps, ces deux entités afin que votre rôle divin soit rempli.

Ischaïa : **Y a-t-il fusion quand il y a cohabitation de ces deux êtres ici ?**

Maître Jésus : Quand il y a fusion, il y a mariage dans toute la Création ! La Source célèbre ce mariage car, voyez-vous, lorsqu'il y a fusion, il y a ascension.

La fusion, c'est lorsqu'une personne arrive à vivre en parfaite harmonie en équilibrant ses deux contraires, l'énergie féminine et masculine à l'intérieur d'elle-même. Par cette fusion, l'être humain accomplit sa mission sur terre et ce chemin passe par le cœur. Le lieu de cette fusion, de ce mariage, est le cœur. C'est comme un météore qui, lorsqu'il traverse l'atmosphère, flambe et se désagrège. L'homme, lorsqu'il arrive sur la terre en traversant l'atmosphère, s'est désagrégé en deux parties. Maintenant, il doit unir ces deux parties pour que l'entité terre soit accomplie et qu'elle soit réalisée dans sa matière.

Ischaïa : **J'aimerais, s'il vous plaît, que vous expliquiez ce que vous venez de dire, à savoir que l'homme en traversant l'atmosphère se désagrège en deux entités.**

Maître Jésus : Pour créer la terre, il y a quelques millions d'années, il y avait pulsion première d'une énergie unie. Cette énergie unie n'était encore que pulsion. Il n'y avait encore aucune création. Alors, une fois lancée, cette énergie s'est divisée à l'intérieur d'elle-même pour qu'il y ait un mouvement, pour qu'il y ait un fonctionnement et une évolution.

Voilà l'entité terre. C'est cette pulsion première, cette parcelle unie qui s'est divisée pour se recréer à l'infini et qui est devenue, au bout de quelques millions d'années, une terre, une masse ayant déjà arbres, plantes, fleurs et *anima*ux. Alors, nous envoyons d'autres impulsions, d'autres créations complètement indépendantes que nous voulons marier à cette première création. Ainsi, l'homme, l'humain est envoyé sur terre.

Ischaïa : **L'homme, l'humain a donc été greffé à la terre. Peut-on comparer cette greffe à celle qui se fait sur les arbres, les végétaux ?**

Maître Jésus : Oui, en quelque sorte, vous êtes greffés à la terre et vous faites partie de la terre. On vous a greffés à une créature vivante qui est la terre.

Ischaïa : **Est-ce comparable au clonage en quelque sorte ?**

Maître Jésus : Si vous entendez clonage dans le sens d'une greffe de cellule d'ADN, nous disons que oui, mais c'est une greffe de conscience et non une greffe matérielle. Car vous existiez déjà en périphérie de la terre, vous en étiez séparés. C'est-à-dire que vous faisiez partie de son corps spirituel qui en était encore séparé. La terre a alors attiré à elle des éléments de ce corps spirituel. Ces éléments se sont unis pour pouvoir intégrer la terre, s'y acclimater, évoluer selon son mode de fonctionnement, en accord avec sa nature propre. Ils devaient se scinder, se séparer.

Ischaïa : **Pour s'acclimater, dites-vous, ils devaient se séparer. Pourquoi devaient-ils se séparer ?**

Maître Jésus : La matérialité tend à séparer, à diviser un ensemble uni. Elle fait comme ménager une plus grande distance entre les deux pôles afin qu'il y ait place à la création et que celle-ci ne soit pas hermétique, mais qu'elle puisse évoluer. Il s'agit d'étirer les deux pôles dans toute la mesure possible pour qu'il y ait mouvement. Nous vous disons que toute la matérialité, tout ce qui existe à la surface de la terre était au préalable dans son aura spirituelle ; et dans l'état spirituel des êtres et des choses, il y a unité. Mais quand sur terre il y a un appel à la matérialité, il y a forcément désagrégation, séparation et éloignement des deux pôles afin de faciliter la vie sur cette planète. Car, pour qu'il y ait procréation, il faut deux créatures.

Selon l'archétype de votre planète, la procréation était partout et l'homme qui s'incarnait devait se plier à cet archétype. Alors intervient le phénomène de désagrégation. Rappelez-vous l'histoire d'Adam et Ève vivant dans le jardin d'Éden. Ce jardin était un monde spirituel avec deux vortex : l'un venant du ciel, l'autre de la terre. La partie féminine en vous, Ève, s'est sentie attirée vers la matérialité. Alors, elle voulut se séparer pour venir sur terre. Pour préserver l'union, pour garder le lien, la partie masculine, Adam qui s'est senti seul, loin de sa moitié, a dû aller sur terre. Une fois sur terre, ils furent tous deux pris dans la matérialité, mais ils peuvent désormais s'unir pour procréer, créer un être complet qui réussira à réaliser en lui-même l'union de ces deux polarités jusqu'à la fusion, jusqu'au retour au Père. Les deux vortex représentent l'arbre de la connaissance du bien et du mal qui est l'arbre de vie.

Adam, l'esprit de l'homme est un triangle équilatéral pointé vers le bas ; Ève, l'esprit de la femme est aussi un triangle mais pointé vers le haut. Le mariage parfait entre ces deux entités qui ont le même centre produit une étoile à six branches, l'étoile de David, ou sceau de Salomon. Au centre de cette étoile, il y a le cube, symbole de la terre, symbole de la matière. Le cube représente le fils né du mariage, de la fusion parfaite entre l'homme et la femme, entre ces deux triangles, ces deux entités. C'est pour cela que les grands mystiques appellent cette étoile la fleur de la vie. Elle renferme le cube, le fruit de la vie. Ce symbole contient bien des secrets que l'homme doit découvrir. Seul le mariage parfait donne la connaissance de la clef de ce symbole. Ce mariage parfait naît de l'amour parfait pour soi. Il doit se réaliser avant tout au cœur de soi. Toute création naît de ce mariage. Celui qui ne s'aime pas ne peut pas aimer l'autre et sa création est stérile. Telle est l'histoire du mariage entre l'ovule et le spermatozoïde.

Les deux esprits ayant rempli dans l'amour leur mission de création, ils doivent à présent sortir de la fusion et retrouver leur centre propre afin de s'élever et côte à côte ascensionner. L'étoile de David devient alors le losange : le triangle féminin qui pointait, qui regardait vers le haut continue sa montée et devient le triangle des maîtres ascensionnés ; le triangle masculin qui pointait vers le bas continue sa descente et représente le Christ qui vient habiter la matière. Donc, l'étoile de David, ce sceau du roi Salomon est ce qui était et le losange est ce qui est. Le losange représente le symbole du Christ. Toute créature par ce symbole ascensionnera vers la transcendance, vers l'état christique. L'homme, comme la femme, par ce symbole deviendra androgyne. C'est la signification de cette parabole de Jésus au sujet de Marie-Madeleine : « ... Je la guiderai et je la ferai homme. Elle deviendra, elle aussi un souffle divin... Toute femme qui se fera homme entrera dans le royaume de Dieu ».

Ischaïa : **Merci, maître Jésus, pour cette révélation ! Quand vous dites plus haut connaissance du bien et du mal, vous mettez « mal » entre guillemets car il n'y a pas de mal.**

Maître Jésus : Il n'y a pas de bien non plus. Il s'agit de deux polarités et d'un rapport de relativité. L'homme et la femme semblent être deux entités différentes, mais en réalité ils sont semblables, ayant tous les deux exactement deux polarités. Ils ont une partie dans le ciel et une partie sur la terre. Au lieu de recréer le sacrifice d'Adam et de venir sur terre, ils doivent unir, fusionner en eux-mêmes ces deux entités afin de réaliser l'ascension. Sans cette fusion en soi, l'entité Adam sera toujours en chemin, toujours en descente, en train de crier : « Ève, reviens. » Ève est humaine, elle aime la terre. Alors, vous devez ensemble créer la fusion des deux mondes, pour qu'Ève retourne enfin à la maison.

Ischaïa : **Alors, quand vous dites Adam, vous parlez de l'être de lumière, de l'être immatériel, de l'esprit. Ève ici est prise au sens de l'humanité. Est-ce un appel à l'homme, à l'humain vers sa divinité ?**

Maître Jésus : Oui. Lorsque nous parlons de féminin, référez-vous à votre corps, votre réceptacle à la matérialité, et non au sexe. Nous savons que la différence est difficile à faire.

Une partie de vous est venue expérimenter la matière. Cette partie de vous a sa contrepartie, son opposé dans le ciel et cette partie appelle la partie sur la terre. Aujourd'hui, la partie sur la terre s'ouvre à cette partie dans le ciel. Les deux parties sont en vous. Il vous faut les unir à l'intérieur de vous afin de réaliser l'harmonie parfaite entre le ciel et la terre, entre le positif et le négatif, entre l'amour et la conscience, entre l'énergie et son réceptacle.

Ischaïa : **Peut-on dire qu'Adam qui appelle Ève, c'est la conscience qui appelle l'homme, qui appelle l'humanité à s'ouvrir, à s'élever ?**

Maître Jésus : Oui, en fait nous voulions rajouter ce point. L'être humain se trouve à être le messager de Dieu sur terre, car une partie de lui y fut envoyée pour l'habiter et la peupler. En unissant sa partie terrestre à sa partie céleste, l'homme, dans un mariage parfait, créera un monde nouveau. Il arrivera à élever toute la Création pour qu'elle prenne une nouvelle expansion et devienne une entité de lumière parfaite. Voilà le but, le grand but vers lequel l'homme doit faire évoluer la terre. Cette réalisation passe par plusieurs étapes. Lorsque vous comprendrez que ces deux pôles se retrouvent à l'intérieur de vous, vous créerez le mariage en vous, c'est-à-dire l'harmonie parfaite qui est l'ascension dans la lumière. Chacun de vous deviendra un créateur parfait, capable d'exploiter toutes les capacités divines en lui-même et pouvant créer pour la terre, pouvant la transformer complètement afin qu'elle devienne une création encore plus épanouie. Dieu, Lui, est marié à la terre et l'homme est marié à son propre corps qui appartient à la terre. Voyez la simplicité du but divin.

Ischaïa : **Effectivement, c'est très simple.**

Maître Jésus : Mais le vivre, c'est ce qui semble si compliqué.

Ischaïa : **Est-ce le manque d'amour qui empêche les humains de le vivre ?**

Maître Jésus : Nous dirons que c'est le manque de vision de l'amour, car tout humain ressent l'amour. L'amour est tout d'abord physique, cela fait partie de la terre et la terre est capable d'amour. Donc, votre physique est capable d'amour. Le problème chez les hommes, c'est qu'ils manquent de vision. Leur amour est tributaire de leurs émotions ou de leur intellect. L'amour se perd souvent dans l'intellect qui lui donne une mauvaise direction. L'homme, par son égocentrisme et à cause de tous les problèmes que son mental peut lui apporter, dilue beaucoup cet amour, qu'il ne peut malheureusement exprimer qu'avec son corps mental, émotionnel et physique.

Si l'homme prenait le temps de maîtriser ses actions, ses pensées et ses émotions, il évoluerait plus rapidement. Par la maîtrise de soi, il peut se rééduquer en se dégageant des préjugés qui lui ont été inculqués. Ceux, par exemple, de croire qu'il doit se marier, avoir des enfants, avoir un emploi, tous ces préjugés que l'on inculque à un enfant parce que l'on croit qu'ils sont des règles de vie incontournables. Eh bien, en essayant de se soustraire à ces préjugés, comprenant qu'il est une entité à l'intérieur de lui-même, il aurait une nouvelle vision de la vie sur terre. Je ne dis pas qu'il n'a pas à se marier car, pour l'instant, cela est indispensable à la procréation et à la survie de la race humaine.

L'homme doit comprendre qu'il est féminin et masculin à la fois. Il doit tout d'abord créer un mariage en lui-même et faire monter l'amour jusque dans son cœur. De là, il créera des actions inspirées par l'amour qui conduiront inévitablement à l'ascension. Lorsque vous êtes dans le cœur, c'est l'esprit divin qui fait presque tout le travail. Votre tâche consiste à observer et à vous concentrer afin de permettre à l'amour de toujours couler en vous pour alimenter votre cœur. Votre cœur alimente les parties supérieures de votre être qui à leur tour feront descendre en la matière les qualités les plus sublimes de la vie.

Il y a un échange qui s'effectue entre le ciel et la terre et cet échange se fait dans le cœur. Une fois que les vertus d'en haut descendent dans le cœur, le cœur les redistribue à la terre, c'est-à-dire au corps. Car l'homme pense toujours à son corps qu'il doit nourrir et dont il est responsable. Ensuite, il envoie l'énergie à son mental où il crée des lieux, une ambiance. Il crée dans le mental de tous les humains à la fois et tout ce que vous voyez aujourd'hui y fut créé. Il crée aussi dans le monde émotionnel (l'inspiration vient de ce monde) et il crée aussi une vibration énergétique dans laquelle vous vivez et qui vous influence.

L'homme, par son *chakra* sacral, donne à la nature. Il donne en fonction des émotions qu'il ressent, il les propage à l'univers entier. Vous ne pouvez voir vos émotions, mais vous pouvez les comparer à l'effet produit sur le corps par le chaud et le froid : avec un petit peu de chaud ou un petit peu de froid, vous vous sentez bien. Les extrêmes créent l'inconfort, mais la combinaison des deux procure le bien-être. Alors, vous communiquez avec la terre par votre corps émotionnel et ensuite par le physique, vous lui apportez la matérialité de tout ce que vous avez reçu, vous créez dans la matière.

L'HOMME ET LA FEMME

« L'homme est la plus élevée des créatures ;
la femme est le plus sublime des idéaux.
Dieu a fait pour l'homme un trône ; pour la femme un autel.
Le trône exalte ; l'autel sanctifie.
L'homme est le cerveau, la femme le cœur.
Le cerveau fabrique la lumière ; le cœur produit l'Amour.
La lumière féconde ; l'Amour ressuscite.
L'homme est fort par la raison ; la femme est invincible par les larmes.
La raison convainc ; les larmes émeuvent.
L'homme est capable de tous les héroïsmes ; la femme de tous les martyres.
L'héroïsme ennoblit ; le martyre sublime.
L'homme a la suprématie ; la femme la préférence.
La suprématie signifie la force ; la préférence représente le droit.
L'homme est un génie, la femme un ange.
Le génie est incommensurable ; l'ange indéfinissable.
L'aspiration de l'homme, c'est la suprême gloire ;

l'aspiration de la femme, c'est l'extrême vertu.
La gloire fait tout ce qui est grand ; la vertu fait tout ce qui est divin.
L'homme est un Code ; la femme un Evangile.
Le Code corrige ; l'Evangile parfait.
L'homme pense ; la femme songe.
Penser, c'est avoir dans le crâne une larve ;
songer, c'est avoir sur le front une auréole.
L'homme est un océan ; la femme est un lac.
L'Océan a la perle qui orne ; le lac, la poésie qui éclaire.
L'homme est un aigle qui vole ; la femme est le rossignol qui chante.
Voler, c'est dominer l'espace ; chanter, c'est conquérir l'Âme.
L'homme est un Temple ; la femme est le Sanctuaire.
Devant le Temple nous nous découvrons ;
devant le Sanctuaire nous nous agenouillons.
Enfin : l'homme est placé où finit la terre ;
la femme où commence le ciel. »

Victor Hugo

L'homosexualité féminine et masculine

Ischaïa: **On constate aujourd'hui qu'il y a de plus en plus d'hommes et de femmes homosexuels. Comment expliquez-vous cela ? Est-ce un phénomène d'évolution comme disent certains ?**

Maître Jésus: Il s'agit d'une préparation, d'une évolution normale qui s'explique par l'enseignement précédent. Dans le sens que l'homme a besoin de découvrir en lui le féminin et la femme a besoin de découvrir en elle le masculin. Tous deux ont besoin de devenir indépendants face au sexe opposé et doivent ainsi créer une séparation afin de pouvoir en eux-mêmes réaliser l'union.

Des gens ont choisi délibérément de vivre une incarnation homosexuelle afin de laisser le féminin prendre plus de place alors qu'ils sont hommes et vice versa. Pour certaines personnes, ce ne sont que des expériences ; car, pour elles qui sont déjà équilibrées, ce n'est finalement qu'un besoin sexuel. Là où ce phénomène est contre nature, c'est que pour qu'il y ait procréation, il faut absolument qu'il y ait homme et femme, et ces entités n'ont pas réussi à comprendre qu'il y avait plus que le sexe dans la vie.

Le problème des lesbiennes et des homosexuels est qu'ils n'ont pas compris qu'il y avait plus que la relation sexuelle dans la vie, comme tous les hommes et toutes les femmes. Étant donné que vous accordez une telle importance à la relation sexuelle, vous vivez des expériences qui semblent contre nature et les homosexuels attirent à eux les jugements des hétérosexuels, et ainsi de suite. Aujourd'hui, heureusement, grâce à cette expérience qui est contre nature, il y a un engouement de masse pour ce que nous appelons l'androgénité, c'est-à-dire les gens ayant un équilibre de plus en plus parfait entre le féminin et le masculin. Ceux-là pourront amener en eux la réalisation de leur plein potentiel, la réalisation de la divinité sur terre. Nous ne disons pas que tous les homosexuels sont androgynes mais que c'est grâce à leur ouverture que cela est rendu possible, car la population gaie transmet, véhicule beaucoup de valeurs importantes : celles de l'acceptation de soi et de l'égalité. Elle permet d'enrayer les stéréotypes féminin et masculin en démontrant leur fausseté. Mais, d'un autre côté, il ne faut pas oublier qu'il y a des comportements propres à ces deux formes d'énergie. Dans le sens où ces énergies cœxistent à l'intérieur de vous, en général l'une est prédominante et vous devez donc chercher à créer l'équilibre entre elle et l'autre, à l'intérieur de vous.

Ischaïa : **Quel est l'avenir de l'humanité si le taux de spermatozoïdes diminue chez les hommes, si toutes les femmes et tous les hommes deviennent homosexuels et arrêtent de procréer ?**

Maître Jésus : Nous dirons que si l'humanité ne commence pas à regarder vers le ciel, si l'homme ne s'efforce pas de se spiritualiser, ces changements pourraient continuer mais sans qu'il y ait amélioration. Il y aurait extinction de la race.

Ischaïa : **Qu'est-ce que vous entendez par extinction de la race ?**

Maître Jésus : L'extinction de la race humaine. Tout serait à recommencer avec une autre race. Mais reste à savoir si la terre possède encore suffisamment d'énergie pour tout recommencer.

Ischaïa : **Ce qui veut dire ?**

Maître Jésus : Ce qui veut dire que des millions d'années d'efforts n'auraient servi à rien. Si les hommes ne se conscientisent pas, les armes qui ont servi à réveiller les populations auront leurs effets jusqu'au bout. Elles ne seront plus des coups de semonce mais des coups fatals, des coups de grâce. C'est très grave et nous aimons mieux ne pas y penser.

Prenez la propagation de l'homosexualité, ajoutez à cela la diminution du nombre de spermatozoïdes chez l'homme, comme il a été découvert par vos scientifiques, ajoutez à cela les cataclysmes, les phénomènes de pollution, tout cela sert à éveiller l'homme à la spiritualité afin qu'il prenne conscience de l'amour qui réside en lui.

Ce que nous souhaitons n'est pas que l'homme trouve des solutions pour tout guérir mais plutôt qu'il se conscientise et trouve l'amour en lui-même, qu'il comprenne que par ses actes irréfléchis il fait du tort à son entourage, à son environnement. À partir de là, il est plus facile pour nous qui sommes ascensionnés de donner la main aux êtres qui cherchent à se recréer et à s'élever.

Il y a actuellement un équilibre entre les forces d'entropie et les forces d'expansion sur la terre, grâce au très grand nombre de gens qui se sont conscientisés. Ils ont été pris en charge très rapidement et ont eu une capacité de pénétration et une évolution très rapides. Grâce à leurs efforts, il y a suffisamment d'êtres de lumière ou membres de la Hiérarchie sur cette terre à présent pour inspirer chaque être humain. Nous vous disons que les forces d'entropie sont équilibrées par rapport aux forces d'expansion, mais que certaines forces d'entropie sont aussi dirigées à certains endroits afin de réveiller la population. Ainsi, le verglas que vous avez vécu au Québec était une force de destruction dirigée, orientée vers un but bien précis. Les immenses tornades, les ouragans, les inondations, les incendies de forêts, les accidents faisant souvent un grand nombre de victimes à la fois, de par le monde et à différents points du globe, tous ces phénomènes sont simplement des forces d'entropie dirigées afin qu'il y ait équilibre et renforcement de la force d'expansion sur cette terre.

Ischaïa : **Qu'est-ce que vous entendez par forces dirigées ?**

Maître Jésus : Nous sommes en relation directe avec les entités qui influencent la terre en son centre et nous sommes conscients de la mentalité de certaines régions ainsi que des rêves et des pensées de la majorité des gens. Nous travaillons alors avec les forces d'entropie, ces forces destructrices en Gaïa, en les dirigeant vers des endroits où les personnes ont un passé de communauté, mais le perdent lentement au profit d'énergies plus négatives, plus égoïstes, plus individuelles. Alors, nous dirigeons les forces d'entropie à cet endroit sous forme de cyclone afin de motiver les gens à se regrouper, à redécouvrir l'union, voyez-vous ?

À partir de l'intérieur de la terre, les maîtres ont accès aux activités sur toute la surface.

Ischaïa : **Tout est donc bien, finalement ?**

Maître Jésus : Tout est bien. Cela relève cependant de vos choix, ne l'oubliez pas.

Le rôle des Melkitsedeqs sur la terre

***Ischaïa*: Pourriez-vous nous parler de Drunvalo Melkitsedeq, un être de lumière qui vit sur terre maintenant et qui occupe un corps d'emprunt, un procédé que l'on appelle en anglais « Walk-in » ? Quel est son rôle ?**

Quel est le rôle des Melkitsedeqs sur terre à l'heure actuelle ? Ils sont plusieurs, semble-t-il ? Voudriez-vous nous en informer ?

***Maître Jésus*:** Ce phénomène est familier aux Melkitsedeqs. Les corps qu'ils utilisent appartiennent à des êtres très évolués mais qui ont stagné ou n'ont pas pu franchir certaines portes mais en ont franchi d'autres leur permettant d'offrir leur corps à la Source. Par un phénomène de respiration, ils arrivent à aspirer la force et l'énergie des Melkitsedeqs. Et Melkitsedeq maintient l'énergie de ces corps en vie et dirige ses activités à partir de ces corps en élevant leur niveau vibratoire. Ce phénomène est arrivé à plusieurs reprises, nous en avons déjà discuté dans *Le Livre de l'Homme Nouveau* dans le cas de saint Paul. C'est le même phénomène, mais quelque peu différent.

***Ischaïa*: Comment appelez-vous ce phénomène ?**

***Maître Jésus*:** Phénomène d'adoption.

***Ischaïa*: Voudriez-vous nous parler de Melkitsedeq, de son rôle sur terre maintenant ?**

Maître Jésus*:** Il est représentant du Grand Patriarche. Les Melkitsedeq sont tous reliés. Ils sont ***un, comme Dieu est ***un***. Ils sont les premières grandes divisions de la pyramide. Ils sont représentants du Grand Père, représentants de Sanat Kumara. Directs représentants de la volonté divine, ils sont venus préparer la manifestation de Shambhala sur terre en vivant dans un corps

Seigneur Melkitsédeq

humain et en élevant sa vibration. Puisque les corps sont attachés à la terre, ils élèvent du même coup les vibrations de la terre dans toute la puissance qu'il leur est permis d'utiliser dans ce corps physique, car, bien entendu, il s'agit toujours d'une puissance plus limitée. Cela est différent de l'être réalisé qui a ascensionné en élevant la vibration de son corps et qui, de temps en temps, le redensifie afin de revenir sur terre pour accomplir une mission particulière, une mission spéciale. Maître Saint-Germain utilise cette technique, lui aussi. Il emprunte des corps, ce qui fait qu'il peut vivre quelques vies à la fois, à la même époque. Il s'agit d'un emprunt.

Ischaïa : **Y a-t-il alors une entente entre l'être de lumière et l'humain qui donne son corps ? Celui-ci, reçoit-il quelque chose en échange de son corps ?**

Maître Jésus : Nous dirons ici que l'entité qui doit être canalisée par tous les hommes est le Christ. Car le Christ est en tous les hommes, par la filiation. Les hommes cherchent à se purifier afin de laisser le Christ prendre de plus en plus de place en eux.

Lorsque le disciple atteint un certain niveau, il finit par trouver un maître qui lui enseigne une facette spécifique du Christ, la facette Saint-Germain par exemple, qui est celle du symbolisme, celle de la magie rituelle. Une personne qui a fait son évolution christique en ce sens, qui a eu maître Saint-Germain ou un autre maître ascensionné comme professeur, peut atteindre l'ascension.

Pour un humain, l'ascension totale par sa propre force est une chose très rare. Il nécessite presque toujours l'aide d'un maître qui, par des procédés comme la canalisation et l'adombrement, pénètre l'individu et enseigne à ses cellules, à son corps. Il enseigne à son être qui se purifie jusqu'au point où il est prêt à s'abandonner complètement et en toute confiance à son maître guide, à qui il prête son corps. Ce guide spirituel qui est dans les cieux fusionne pour une période soit indéfinie, soit déterminée, avec le double du disciple qui est aussi dans les cieux. Grâce à cette fusion, le maître guide peut vivre dans le corps de l'initié, son disciple. Ainsi, l'initié connaît l'ascension, car le maître maintenant a pris possession complète de son corps. Il enseigne au corps, il enseigne à l'esprit. Il y a fusion des deux esprits et ainsi nous connaissons le phénomène d'incorporation mixte. Et cela crée des archanges.

Voulez-vous savoir autre chose sur Melkitsedeq ? Je vous ai donné un exemple.

Ischaïa : **Continuez, s'il vous plaît, à nous parler du rôle qu'il joue sur terre.**

Maître Jésus : Il accomplit une mission de la Hiérarchie. Les Melkitsedeqs ont des tâches qui ressemblent à celles des anges. Vous savez que les anges travaillent en relation avec les maîtres sur un même rayon. Un maître a une contrepartie angélique, alors que les Melkitsedeqs se trouvent à un point milieu entre la partie angélique et la partie du maître.

Les Melkitsedeqs sont des représentants de Sanat Kumara qui est le patriarche, le maître des 12 initiations. Les Melkitsedeqs sont reliés aux sept portes de la porte Sanat Kumara.

Ischaïa : **Qu'entendez-vous par cela : les sept portes de la porte de Sanat Kumara ?**

Maître Jésus : Pour l'instant, votre corps possède sept portes connues. À l'intérieur de chaque porte se trouvent sept petites portes, sept royaumes qui sont en relation avec tous vos corps.

Ischaïa : **Donc, dans une des portes de mon corps, il y a une porte qui est la porte de Melkitsedeq ?**

Maître Jésus : Exactement. À la porte la plus élevée de votre corps (le *chakra* de la couronne) se trouvent les Melkitsedeqs dont Sanat Kumara est le Grand Régent. Il y a sept niveaux d'ascension pour la vie sur terre mais après, l'ascension continue. Il y a donc 12 Kumaras et 12 Melkitsedeqs. Car il s'agit de domaines supérieurs. Sanat Kumara a atteint cette douzième porte, cette 12e illumination et peut-être plus, mais il a atteint cette douzième au moins. Donc, il possède 12 corps.

Ischaïa : **Donc, Melkitsedeq aussi possède 12 corps ?**

Maître Jésus : D'une certaine façon, oui. C'est très complexe, mais nous vous dirons simplement que pour chacun de vos *chakras*, il existe sept centres d'énergie qui y sont reliés et sachez que les Melkitsedeqs sont des représentants directs de Sanat Kumara.

Sanat Kumara est à la tête des 12 initiations et il y a autant de Kumaras qu'il y a de portes, qu'il y a d'initiations. Et il y a autant de Melkitsedeqs qu'il y a de Kumaras.

C'est, nous dirons, tout ce que nous pouvons vous apprendre à ce sujet qui fait partie de la science de la Hiérarchie, et il s'agit d'une tradition sacrée.

Les Melkitsedeqs sont venus sur terre pour réveiller ces portes. Ils travaillent en collaboration avec Maitreya pour aider les gens à intégrer l'Esprit christique en eux. Ils sont là en tant que pères.

Ischaïa : **À quoi servent ces symboles, les « crop circles » qui sont dessinés sur la terre, dans les champs de maïs ? Quel est le but derrière l'application de ces symboles sur la terre ? Est-ce pour imprégner la conscience de la terre et que cette conscience se transpose dans les fruits, dans les arbres, dans l'eau ou dans les animaux afin d'initier les humains ?**

Maître Jésus : Il s'agit en effet de pratiques qui servent à infuser et à imprégner la terre d'une certaine conscience. Observez la forme ronde et la forme de croix qui servent d'antennes pour capter et transmettre l'énergie. Oui, il s'agit effectivement d'impressions de symboles sacrés dans de grands champs de maïs, qui servent à initier la terre. C'est comparable aux initiations que reçoivent les humains sur le chemin de la transformation. Quand l'élève est prêt, le maître se présente. Attentifs à vos demandes d'initiation, nous, de la Hiérarchie divine, répondons à l'appel pour vous initier globalement.

L'intervention de maître Merlin sur les « crop circles »

Le médium channel : Maître Merlin demande une brève intervention pour expliquer.

Maître Merlin : Il s'agit donc de science de la terre afin de créer des archétypes nouveaux pour la terre. Les plantes ont une conscience, elles ont des vertus ; ces symboles servent à renforcer ces vertus, à renforcer la valeur énergétique, homéopathique des fruits et des légumes ; il faut des capteurs pour amener cette énergie à la terre. Voilà.

Ischaïa : **Pourquoi en trouve-t-on surtout en Angleterre ?**

Maître Merlin : L'Angleterre, c'est mon pays. Il représente un des points du globe où il est plus facile de capter l'énergie solaire pour la magie rituelle.

Ces symboles ont une influence sur vous, humains. Ils sont une harmonisation avec la nature. Le cercle et la croix sont deux signes, deux symboles dominants dans ces dessins : l'un représente un archétype, l'autre, le mouvement. L'un fait appel à l'énergie divine ; l'autre la distribue. Ces changements se font dans l'éthérique, le corps éthérique de la terre. Ces archétypes touchent la terre physique, mais leur grande force est éthérique. Ils appellent l'énergie et la redistribuent à la terre. Il y a un très puissant centre de force magique dans ces endroits situés en Angleterre.

Ischaïa : **Pourquoi considérez-vous l'Angleterre plus particulièrement comme votre pays, maître Merlin ?**

Maître Merlin : Parce que nous y avons puisé une grande partie de notre pouvoir lorsque nous avons eu à nous ressourcer. La puissance de l'Angleterre date de plusieurs milliers d'années. L'intérieur du sol contient beaucoup d'or, de cristal et de quartz, qui procurent une grande force tellurique. L'énergie de la terre et de la forêt est très vieille ; de très fortes entités de lumière s'y trouvent. Il s'agit d'un point de rencontre pour plusieurs entités de la terre, plusieurs égrégores avec lesquels il faut travailler en harmonie : les druides, le calendrier solaire, Stonehenge par exemple. C'est un puissant centre de forces, un point très précis de rencontre avec l'énergie de la nature, les elfes et d'autres entités. La mythologie de ce pays est très proche de la nature, c'est pourquoi l'énergie de Merlin y est rattachée. Merlin y pratiquait de la magie blanche en utilisant des entités terrestres, ce qui est souvent pris pour de la magie noire. Le travail avec les entités terrestres devient effectivement de la magie noire, lorsqu'il est utilisé à mauvais dessein.

Avant de redonner l'antenne à maître Jésus, le grand magicien voudrait bien faire de la magie avec les mots… (RIRE…) Sachez que nous vous inspirons des formules magiques et des incantations transcendantes, sous forme de bulles. Nous vous inspirons une compréhension globale qui vous montrera tous les fils qui relient l'histoire humaine d'évolution à la forme kundalini qui monte. La forme kundalini qui monte, c'est le dragon ailé.

Ischaïa: **Nous vous remercions, maître Merlin, pour ces précisions. Puisque vous parlez de faire de la magie avec les mots, voudriez-vous nous donner un petit poème avant de passer le micro à maître Jésus?**

Maître Merlin
Viviane était étendue aux pieds de Merlin
de Gustave Doré (France)

« L'homme qui se maintient droit
Qui respecte et regarde la nature avec amour
Sait y reconnaître le dragon
Il y voit ses ailes et sent qu'il est divin
Alors il s'est maîtrisé
S'est abandonné
S'est laissé porter
Et dans un éclat de foi face à son destin
Il chevauche le dragon
Chevauche le dragon jusqu'à l'immensité. »

MAÎTRE MERLIN

PUISSANTS SÉNATEURS

« Il y a de l'heure qu'il est en Judée un homme d'une vertu singulière que l'on appelle Jésus-Christ. Les barbares le croient prophète ; mais ses sectateurs l'adorent comme descendu des dieux immortels. Il ressuscite les morts et guérit toutes sortes de maladies par la parole ou l'imposition des mains. Il est d'une taille grande et bien formée. Il a l'air doux et vénérable ; ses cheveux sont d'une couleur que l'on ne peut comparer ; ils tombent en boucles jusqu'au dessous des oreilles et se répandent sur ses épaules avec beaucoup de grâce, partagés sur le sommet de la tête à la manière des Nazaréens. Son front est uni et large et ses joues ne sont marquées que d'une aimable rougeur. Son nez et sa bouche sont formés avec une admirable symétrie. Sa barbe épaisse et d'une couleur qui répond à celle des cheveux, descendant un pouce au-dessous du menton et se divisant vers le milieu, fait à peu près la figure d'une fourche. Ses yeux sont brillants, clairs et sereins. Il censure avec majesté, exhorte avec douceur, soit qu'il parle ou qu'il agisse, il le fait avec élégance et gravité. Jamais on ne l'a vu rire, mais on l'a vu souvent pleurer ; il est fort tempéré, fort discret et fort sage. C'est un homme enfin qui par son excellente beauté et ses divines perfections, surpasse les enfants des hommes. »

Jésus-Christ

Maître Jésus nous parle de la croix

Ischaïa : **Bienvenue à nouveau, maître Jésus ! Qui mieux que vous peut nous parler de la croix ?**

Maître Jésus : Tous les maîtres ascensionnés peuvent vous parler de la croix.

Ischaïa : **Tous les maîtres ascensionnés, bien sûr. Mais vous, vous êtes la croix, vous êtes le symbole vivant et infini de la croix. Par le sacrifice de votre chair, vous avez transcendé la souffrance, la haine, la peur, le mensonge pour permettre à l'humanité entière de vivre l'ascension en lui indiquant le chemin. Grâce à votre sacrifice, la croix est devenue un symbole de don de soi, de pardon, de compassion, d'amour divin et d'ascension.**

Maître Jésus : Tout cela se résume par le mot fusion. Effectivement, ma mission sur terre devait être couronnée par la crucifixion de façon à renforcer cette image aux yeux de tout ce qui allait devenir la chrétienté. Le symbole de la croix fait partie de la science initiatique de toute religion sur terre, mais elle était pour moi une épreuve car je n'avais pas encore réalisé la croix à l'intérieur de moi. Il me fallait, par défi et par mon karma également, traverser l'épreuve de la croix qui fit remonter à la surface tout ce qu'il y avait de négatif, de grossier et tout ce qui était non fusionné en mon corps.

Ce n'est qu'une fois sur la croix que j'ai réussi à remettre tout ce que j'étais : chacune des cellules de mon corps, chacune des facettes de ma personnalité, chacun des êtres qui, dans ma mémoire, dans mon amour, me composaient. Lorsque je parle d'êtres qui me composaient, je parle de ma famille, je parle de mes apôtres, je parle des humains et de ma mission pour la terre ; je parle de mes enseignants ; je parle de mon père et de ma mère. Tous ces gens me retenaient en quelque sorte et m'empêchaient de fusionner avec le Créateur, non qu'ils en fussent responsables, mais parce que j'étais attaché à eux, car qui dit attachement, dit résistance, donc retenue envers la fusion.

Il me fallait accepter mon sort et remettre complètement tout mon être au Père divin. En fait, la croix représentait mon retour au sein du Père divin ; elle représentait ma confirmation de foi en Lui. Lorsque j'étais sur la croix, je souffrais atrocement. J'étais aveuglé par les événements, par tout ce que je venais de subir : les humiliations, les tortures, l'abandon, le mépris, la solitude. J'étais aveuglé par cette mission que je croyais avoir manquée. J'étais aveuglé par la haine et l'incompréhension du peuple à qui j'étais venu enseigner. J'étais aveuglé par mon orgueil qui voulait à tout prix la réussite qui ferait de moi la fierté et l'espoir de mes pères et de mes enseignants. Je voulais être à la mesure de leurs attentes car, pour la première fois dans notre histoire, un être allait atteindre l'illumination. Toute cette responsabilité reposait sur mes épaules, alors qu'au fond de moi je doutais, je ne croyais pas posséder suffisamment de connaissances, suffisamment d'amour, de détachement et d'abnégation pour une telle mission. Je croyais sincèrement que n'importe lequel de mes chers guides, de mes chers maîtres et de mes chers enseignants pouvait mieux que moi réussir cette mission qu'il m'était donné d'accomplir.

C'est sur la croix que j'ai compris ce qu'était l'abandon, ce qu'était le détachement, le lâcher prise car je devais abandonner à la Source, à mon Père toutes mes contraintes ; je devais abandonner la fierté de mes pères ; je devais abandonner le résultat de ma mission ainsi que toute mon incompréhension, toute cette répudiation que j'avais de moi-même pour avoir échoué et pour n'avoir pas été à la hauteur de ma mission. Quand j'ai pu tout abandonner à mon Père : les doutes, les peurs et les regrets qui m'habitaient, c'est alors que la flamme de la fusion, la flamme divine commença tranquillement à monter en mon corps et à me consumer entièrement.

Le Créateur acceptait tout ce que j'étais, car Il est un Père conscient de Sa responsabilité, tout comme vous de vos actions. Il est responsable du résultat de nos actions, de nos paroles, de nos pensées et de nos gestes, car c'est toujours Lui qui agit en nous.

Il reste éternellement le Père, Celui qui sait que Son œuvre lui appartient. Alors, je me suis laissé fondre complètement dans le cœur du Père, c'est-à-dire dans Sa conscience et dans la responsabilité de l'univers infini. En même temps, cette fusion était une fusion avec la terre car en me fondant dans la force du Père, je *deva*is prendre sur moi, sur ma responsabilité la création terrestre en entier car j'étais devenu un avec le Père ; pénétrer la terre dans ses douleurs, dans sa prison, dans ses défauts, dans ses colères, dans ses peurs, dans ses tourments, dans ses chaleurs infernales, dans sa pourriture, mais aussi dans sa beauté, dans sa pureté et dans son essence divine. Je pouvais aimer inconditionnellement toute la terre.

De corps, d'âme et d'esprit, ma fusion était complète avec le Père et avec la terre car je recherchais la partie, la moitié qui me manquait pour que je sois un tout, pour que je sois le Fils. Il me manquait ma contrepartie féminine, ma flamme jumelle. J'aimais tellement ma flamme jumelle que je l'ai cherchée dans toutes les infimes parcelles et molécules de la terre ; et dans une compréhension parfaite, dans un amour, dans un mariage parfait avec la terre, j'ai intégré ma partie féminine, ma polarité féminine. Je suis devenu enfin un être complet, un être parfait.

Pour découvrir sa réelle féminité, il faut traverser la terre et l'univers tout entier car elle est située à l'opposé de soi-même. Alors, il m'a fallu reconnaître, comprendre et accepter ma partie féminine dans chaque particule de terre. Car, si j'étais le Père, si je voulais fusionner avec le Père, toute la féminité devait être mon épouse.

Alors, j'ai recherché toute cette féminité à l'intérieur de la terre ; j'ai cherché à m'en absorber jusqu'à la fusion, jusqu'au jour où j'ai contacté, retrouvé son essence même. Ce jour-là, je suis revenu à la vie. J'étais le Fils de Dieu : un être complet, un être parfait. J'étais à la fois le principe masculin et le principe féminin dans toute sa gloire. J'étais ressuscité d'entre « les morts ». Je ne parle pas de la mort physique, cadavérique, mais plutôt de cette mort où les êtres n'expriment plus, ne manifestent plus que ce parfait équilibre du Père et de la Mère en eux. Tous les êtres au sens divin du terme sont immortels, je ne suis donc pas ressuscité des cadavres mais ressuscité des êtres qui sont morts par l'inconscience, par l'imperfection, par la division en eux-mêmes. Vous saisissez ?

Ischaïa : **Marie-Madeleine n'était-elle pas, en quelque sorte, le symbole vivant de cette féminité, de cette moitié, de cette terre que vous avez recherchée ? Par cette sollicitude que vous manifestiez envers elle, n'était-ce pas là un exemple pour tous ces êtres de s'accepter, d'accepter la terre en eux-mêmes, d'accepter cette femme qui était une partie d'eux-mêmes, sans quoi leur ascension est quasi impossible ?**

Maître Jésus : Ne confondez pas Marie-Madeleine avec ma flamme jumelle. Marie-Madeleine symbolisait et représentait ce qu'est la terre aujourd'hui. Elle se donnait entièrement dans toute sa pureté et dans tout ce qu'elle possédait de merveilleux. Elle était prête à accueillir la semence, le don du ciel. Mais n'oubliez pas que chaque homme, chaque femme sur terre représente la volonté du Père, le principe masculin en action.

Marie-Madeleine donnait tout ce qu'elle avait, tout ce qu'elle était. Elle offrait le confort de son corps, le confort de son âme et de son esprit. Elle était dévouée à chaque homme de la terre, à chaque principe masculin, à chaque être humain qu'elle aimait passionnément. Aimer l'humanité, c'était sa vie. Elle l'accueillait en son sein, en son jardin et en sa maison comme la terre le fait, comme une mère le fait. Mais en retour, de quoi ces personnes dans leur ignorance ensemençaient-elles, arrosaient-elles ce jardin, cette terre fertile, cette terre, mère nourricière ? Elles l'arrosaient et l'ensemençaient de leur colère, de leur haine, de leurs mensonges, de leur médisance, de leur cupidité et de leurs sournoiseries. Elles lui offraient leur orgueil et leur sentiment de supériorité. Elles la traitaient comme un être inférieur, l'insultaient même parfois, elle qui était si merveilleuse et si généreuse. Les hommes de ce temps-là étaient très durs et très méprisants vis-à-vis de la femme à qui ils n'offraient que mensonges. Ils ne pensaient qu'à satisfaire leurs bas instincts en jetant leur venin au sein d'une terre qui les acceptait inconditionnellement. Ce venin, ce poison, disons-le, les empêchait d'être équilibrés en eux-mêmes, et donc d'agir avec amour et respect envers la terre, envers la femme.

Bien sûr, comme tout être humain, Marie-Madeleine était triste de sa solitude, triste de se sentir incomprise, méprisée et mal aimée ; triste de sentir que la porte des cieux ne s'ouvrirait jamais devant elle car elle était rejetée de tous, même des siens. Pourtant, son âme était d'une très grande pureté, donc aspirait à cette porte du ciel parce qu'elle offrait tout son amour ; tout ce que sa conscience pouvait concevoir comme amour, elle l'offrait inconditionnellement. Aujourd'hui encore, après 2000 ans, les humains n'ont pas compris la figure de proue que représentait Marie- Madeleine. N'oubliez pas que les femmes à l'époque étaient restreintes à certains rôles, à certaines capacités ; elles étaient très limitées dans leur pouvoir. Il y a 2000 ans, le niveau de conscience était très bas par rapport à aujourd'hui où vous avez une compréhension plus juste de l'amour. Le niveau d'amour, de compréhension et de conscience de Marie-Madeleine était déjà très élevé pour une femme de son époque. Mais il n'était pas suffisant pour lui ouvrir la porte des cieux, et c'est cette ouverture que je lui apportais.

Quand Marie-Madeleine s'est présentée devant moi avec tous les sentiments de péchés, de honte, de mépris et de culpabilité que les hommes lui avaient injectés, elle se trouvait face à l'amour pur qui comprend et accueille sans condition, et elle le savait. J'étais le principe masculin parfait : j'étais plus parfait que tout ce qu'elle avait connu et pu imaginer jusqu'à présent.

Quoique je fusse encore imparfait, avec bien des barrières et bien des attaches, je pouvais offrir l'amour du ciel à Marie-Madeleine. Lorsqu'elle sentit cet amour, elle s'en nourrit, comme d'ailleurs elle s'en nourrissait avec tous les hommes, avec tous les humains, car elle donnait tout son amour à chaque être. Mais ce qu'elle a reçu à mes pieds, c'était tout son amour purifié, tout son amour lumineux, c'était l'absolution. Le ciel lui donnait ce qu'elle méritait : la force dans son amour. Elle comprit la subtilité de l'amour ; elle comprit avec quelle pureté et quel détachement elle devait aimer, en cessant de capter des choses indésirables qui allaient à l'encontre de l'amour. Elle éleva son esprit à ce niveau de pureté car elle savait que seul l'amour pouvait lui rendre les vertus, seul l'amour pouvait la féconder. Alors, elle se mit à s'aimer, à aimer tout ce qui était amour, tout ce qui était beauté, tout ce qui était élevé. Elle se fertilisait désormais du véritable amour car ce qu'elle donnait, le ciel le lui rendait.

L'amour qu'elle donnait aux humains, ceux-ci le lui rendaient à leur façon, à leur niveau. Lorsqu'elle se mit à aimer le ciel, celui-ci lui rendait son amour à la façon du ciel. Si vous aimez les cieux, vous recevrez l'amour des cieux ; si vous aimez les hommes, les humains, vous recevrez l'amour des hommes, des humains, et leurs défauts.

Marie-Madeleine, apôtre incompris, jalousé et discriminé

« L'amant divin est esprit sans corps ;
l'amant physique est un corps sans esprit ;
l'amant spirituel possède esprit et corps. »

Ischaïa : **Marie-Madeleine a été la première à qui vous êtes apparu après votre Résurrection. Alors, peut-on dire qu'elle a été votre premier apôtre ?**

Maître Jésus : Marie-Madeleine est effectivement mon premier apôtre par l'amour et la compassion qu'elle portait dans son cœur. Elle était aussi la première à m'avoir vu comme un être complet, un être parfait, le Fils digne du Créateur. Marie-Madeleine était une âme tellement généreuse, très portée à donner inconditionnellement. Lorsqu'elle me reconnut et m'offrit tout son amour, elle attira à elle les récompenses du ciel. En elle, l'amour s'est éveillé et la fit ascensionner très haut. Le Saint-Esprit prépara la fertilisation de son corps et de son âme à l'intégration du Christ, et elle a reçu le Christ.

Ischaïa : **Marie-Madeleine a lavé vos pieds de ses larmes, et d'un parfum précieux (le nard de l'Himalaya, dit-on), elle les a enduits. Quel est le symbolisme de ce geste ? Et puis, y a-t-il un symbole également dans le fait qu'elle fut la première femme à vous voir, alors qu'elle était considérée comme une pécheresse aux yeux des humains, aux yeux des hommes de ce temps-là ?**

Maître Jésus : Lorsque Marie-Madeleine me lava les pieds, c'était pour moi une initiation : jamais de ma vie, je n'avais rencontré un don de soi aussi grand, moi qui étais considéré comme l'être qui allait sauver la terre et avait pour mission d'amorcer la nouvelle religion, celle du cœur, qui aujourd'hui voit finalement le jour. J'ai vu Marie-Madeleine dans son don, dans toute sa pureté, qui

Marie-Madeleine
Apôtre de Jésus
Penitent Magdalene de Pedro de Mena (Espagne)

de ses larmes, comme vous dites, a mouillé mes pieds. Ses larmes coulaient comme l'eau la plus pure que j'ai connue car elles étaient authentiques ; c'étaient les larmes de la tristesse divine, de la pureté divine. Toute sa pureté qui, n'ayant aucun autre choix, aucun autre espace en son corps pour s'exprimer, coula à travers ses larmes, ses larmes de cristal, ses larmes de Christ.

C'est alors que je pris confiance en ma mission, laissant toutes les barrières qui m'empêchaient de croire que ma mission serait une réussite car je voyais en Marie-Madeleine la force et la bonté mêmes. Son corps l'empêchait d'être totalement divine car il a été pollué par le regard que les humains avaient sur elle, par une nourriture qui était indigne d'elle. Mais ses larmes étaient pures car elles venaient de son cœur, de son âme, de sa divinité qui était inaccessible à l'homme impur, l'homme qui vit dans son ego. Ses larmes étaient des larmes de Dieu et elles m'ont lavé les pieds. Elles ont brisé plusieurs de mes chaînes car j'ai enfin reconnu le véritable don de soi, le véritable détachement, ce qui m'a aidé dans ma mission parce que j'étais tellement aux prises avec l'ignorance et l'incompréhension des gens que, bien souvent, je n'avais que le goût de m'enfuir et de partir.

Grâce à Marie-Madeleine, j'ai compris ce qu'était le réel détachement, la réelle dévotion, et c'est avec une énergie nouvelle que je pus continuer ma mission. Bien sûr, je ne laissais rien transparaître, mais intérieurement j'étais tourmenté, confronté à moi-même, au dragon en moi. Le dragon que sont les forces non contrôlées, non maîtrisées de la nature, que nous devons accepter, transmuter et pardonner. Le dragon, c'est nous-mêmes, c'est notre ego, c'est ce fils créé de l'énergie du Père et de la Mère mais dans le déséquilibre. Car vous êtes le principe masculin qui est venu habiter la matière, vous êtes cette matière constituée de principe masculin. Mais cela est si déséquilibré en vous que vos propres créations vous effraient. Vous créez des pensées et des événements que vous redoutez et qui suscitent votre colère... C'est cela le dragon.

Pour moi, aucune création humaine ne pouvait être aussi pure que les larmes de Marie-Madeleine. L'huile qu'elle utilisa pour masser mes pieds était sanctifiée par son amour et par sa pureté. Alors, je lui ai demandé d'apporter cette onction, ce parfum pour ma sépulture.

Lorsque je reconnus la pureté de Marie-Madeleine, l'intuition s'ouvrit en moi. C'était grâce à ce qu'elle pouvait m'apporter que je réussirais ma mission, et connaissant les lois du don de soi, les lois de l'esprit de service, elle devait être la première parmi mes disciples à me voir après que cette mission eut été accomplie. Bien entendu, mes enseignants m'ont vu avant elle ; c'est d'ailleurs par eux que j'ai demandé à Marie d'apporter cette onction, cette huile pour ma sépulture...

La flamme jumelle de Jésus-Christ

« Maître Jésus a vécu parmi les humains,
à la manière des humains, tout en demeurant divin
comme d'ailleurs tous les fils du ciel qui s'incarnent sur terre. »

Ischaïa : **Qui est votre flamme jumelle ?**

Maître Jésus : Nada, maître Nada.

Ischaïa : **Voudriez-vous dire un mot sur votre flamme jumelle ?**

Maître Jésus : Ma flamme jumelle vivait en partie dans le corps de ma Mère, et en partie dans celui de ma bien-aimée. Toute ma vie, et jusqu'à la fin, elle fut ma motivation. C'est elle qui me permit de me fondre, de fusionner avec le Père et avec tout l'univers. Malgré le fait que je ne l'entrevis que quelques fois en rêve, elle devint de plus en plus réelle car une partie de son âme était incarnée dans ma Mère. Vous connaissez le principe d'incorporation mixte. C'est ma flamme jumelle qui me donna la vie à travers ma Mère, ce qui explique l'amour débordant que j'éprouvais pour elle. Lorsque j'étais enfant, j'étais capable des plus grandes actions pour ma Mère. Je l'écoutais et je la respectais, autant que je la trouvais exceptionnelle. Je voulais me modeler sur elle pour lui témoigner mon amour et lui donner tout ce que je pouvais car elle était ma Mère, elle était ma flamme bien-aimée.

Plus tard cependant, cette âme a quelque peu quitté ma Mère, même s'il en est resté une parcelle, pour s'incorporer dans le corps d'une jeune fille de mon âge qui vivait sur terre. Durant tout mon cheminement, je l'ai croisée souvent en rêve. Elle était ma motivation, ma raison d'aimer cette vie ; elle était ma source d'inspiration et de guérison. Je me reposais en elle, en son image, en l'amour qu'à tort je ressentais venant uniquement de sa personne. En fait, elle était tout amour, toute pureté, elle était détachement, elle était néant. Elle était frêle, si douce, passive,

Saint-Pierre, Jésus et Marie Madeleine
Photographie d'une authentique apparition

prête à tout recevoir. Elle rayonnait un amour divin ; tout son être était amour. Et de tout mon être, je recherchais cet amour que je ne pouvais comprendre, car c'était ma moitié, c'était cette dimension qui me manquait, je n'étais pas suffisamment éveillé.

Plus je mûrissais, plus j'éveillais cette partie en moi, l'image de ma bien-aimée m'habitait à chaque instant, et dès que je le pouvais, je me repaissais de son image. Par phénomène de résonance, j'éveillais en moi toute cette féminité, et vers la fin de ma formation, juste avant que ma mission commence, je finis par rencontrer ma flamme jumelle en Galilée. Elle suivait en même temps que moi un enseignement, une initiation. Il fut prévu qu'à la suite de ma mission, je reviendrais nous épouser que lorsque ma mission serait accomplie.

Tout au long de ma mission, j'ai reçu des preuves de sa féminité. Rappelez-vous cette foi qu'avait le Centurion, cet esprit de service : c'est tout cela la féminité. C'est avoir une foi, une confiance inébranlable, et être prêt à tout recevoir pour féconder. Nous avons donc créé un fils de notre essence, de notre amour, car nous étions ***un*** et nous étions purs, nous étions parfaits.

Lorsque je vis Marie-Madeleine dans sa générosité sans bornes qui se donnait entièrement, inconditionnellement et recevait tout aussi inconditionnellement ce qu'on lui offrait, je sentis un grand détachement, une grande ouverture, un grand amour. Je pénétrais cette féminité, j'étais de plus en plus en contact avec elle. Marie-Madeleine était mon initiatrice ; elle m'a initié à cet amour inconditionnel. C'était sa mission auprès de moi. Elle m'a permis de rencontrer ma flamme jumelle car en elle, comme en ma Mère, il y avait une partie de ma flamme jumelle.

Et lorsque je fus sur la croix et que je recevais en moi toute la force du Père, ma première pensée était de chercher ma flamme bien-aimée pour la nourrir, pour lui offrir tout cet amour. Pour moi, il n'y avait pas d'image plus lumineuse et plus parfaite que celle de ma bien aimée. Ma bien-aimée devait être la terre entière car je venais d'intégrer en moi le Père et le Christ. J'ai donc traversé la terre entière, aimant tout ce qu'elle contenait, l'acceptant dans tous ses recoins et dans tous ses replis. J'ai donné à toute la féminité la force du Père et du Christ, pour finalement, à l'autre bout du monde, à l'autre extrémité de la terre, rejoindre ma bien-aimée dans toute sa pureté et dans toute sa force. Nous créâmes un fils par la naissance virginale car nous étions tous deux fondus en une seule flamme, en un seul être : le Christ. Avec elle, j'étais devenu Jésus-Christ.

Marie-Madeleine et Marie, ma Mère, étaient au pied de la croix les dignes représentantes de ma flamme jumelle.

Marie-Madeleine est l'épouse de Jésus-Christ, comme l'est toute la féminité sur terre

Marie-Madeleine comptait parmi mes disciples, elle comptait parmi mes apôtres. Elle était également ma femme, comme l'est toute la féminité sur terre. Elle fut mise sur mon chemin afin d'élever, d'élargir ma conscience car elle était une grande âme. Marie-Madeleine faisait partie de ma bien-aimée, c'est pourquoi je pouvais reconnaître en elle ma bien-aimée.

Marie-Madeleine aimait le divin en moi ; elle voyait en moi l'Amour de Dieu, un amour impersonnel tandis que ma bien-aimée m'aimait en tant qu'homme et je l'aimais en tant que femme. Elle aimait mes défauts, mon imperfection, quoique l'imperfection soit aussi perfection. Marie-Madeleine m'idéalisait, alors que ma bien-aimée m'aimait pour tout ce que j'étais car nous étions flamme jumelle, nous étions ***un.*** Tout ce que j'étais, elle l'était.

Lorsque nous avançons sur le chemin de l'initiation, nous comprenons que le corps ne sert qu'à concentrer les forces d'un être, et que ce dernier peut se propager lui-même dans tout l'univers. Cet enseignement que vous recevez est fait de formes-pensées que moi-même, Jésus-Christ, ai créées. C'est un enseignement parfait. C'est mon esprit que j'ai propagé dans l'univers entier, que j'ai infusé à toute cellule, à tout atome de la terre. Vous captez et recevez ces pensées et par elles, je vis à l'intérieur de vous.

Ces procédés, ces principes, bien des initiés les connaissent. Même avant d'avoir atteint cette fusion parfaite avec le Créateur, ils sont capables d'une telle perfection ; ils sont capables d'envoyer leurs pensées, de transmettre une partie de leur esprit à bien d'autres êtres.

Nada, maître Nada, avant de descendre sur terre, était déjà une grande initiée, un être très évolué. Elle donna une partie de son esprit à ma Mère, Marie, qui, étant elle aussi une grande initiée, a su faire vivre et cultiver en elle cette partie de ma flamme jumelle. C'était une vibration. Lorsqu'un maître s'incarne, sa vibration demeure dans l'esprit et dans l'âme de la terre, même si sa conscience est dans un corps et qu'il doit surmonter les barrières et les difficultés qu'impose ce corps. Son esprit, son âme demeure toujours en communion avec l'univers.

Un initié, ayant intégré dans une vie antérieure un certain savoir, sait protéger ses pensées pour que ses incarnations futures ne viennent pas déranger ses formes-pensées déjà créées, déjà envoyées dans la matière. Il naît avec ce don de ne pas interférer dans ce qu'il a déjà créé, et continue tout simplement à apprendre et à expérimenter de nouveau.

Jésus voyagea à la rencontre des grands maîtres du monde entier

***Ischaïa :* Je reviens à ce que vous avez dit plus tôt. Après votre Résurrection, après votre Ascension, si je comprends bien, vous êtes revenu sur terre. Où avez-vous vécu ?**

Maître Jésus : J'ai vécu en Orient. Je suis retourné quelque temps en Égypte car cette terre était ma source. Elle est la mère de toutes les religions de l'histoire. La mère Isis et le père Osiris sont venus d'Atlantide y porter la flamme de la religion, la flamme divine. C'est en Egypte que j'ai reçu mon enseignement de Christ. Par la pensée et par ce que vous appelez bilocation, je suis retourné auprès de mes apôtres car j'avais appris à voyager avec mon corps. J'étais présent pour tous, dans le cœur de tous, je pouvais êtres à plusieurs endroits à la fois. J'étais présent lorsque Saül reçut son illumination. Saül, qui devint Paul, se connectait à moi, à mon image et aux formes-pensées que j'envoyais dans la terre. Paul, saint Paul était d'une conscience si élevée, lorsqu'il pensait à moi, il éveilla en lui toutes ses mémoires. Il devint aveugle un certain temps par une exigence de son âme afin d'être plus attentif à l'esprit. Il put, dans cet état de cécité, entrer en communion avec mon esprit, avec l'énergie christique. C'est ainsi qu'il reçut le Saint-Esprit et qu'il reçut l'illumination. Il se prépara, lui aussi, à devenir Christ et à ascensionner.

Mon énergie n'abandonna pas mes apôtres : ils se concentraient sur moi pour éveiller en eux l'énergie de l'esprit, l'énergie des vertus, l'énergie du Christ finalement car tout cela est Christ. Ils l'éveillaient en eux par l'intermédiaire de ma vie, moi qui avais élevé mon corps et qui avais fusionné avec le Christ pour devenir le Fils et atteindre ainsi l'état christique…

Lorsque j'ai réalisé la fusion avec ma flamme jumelle, Nada, je suis devenu un être complet : nous étions deux flammes en une. Bien sûr, nous avions deux corps, mais notre esprit était ***un*** : nous étions le Fils. Lorsque les apôtres pensaient à moi, ils pensaient à ce Fils car, après ma Résurrection, je resplendissais tellement qu'ils ne me reconnaissaient pas. Ils ne voyaient plus Jésus, ils voyaient un être très lumineux, très léger, presque transparent. Ils voyaient la Grandeur ; ils voyaient la Lumière ; ils voyaient le Christ. C'est pourquoi ils avaient une telle peur. Ils se croyaient en présence d'un fantôme. Mais, lorsqu'ils ont vu que ce corps était tangible (bien entendu, beaucoup moins dense que celui d'un humain ordinaire car j'avais abaissé suffisamment sa vibration pour qu'ils puissent y toucher), alors ils crurent.

Comme je venais de fusionner en Christ, mes vibrations n'étaient pas encore aussi élevées qu'aujourd'hui ; j'étais comparable à un enfant. Mes apôtres, en pensant à moi, ont suivi cette image. Donc, ils amenaient à eux mon énergie qui n'était pas concentrée mais qui était partout à la fois. Ils accomplissaient des miracles en mon nom, alors que moi-même l'ignorais d'une certaine façon car ma concentration n'y était pas, mais mon esprit, la totalité de mon être y était. Car, même lorsque l'on est Christ, on n'est pas consciemment partout à la fois : on développe cette conscience de plus en plus, on a simplement la conscience que l'on est ce Christ. Lorsque je vous parle, vous êtes parfois dans votre cerveau, parfois dans votre cœur, dans un de vos organes ou dans vos pieds. Eh bien, être Christ, c'est avoir un corps beaucoup plus vaste et voyager à l'intérieur de ce corps. C'est savoir que tout fonctionne en harmonie dans un tout et que la conscience voyage à travers ce corps illuminé, ce corps de lumière.

Le Père, Lui, sait tout, car Il habite ce corps consciemment. Sa conscience est partout et c'est pourquoi il me faut cette grande foi car je ne pourrais habiter mon corps sans avoir foi au Père. Le Père englobe tout et pense à tout. Il veille sur moi et sur tout mon corps, alors que ma conscience et ma pensée n'en englobent qu'une partie. Si je remplis bien ma tâche là où ma conscience se trouve, le Père, Lui, remplit bien Sa tâche là où Il se trouve et là où ma conscience ne se trouve pas. Par le phénomène de résonance, si j'appelle la perfection du Père à un endroit, le Père peut l'amener partout en moi : c'est cela la foi.

Ischaïa : **Ainsi, le Père est comme le souffle, comme le sang dans le corps ?**

Maître Jésus : Exactement. C'est la résonance, c'est le magnétisme.

Ischaïa : **Vous avez dit avoir vécu en Orient et qu'en ce lieu vous vous êtes mariés et avez conçu un fils... Voudriez-vous nous en parler ?**

Maître Jésus : En effet, nous nous sommes mariés au cœur de la terre et à la terre entière.

Ischaïa : **Mais, où était-ce en Orient ?**

Maître Jésus : C'était en Égypte. Puis nous nous sommes promenés. Nous sommes allés dans le pays qu'aujourd'hui vous appelez Iraq ; nous avons voyagé en Perse, c'est-à-dire en Iran ; nous avons apporté notre enseignement aux Indes également.

Nous étions partout sur la terre. Nous sommes retournés dans les pays celtiques vers les druides qui nous avaient enseigné, et avons préparé avec eux le mariage nouveau qui se ferait, quelques années plus tard, entre l'Église chrétienne et la science des druides. Car n'oubliez pas que la science de Jésus venait également de l'enseignement des esséniens, des druides celtes et des Hindous. Les Hindous nous ont apporté beaucoup d'enseignements, venant du Bouddha et de Zarathoustra. Tous ces grands maîtres étaient mes enseignants. Je devais me fondre, fusionner dans tous ces enseignements, dans l'esprit de ces enseignements. Je devais constamment me centrer sur l'énergie du Bouddha, sur celle de Zarathoustra, celle des druides, et de Moïse. Tous ces êtres étaient mes pères. Leur esprit, leurs formes-pensées se trouvant dans l'air, c'est grâce à celles-ci que je pouvais accomplir ma mission et m'élever : mon énergie, mes pensées propres ne suffisaient pas pour accomplir cette mission. Il me fallait l'aide de mes guides et de mes enseignants qui avaient des pensées et des pouvoirs très élevés et qui pouvaient canaliser des énergies tout aussi élevées.

Je devais constamment me centrer sur des êtres de lumière qui étaient dans l'invisible. Je me centrais sur les anges, sur les archanges, dont l'archange Michaël qui était l'épée, l'épée qui symbolise le Christ, afin que leurs pensées coulent à travers moi et que je puisse apporter l'enseignement. Ce n'est que par la suite que j'ai atteint l'illumination. Alors, si vous analysez un peu mon histoire, vous verrez que toute ma vie, j'ai été un enfant qu'on tient par la main. On m'enseigna et l'on enseigna à travers moi. Toute ma vie, le Père a vécu en moi. Il a agi à travers moi ; j'étais Son enfant. Et lorsque j'ai compris, j'ai su que ma vie était

Sa responsabilité. J'ai pu enfin lâcher prise, me fondre dans cette responsabilité car j'étais prêt à l'accepter. Au cours de ma vie, mes défauts venaient de ce que je n'acceptais pas d'être un enfant. Toute ma vie, le Père a mis autour de moi Ses fils, des maîtres, pour m'enseigner. Car tout mon potentiel était développé, tout mon corps était prêt. Il ne restait que mon esprit. J'ai gardé l'âme d'un enfant. Toute ma vie, je me suis laissé guider, et lorsque j'ai été prêt à demeurer un enfant éternel, je pus finalement devenir un adulte. Je suis devenu un Père, une Mère et un Fils à la fois.

Ischaïa: **En un mot, vous avez pu englober toute la trinité?**

Maître Jésus: J'ai pu englober toute la trinité. Je suis non seulement devenu un adulte, mais j'étais le Fils, le Père et la Mère. Jésus-Christ aujourd'hui est cette trinité.

Maître Jésus demeura toujours un enfant

Ischaïa: **Et vous avez dit: « N'entrera pas dans le royaume des cieux qui n'est pas un enfant. »**

Maître Jésus: Exactement. Être un enfant ne dispense pas de faire des efforts car souvent c'est Dieu qui l'exige de vous. N'oubliez jamais qu'Il est votre Père et que chacun de vous est Son enfant, que c'est par amour qu'Il dirige votre vie d'une certaine façon ou d'une autre. C'est aussi par amour qu'Il met parfois des barrières et des obstacles sur votre chemin.

Il s'agit d'être un enfant jusque dans la moindre subtilité de l'être. Cela exige un total lâcher prise, une totale confiance dans le Père créateur qui vit et agit en toute circonstance en Ses créatures. C'est comme l'humilité: vous ne creuserez jamais suffisamment loin pour vous rendre compte que vous pouvez toujours manquer d'humilité, et c'est en creusant de cette façon que l'on inculque à son corps tout entier la notion d'humilité.

Au début, vos premières leçons d'humilité où chacun apprend à être un enfant, vous les inculquez à une certaine partie de votre intellect, de votre cœur, de vous-mêmes. Mais plus vous creusez, plus vous devez amener loin ces notions d'humilité. Il n'y a pas plusieurs sortes d'humilités. C'est la même humilité, sauf qu'elle est ancrée profondément en vous et vous l'intégrez de plus en plus. C'est ainsi que vous enseignez à tout votre corps, en essayant de voir toujours plus loin, c'est-à-dire en essayant d'être un enfant. Lorsque vous cheminez, ce que vous apprenez dans votre vie ne vous rend pas plus adultes, il fait de vous des enfants qui ont appris des choses et qui vivent selon ces connaissances. Mais l'enfant doit toujours garder la pureté de son cœur et de son esprit. Il doit toujours être prêt à recevoir une nouvelle information. Il doit être conscient que c'est le Père à travers lui qui agit. Même lorsque l'enfant semble devenir de plus en plus autonome et qu'il semble prendre de l'autorité, il ne doit jamais oublier que c'est le Père qui en décide ainsi. Il doit être à l'écoute, car lorsqu'il cesse d'être un enfant, il cesse d'être ouvert à l'esprit et à l'enseignement. Se croyant autonome et responsable, il croit à tort qu'il n'a plus besoin de son Père, alors que c'est Lui qui donne la vie.

Maître Koot-Hoomi

LA PAROLE DE MAÎTRE KOOT-HOOMI AUJOURD'HUI

« Le livre de la Connaissance,
Le livre de la Sagesse,
le livre de la Beauté,
Le livre de l'Amour
Sont grands ouverts pour ceux qui les cherchent.
Derrière son grand bureau, comme un Père Noël
Le maître de Sagesse
Reçoit les désirs de tous ses frères.
Il leur envoie ses lutins, ses anges et ses deva,
Afin que ceux-ci stimulent
L'enfant humain, l'enfant divin
À lire les pages de ces livres, qui sont devant lui.
Vous voulez connaître ?
Priez pour le grand livre de l'Amour.
Vous voulez pardonner ?
Priez que l'on vous ouvre le livre du Pardon.
Souvenez-vous de l'air
Et vous comprendrez à quel point ce livre est partout.
Priez le maître, celui qui entend et qui redistribue la Sagesse ;
Ses aides veulent travailler,
Ils sont au service de la Source
Et ils sont tellement contents.
Alors priez et vous recevrez ! »

Maître Koot-Hoomi

La respiration

Le médium channel: Je suis installé sur ma montagne. Devant moi, j'observe un tube de lumière dorée qui semble infinie. Je me sens aspiré par cette lumière. Je suis cette lumière. C'est comme un véhicule de conscience. Je suis ce véhicule de conscience. Je me trouve dans l'espace et je regarde en bas la terre où j'ai laissé mon corps. Je le vois minuscule. J'atteins le soleil. Une lumière blanche m'entoure et me pénètre. Je suis entouré d'êtres de lumière à peine visibles car ils sont transparents. Parmi eux se trouve un point central de lumière; j'y fixe mon regard. Un ange me présente une boule de cristal, me demandant d'y mettre mon mental. J'y dépose mon mental.

Ischaïa: **Comment y déposes-tu ton mental?**

Le médium channel: Tout obéit à ma volonté. Je sens une partie de moi attirée vers cette boule de cristal. Je la sens comme un vêtement et mon regard semble attiré vers autre chose. Mes yeux semblent changer d'optique; je peux me voir en deux endroits à la fois, mais la lumière est plus dense derrière moi. Je me sens léger, détaché, bien centré dans mon cœur. Je suis prêt.

Maître Koot-Hoomi est devant moi. Nous communiquons par télépathie. Il parlera de la respiration.

Ischaïa: **Bienvenue, maître Koot-Hoomi. Merci d'être parmi nous et de nous accueillir chez vous.**

Maître Koot-Hoomi: C'est pour nous un honneur de participer à un tel projet. Lorsque vous manifestez pareil intérêt pour nos enseignements, il nous est alors agréable d'apporter réponse et lumière à chacune de vos questions. Tel est notre rôle.

Ischaïa: **Pouvez-vous nous parler de la respiration?**

Maître Koot-Hoomi: D'abord, sachez que la respiration est un véhicule de volonté, un véhicule où la volonté divine et la volonté humaine se confondent. Car le divin, l'énergie divine présente dans l'air qui vous entoure l'est aussi dans l'air à l'intérieur de vous. L'air est le plus grand symbole de ce qu'est l'omnipotence, l'omniprésence divine. L'air que vous respirez est chargé de toute la perfection divine. Elle est une nourriture, une source où vous pouvez puiser à l'infini tout ce que vous voulez et ce n'est pas pour rien que nous disons « voulez » car l'air a la fonction de propulser la volonté. L'air est l'action ; il est la volonté de Dieu. L'air en vous est votre véhicule divin, votre véhicule de transformation. Quand vous respirez, vous attirez les particules de perfection divine qui pénètrent en vous. Lorsque l'air ressort, il représente votre message pour Dieu, votre message pour Marie, votre message pour la Création.

L'air qui sort de vous est création ; par lui, vous propulsez vos espoirs, vous propulsez l'image que vous avez de vous-mêmes. Vous propulsez vos pensées, vos intentions. Vous propulsez votre volonté, votre désir de vivre, ce même désir de vivre qui nous a appelé. Vous propulsez votre désir d'être purs, votre désir de vous élever. Par l'air, vous communiquez ; vous donnez à la Création ce que vous êtes entièrement car la respiration est un processus qui touche les parties les plus subtiles de votre être, qui vous touche infiniment. L'air est à la fois Père et Mère ; il est la création de Dieu la plus parfaite, en ce sens qu'il contient autant le pôle masculin (positif) que le pôle féminin (négatif). Il est à la fois énergie et véhicule d'énergie. Par l'air, vous pouvez appeler en vous toutes les vertus, toute la perfection divine que vous désirez, toutes les connaissances de la nature, de l'énergie et de la Hiérarchie. Toute la connaissance universelle est contenue dans l'air.

Lorsque vous atteindrez ce sentiment de détachement par rapport à vous-mêmes et la compréhension du « Je Suis universel » à l'intérieur même de vos cellules, vous comprendrez tout ce que l'air peut vous apporter. L'air est perfection divine. Il est un véhicule qui enseigne et qui transforme. Laissez-le gagner chacune de vos cellules en sachant que vous y introduisez la perfection divine, que vous recevez les enseignements de la Hiérarchie, que vous recevez tous les espoirs que vous avez mis en la Source et en vous-mêmes. Ainsi, l'air éduque vos cellules à comprendre que Dieu ne laisse jamais tomber Ses créatures, que les matériaux servant à la réparation, à la régénération et à la reconstruction de votre temple intérieur vous sont fournis depuis des millions et des milliards d'années, que toute la Création, toute la perfection divine est en vous et autour de vous. Et c'est par vos intentions et par votre volonté que vous y faites appel. Mais, par ignorance, vous faites aussi trop souvent appel à des doutes, à des imperfections, à des malheurs et à des souffrances, car l'air en est aussi chargé.

L'air est chargé de ce que vous projetez car chacun de vous est un transformateur, un réflecteur, un distributeur d'énergie. Tel un cristal, vous avez pour mission de refléter la beauté, la lumière, la perfection du soleil. Mais lorsque vous choisissez d'exprimer, de projeter la peur, le doute, la haine, la tristesse, etc, cette perfection est déjà handicapée ; elle est devenue imparfaite.

L'air, ce véhicule entièrement transparent, est l'image de l'amour inconditionnel. Il a la force de tout donner, de tout prendre et de tout accepter car il contient la totalité. Si vous accueillez l'air tout aussi inconditionnellement, toutes les dimensions de votre être seront nourries.

Lorsque vous respirez, si votre intention est de vivre dans les champs plus subtils de la Création, vous devez, tout en gardant un caractère impartial et inconditionnel, attirer à vous cette nourriture plus subtile. Alors, chaque partie de vos corps recevra son dû. Vous deviendrez l'image même de cet air : une perfection capable de tout recevoir et de tout donner, une perfection qui se laisse couler selon le rythme des marées. Vous deviendrez pour les autres le miroir de la perfection dans sa totalité. Cela peut paraître difficile à assumer et à réaliser, mais si vous êtes patients avec vous-mêmes, vous évoluerez progressivement vers un tel accomplissement. Le divin contient aussi l'imperfection ; il contient la douleur, la haine et le malheur. Alors, pour être à son image, il vous faut franchir toutes ces étapes, prendre conscience de tous ces états d'âme et les transformer jusqu'à la transparence la plus totale.

Ce qui est en haut est comme ce qui est en bas. Dans la dualité, il y a union. La dualité est en tout et partout, même dans l'union. Le monde est fait sur un archétype d'infini qui touche toutes les couches de ce que vous pouvez appréhender. Tout domaine possède sa contrepartie, toute pensée possède son intention, tout désir possède son action, toute lumière possède ses ténèbres. Il est important aujourd'hui que les gens comprennent que les ténèbres font partie de la Source. Mais nous disons que c'est très bien que vous ayez associé les ténèbres à quelque chose de mauvais, de mal, à un endroit où vous ne voulez pas retourner, et je dis bien « retourner » car la Création en est sortie.

Les ténèbres représentent une pulsion de création, ce moment avant que le soleil se lève, ce moment avant que toutes les beautés du ciel ne vous soient révélées. Vos douleurs, vos cris sont en fait comparables à la douleur et au bruit qu'expriment les pétales lorsqu'ils éclosent. Cette douleur, ce mal n'est en fait qu'une vibration produite par la création lorsqu'elle se développe. Si vous avez en vous le souvenir d'une douleur un peu plus profonde que celle qui est présente, et d'un bonheur un peu plus grand que celui qui est présent, c'est tout simplement parce que votre fleur est en train d'éclore. Si les ténèbres vous effraient, sachez qu'en gardant les yeux tournés vers votre propre création, vous ne retournerez jamais aux ténèbres car Dieu soutient chacune de Ses créations et Dieu est en vous.

Il est temps que la peur d'être détruit soit laissée de côté, car elle est aujourd'hui une frontière, une douleur que vous êtes prêts à franchir. Bientôt, cette vibration ne fera plus partie de vos vies, car même si votre création n'est qu'une toute petite étincelle sur un grand mur de ténèbres, cette petite étincelle a été aperçue et a été appréciée. Des messagers vous sont envoyés afin de vous enseigner comment faire grandir cette étincelle. Aujourd'hui, elle brille d'une très grande lumière, une lumière sur le point d'illuminer tout l'univers. Les cris de douleur que vous émettez sont d'une beauté infinie à nos yeux car ils éveillent en nous les sentiments les plus purs.

Dans l'esprit humain, les pleurs et les cris d'une mère qui accouche sont à la frontière de l'insupportable et de la plus immense beauté. Vos cris de douleur ont pour nous ce même effet qui se répète à l'infini. Il est important que vous acceptiez cette vision en vous, même si elle peut sembler difficile à accepter, à appréhender. Vous devez intégrer cette compréhension et cesser de regarder en arrière, de nourrir cette douleur ancienne et de vous apitoyer sur vous-mêmes.

Laissez place aux douleurs nouvelles en ayant dans les yeux un éclair brillant de compréhension, en sachant que vos cris de douleur sont des cris de joie à la fois. Aujourd'hui, certains d'entre vous poussent des cris de joie, alors que d'autres semblent s'enliser dans un lit de souffrance, un lit de douleur, un lit d'effroi. Il n'y a pas plus de douleur aujourd'hui qu'il n'y en avait autrefois. Après avoir passé une centaine d'heures dans le noir, si vous goûtez à la légèreté de l'air frais qui caresse vos joues et aux rayons du soleil qui éclaire votre regard, vos cris de douleur sont un hymne de joie, un hymne de conclusion, un hymne de transition.

Bientôt, votre fleur sera éclose. Bientôt, vous comprendrez toute la profondeur d'un chant, vous comprendrez sa totalité. Vous comprendrez pourquoi la beauté et le bonheur font pleurer car ils sont chargés de tout le vécu, de toute la réalité d'une création. Vous comprendrez que vous ne créez point la beauté mais que vous êtes cette beauté et que vous êtes pour l'univers un spectacle d'une magnificence incroyable! Vous êtes des acteurs, des instruments, des musiciens d'une des plus belles œuvres de la Création.

L'air, un véhicule divin entre Dieu et toutes ses créatures

Ischaïa: **Le soleil est source de vie dans l'univers. L'air entretient la vie sur terre. Pourriez-vous nous parler du soleil et de sa relation avec l'air?**

Maître Koot-Hoomi: L'air dans sa transparence est ce cristal à travers lequel les rayons du soleil vous parviennent. L'air possède les deux polarités, en ce sens qu'il fait partie de la matérialité et qu'il fait aussi partie de l'énergie; il est la jonction entre les deux. L'air est un véhicule à votre image, un véhicule qui vous côtoie et qui vous pénètre. Les rayons du soleil nourrissent les plantes, les animaux, et la terre jusque dans son centre. Le soleil nourrit toute la Création. Prenez un cristal, exposez-le au soleil, il rayonnera un arc-en-ciel. Le soleil à travers ce cristal se divise donc en information. L'air est à l'image de ce cristal. Il divise l'information reçue du soleil. En respirant, vous pouvez vous nourrir de tout ce qui existe car tout existe dans l'air. Vous pouvez vous nourrir de perfection, de vertus, de bonheur, de joie, de compassion. Vous pouvez vous nourrir aussi de haine, de colère, de culpabilité, etc. Le soleil a le rôle de faire prédominer certaines informations. Il modifie la transmission des pulsions selon vos demandes. Le soleil est sélectif parce que vous êtes sélectifs. Vous lui demandez consciemment ou inconsciemment ce que vous voulez et il obéit en faisant la lumière sur les particules à l'intérieur de l'air, afin que ce soit ces particules-là qui vous attirent et qui aient le plus grand effet sur vous, à l'intérieur de vous. Il s'agit d'un travail de coopération entre la matière, l'énergie et l'air, mais aussi entre le son, la lumière et le souffle qui est le milieu. Car, qu'est-ce que le son si ce n'est une vibration lumineuse plus dense ? Qu'est-ce que la matière si ce n'est de la lumière dense ? L'air est donc ce messager d'une fraction à l'autre ; il est ce passage d'une fraction à l'autre.

Si le soleil peut transmettre de sa force par le biais de l'air, vous pouvez aussi transmettre votre être au soleil par le biais de ce même air. Si, par vos prières et par vos actions, par vos pensées, vos convictions, par votre foi, votre espérance et par tout ce que vous êtes, vous appelez le soleil, il sera entièrement en vous dans une simple particule d'air et vous serez ce soleil. Soyez toutefois patients. Il y a un long chemin à parcourir. Mais vous êtes déjà de très grands rayons de soleil ; vous êtes des enfants soleils qui trop souvent se renferment dans la tristesse, refusant de briller, refusant de donner. Vous apprendrez. Soyez patients. Vénérez l'air qui vous entoure car il est le véhicule qui permet à vos pensées de s'élever.

Vous êtes-vous déjà demandé ce que vous prenez et ce que vous donnez à chaque respiration ? À chaque respiration, attirez-vous l'amour ou attirez-vous encore des douleurs que vous ne voulez plus vraiment ressentir ? À chaque respiration, vous pouvez attirer à vous toute la lumière, toute la beauté, toute la douceur, toute la sagesse du monde. La respiration est pour vous un moyen très pratique de divinisation et de transformation car vous respirez toutes les secondes, votre cœur bat toutes les secondes, et vous avez des pensées en vous toutes les secondes. Il s'agit donc de relier ces trois parties dans une même action, dans un même dessein.

Lorsque vous respirez, soyez conscients que toute la Création se trouve à l'intérieur de chaque particule d'air et que toutes vos cellules, même celles de vos corps les plus subtils, respirent et se nourrissent en même temps que vous. En respirant de façon consciente, le calme s'installe en vous et vous procure une plus grande lucidité, vous permettant de comprendre bien mieux ce dont vous avez vraiment besoin et ce que vous devez faire, c'est-à-dire votre *dharma,* ce qui signifie votre devoir. Vous êtes aptes à gérer vos pensées, vos émotions, votre vie. À chaque respiration, chargez-vous de lumière, chargez-vous de conscience, chargez-vous d'amour. Lorsque vous expirez, soyez conscients de ce que vous donnez à la Création. Lui donnez-vous votre espoir ? Lui donnez-vous votre amour ? Lui donnez-vous votre gratitude ? Lui donnez-vous votre pardon ? Lui donnez-vous votre prière ? Lui donnez-vous votre bénédiction ? Lorsque vous expirez, envoyez vos pensées de guérison à la terre entière.

Personne aujourd'hui ne doute plus du rôle des arbres pour votre planète. Les arbres ont cette sagesse d'absorber l'air, de le transformer et de nourrir la terre. Ils expirent, expulsent cet air de façon inconditionnelle à toute la Création, à toutes les pierres, à tous les oiseaux et à tous les enfants de la vie. Ils expulsent l'air à toutes les entités qui vous composent, à vos amis comme à vos ennemis. Soyez à l'image de ces arbres et comprenez que vous avez une chance incroyable par rapport à eux. L'arbre est votre aîné, en ce sens qu'il remplit son rôle divin sur la terre depuis fort longtemps. Votre rôle divin est le même que le sien ; cependant, l'arbre demeure arbre pour que chacun puisse devenir divin. Vous possédez une conscience, vous possédez une voix, une intelligence, vous possédez l'amour et les émotions, vous possédez une richesse d'harmonie, de subtilité, une richesse de couleurs en vous. Alors, comme les arbres, soyez à l'image de ce que vous êtes et rayonnez.

L'arbre rayonne tout ce qu'il est dans la simple action de grandir et de respirer. Soyez comme ces arbres et respirez ; respirez la terre, respirez tout l'univers. Nourrissez votre être, puis offrez-vous entièrement dans la joie et dans la simplicité, offrez-vous généreusement. Vous qui lisez ou écoutez, préparez cette voie car le libre choix, le libre arbitre est toujours là. Lorsque votre voix intérieure vous invite à être au service du divin, faites-le. Si elle exige de vous des efforts pour remplir ces fonctions, alors respirez et comprenez que c'est Dieu qui vous parle, c'est Lui qui vous assiste et qui agit à travers vous. Vous avez en vous la sagesse de cette particule d'air qui comprend qu'elle n'est qu'un véhicule de la sagesse divine. Tout dans la Création possède cette sagesse divine. Votre rôle, c'est d'aimer tous les éléments de la nature, ces éléments qui sont en vous et autour de vous. Vous devez trouver la sagesse, l'amour divin dans chaque particule de ces éléments car Dieu connaît cette sagesse. Il est cette sagesse. Et si vous vous appliquez à connaître et à intégrer cette sagesse, votre vie sera simplement magique ; elle sera merveilleuse.

Ischaïa : **Le souffle est le véhicule de la pensée, le véhicule de l'amour, le véhicule de Dieu. L'homme qui nourrit des pensées et des intentions négatives se pollue et pollue son environnement. Comment cette pollution se manifeste-t-elle ? Pouvons-nous affirmer que les actions et les pensées positives, les invocations et les prières sont déterminantes pour les changements harmonieux à venir sur cette terre ?**

Maître Koot-Hoomi : Nous disons que le terme pollution est discriminatoire. En ce sens que vous voulez amour, vous voulez vérité, vous voulez lumière, mais d'autres gens veulent ombre, négativité, maladie et souffrance, parce qu'ils en ont besoin. Alors, qui pollue qui ? Sachez que si la terre choisit les ténèbres, c'est son droit. Il en résultera, bien sûr, une tristesse amère pour nous tous. Mais du point de vue divin, cela est votre choix et c'est très bien. Encore une fois, lorsqu'on veut la lumière, il faut l'appeler à soi. Si vous évoluez dans la négativité et qu'il vous arrive des malheurs, c'est que ces malheurs sont là pour vous enseigner. Vous créez peut-être une friction dans les atomes, car la lumière que les gens voudraient ne brille pas autant, à cause de la souffrance humaine. Comme vous êtes tous reliés, lorsqu'une personne souffre, vous souffrez vous aussi jusqu'à ce que vous vous purifiiez de ce *karma,* de cette densité. Alors, ne considérez pas comme pollution ce que vivent vos frères. Mais comprenez que si vous, vous aimez votre création, si vous aimez la lumière, vous pouvez la transmettre à quelqu'un d'autre. Car, aussitôt qu'une personne a reçu cette lumière, elle a le désir de la connaître profondément et de se débarrasser une fois pour toutes de ses malheurs et de sa négativité. C'est à cela que nous travaillons.

Pour rien au monde, nous ne laisserons se gâcher cette œuvre de création. Car nous lisons dans les cœurs et savons que tous les êtres de la planète, au plus profond de leur cœur, ont goûté à la lumière, ont goûté au bonheur. Le désir d'illuminer est en eux. Tous les efforts déployés depuis des milliers d'années viennent à terme. Soyez attentifs à vos frères et à leur besoin de lumière. Soyez aussi conscients du processus de création par la pensée car vous devez accueillir et accepter ce qu'il y a autour de vous, comprenant que Dieu le veut ainsi et que Dieu est en chacun de vous. Si vous avez la sagesse, vous utilisez la sagesse, et si vous avez la peur, vous utilisez la peur. Chacun utilise les outils dont il a besoin pour avancer. Si vous êtes capables de ressentir la joie, cette joie sera votre moyen d'expression divine. Mais rappelez-vous que l'univers tel que vous le connaissez est à l'image de la perfection divine, que tout ce processus d'évolution est un travail normal dans la Création, que ce travail est exécuté tel que Dieu l'a décidé. Votre évolution, à laquelle nous croyons contribuer, est la volonté même du Créateur. Et c'est pourquoi vous êtes ici ; c'est pourquoi nous sommes ici. C'est la raison de notre collaboration avec les humains. Ensemble, nous exécutons la volonté du Créateur.

Lorsque vous cesserez de regarder, de juger, d'appréhender la réalité avec des yeux d'humains, vous servirez de la façon la plus parfaite qui soit, c'est-à-dire avec détachement. Le résultat n'est pas le but. Il n'est rien d'autre qu'un point de rencontre, un point d'arrêt où l'on se dit : « Voilà ce que nous sommes. » L'important, c'est le présent. L'important, c'est le travail que vous faites, et ce, de la meilleure façon qui soit, selon votre discernement, selon les appels de votre cœur. Si vous avez besoin d'être calmes pour faire ce travail, alors apportez le calme. Si vous êtes convaincus que vous avez besoin de stress, alors amenez le stress car c'est ainsi que vous vous réaliserez.

Si l'acceptation fait partie de la sagesse, elle doit être totale afin d'être divine. Et seule la connaissance peut vous pousser vers des actions sages. Cette connaissance vous vient du divin. Alors, soyez constamment branchés sur le divin et vous serez en mesure de faire le travail qui vous est demandé. Cet enseignement simple, si simple, véhiculé depuis des milliers d'années, ne dépérit point. Il est efficace car en tant que canal chacun de vous, vous êtes présents ; en tant que canal chacun de vous, vous êtes dans la lumière et vous êtes la volonté de Dieu. Ce que vos yeux peuvent percevoir n'est qu'une infime partie de ce que vous êtes, de ce que vous réalisez vraiment à chaque instant.

Lorsque vous êtes branchés, reliés au divin, vous faites un travail que vous-mêmes ignorez. C'est en ce point que je vous demande de redoubler d'ardeur. Si vous le pouvez, soyez constamment branchés et vous ferez du travail sans même avoir à lever le petit doigt. Quand vous aurez besoin d'action, l'action viendra à vous ; quand vous aurez besoin de parler, les paroles viendront à vous ; quand vous aurez besoin de repos, vous continuerez quand même à travailler pour la Source. Une fois branchés, vous êtes à l'image de la perfection que vous visez. Vous êtes à l'image de l'œuvre que nous voulons réaliser. Sachez que le metteur en scène est dans les cieux et que vous êtes ses acteurs. Une ficelle, pour nous visible, vous relie à Lui. C'est Lui qui vous donne la pulsion. Lorsque vous êtes branchés, chacune de vos pensées provient d'une inspiration divine. Chaque pensée peut faire de vous un meilleur canal. Si vous êtes fatigués, branchez-vous et cette fatigue deviendra vite récupération, repos, force et énergie. Dès que vous êtes branchés, toute interrogation, toute imperfection est remise au Père qui s'occupe de Ses enfants. Et Dieu, votre Père est aussi proche de vous que l'est votre souffle.

La nature du souffle

Ischaïa : **Quelle est donc la nature du souffle ? Est-il le symbole de l'Esprit universel ? Est-il le symbole du Verbe de Dieu ? Est-il la divine Présence en soi ? Est-il le symbole du Feu cosmique ?**

Maître Koot-Hoomi : Le souffle est parole. Le souffle est messager. Le souffle devient Verbe et il est véhicule du Verbe. Mais le Verbe est bien plus que cela. Le Verbe est ce phénomène qui relie les aspects suivants : le son, le souffle, la lumière ; l'air, la lumière, la densité et la matérialité. L'air sert de messager et de propulseur. L'air qui est lié à la volonté est propulseur de volonté. L'air inspire le Verbe, il le propulse et il le rend actif. Le Verbe est une combinaison de tous ces éléments, une combinaison de la lumière, une combinaison de l'effet de la lumière sur la matière. L'air, en un certain sens, est le Verbe car le Verbe possède une trinité et, par l'air, vous obtiendrez une compréhension claire de ce qu'est le Feu cosmique, de ce qu'est le Verbe, de ce qu'est la volonté. Car l'air est véhicule et messager. Vous vous en servez pour transmettre le Verbe, pour transmettre la lumière, pour transmettre vos pensées, pour transmettre votre gratitude et toute information à la planète. L'air est un messager divin.

Lorsqu'une personne veut faire comprendre son autorité et sa volonté, qu'elle veut être écoutée et que sa volonté soit accomplie, elle inspire profondément et donne son ordre en expirant violemment tout l'air de ses poumons jusqu'à la dernière particule. L'intention de la volonté est en elle, le moteur de la volonté est en elle et le messager de la volonté sort d'elle. L'intention a pénétré en elle par l'air et en est ressortie par l'air. Mais la volonté possède une trinité : intention, action, transformation ou encore division ou répartition. La volonté naît d'un désir en vous. Elle chemine vers votre intellect et est exprimée par l'action. La volonté est un phénomène, et lorsqu'il y a phénomène, il y a trinité car la trinité est en tout.

La volonté divine est un message que Dieu envoie et qui éveille un désir, qui éveille l'amour dans le cœur de l'homme. Car c'est par cet amour que Dieu s'exprime en l'homme et autour de l'homme. Lorsque cette intention a passé par le chemin de l'interprétation, de la division, de la transformation, de la répartition, il se produit un effet de combinaison, un mouvement à l'intérieur de l'être qui crée l'action, qui propulse l'action. La volonté est quelque chose que l'homme connaît très peu, donc qu'il ne contrôle pas entièrement. Elle est une essence ; elle a sa propre volonté. La volonté bien employée implique un renoncement dirigé vers Dieu afin que ce soit Lui qui applique son action.

La volonté et le Verbe sont reliés. Le Feu cosmique représente cette intention ; donc, il y est relié. La volonté est une capacité divine en l'homme. L'homme la dirige un peu selon ses désirs et selon son intellect, mais la volonté vient du divin. Alors, n'exercez pas de contrôle sur votre volonté, mais exercez-le plutôt sur vos désirs et sur vos pensées. Ainsi, la volonté passera à travers vous.

La volonté n'est pas quantifiable, c'est vous qui restreignez son champ d'action, et c'est très bien ainsi. Les plans de Dieu sont prévus en cela. La volonté est la plus belle source d'apprentissage, en vue de devenir divin. Plus votre volonté sera grande, plus vous apprendrez à faire fonctionner votre univers, votre corps et ce qui vous entoure. Dans l'histoire, des hommes ont fait preuve d'une très grande maîtrise de la volonté en dépit de l'impureté de leur cœur. Ces hommes avaient un intellect très développé, c'est pourquoi la volonté s'est manifestée très fortement en eux. Sachez qu'ils furent choisis, même si leur rôle à vos yeux peut ressembler à celui que Thomas, Pierre, Judas et les autres jouèrent dans la Passion du Christ. Ce rôle était indispensable. Peut-être que, dans l'avenir, des hommes ayant un intellect aussi développé, même avec un cœur de pierre, pourront eux aussi utiliser la volonté au service du divin. Mais sachez que cette volonté sera toujours celle de Dieu. Alors, ne jugez pas trop les événements car ils sont régis par le divin.

Sachez que la volonté qui fait de vous des adeptes du reiki, des adeptes de la guérison est la même volonté qui fait qu'un homme créa la bombe atomique. L'essence est la même ; la direction est différente. Si vous jugez ceux qui créèrent la bombe atomique, vous jugez le Créateur. Il vous faut apprendre à discerner, reconnaître qu'une chose n'est pas bonne pour vous, reconnaître que vous faites ce que vous pouvez pour ceux qui vous sollicitent et que vous n'avez pas à vous occuper des actes et des attitudes des autres. Soyez comme les arbres : donnez ce que vous savez être bon pour l'humanité. C'est votre droit divin de choisir pour l'humanité ce que vous voulez lui donner. C'est par la force de votre évolution que vous pouvez toucher de façon plus vaste ou de façon plus restreinte le reste de l'humanité.

Aimez-vous inconditionnellement, aimez la terre : vous êtes la terre. Occupez-vous de la masse : vous êtes la masse. Chaque individu représente la masse. Aimez cette masse et ne jugez pas l'individu car il remplit son rôle dans la masse. Acceptez son rôle divin, acceptez cette lumière en lui. S'il a un cœur de pierre, s'il a une intelligence développée, s'il a une volonté très grande, c'est que Dieu l'a voulu ainsi. Aimez la terre entière, aimez la masse, aimez de cet amour inconditionnel qui fait du bien car dans l'amour, vous avez programmé de faire du bien. Vous êtes à l'image du Créateur. Chacun est un original ; chaque être est original. L'énergie de culpabilité doit quitter ce plan. L'énergie de peur, de doute, de jalousie quittera ce plan car telle est la volonté de la masse.

Aujourd'hui, le dénouement final de l'aspect du corps émotionnel dont la masse veut se débarrasser arrive à son terme. Les derniers soupçons de peur et d'hystérie en sont à leur fin et les bouleversements vous semblent terribles. Méditez et vivez dans la paix et dans le calme. Ayez de la compassion pour vous-mêmes, pour vos frères et pour votre prochain, car vous en aurez besoin. La compassion est la plus grande preuve de respect de l'autre ; elle donne, mais le récepteur accepte selon son désir. C'est une énergie très douce mais tellement élevée. Faites-en votre bouclier pour vous-mêmes ou pour les autres. La compassion vous fera traverser l'éternité sans déranger personne et sans être dérangés, en prenant votre propre place, en harmonie parfaite avec l'univers entier.

L'ascension de la terre passe par l'amour et la compassion envers soi-même

Ischaïa : **Donc, si les humains veulent des changements harmonieux pour la terre et pour l'humanité, ils doivent faire preuve de compassion et d'amour individuel, sans jugement ?**

Maître Koot-Hoomi : C'est exact. Nous disons un amour personnel, une compassion envers soi-même, étendue à la nature et au monde entier. L'amour individuel viendra par la suite, car il est plus difficile d'aimer un individu que d'aimer la terre entière. Pourtant, la terre contient l'individu, mais l'individu vous confronte à ce que vous êtes. Pour vous protéger, aimez-vous d'abord inconditionnellement. Ensuite, aimez l'univers et enfin la terre. L'amour individuel est chose complexe, c'est ce qui fait que votre monde est tel qu'il est aujourd'hui. Mais il viendra avec le temps, il viendra très rapidement si vous pouvez accepter l'autre et l'accueillir dans sa perfection, en ne recherchant que ses qualités qui sont les valeurs sûres avec lesquelles vous pouvez créer, vous pouvez construire.

Les individus se sentant confrontés les uns aux autres, comme à eux-mêmes, se reprochent mutuellement leur imperfection. Ils ont donné le pouvoir d'aimer aux autres au lieu de le garder pour eux-mêmes et de s'aimer profondément, c'est-à-dire sans condition. En s'aimant inconditionnellement, ils aimeraient aussi l'univers, la Source, leur Mère, la terre, et finalement leur prochain.

Aimer les gens de cette façon, c'est tout leur donner et ne rien leur prendre, ne rien leur reprocher. Si eux ont des reproches à se faire, ils le feront dans le confort de votre amour. Aimer de façon inconditionnelle vous permet d'être, pour la personne en face de vous, un miroir reflétant l'amour existant en elle-même. Lorsque vous aimez de façon inconditionnelle, la personne aimée ouvre ses yeux intérieurs et se voit dans sa réalité divine, ce qui la fait s'aimer et s'accepter. Vous la faites avancer plus que nul enseignement ne pourrait le faire. En aimant de façon inconditionnelle, vous donnez le Saint-Esprit, vous donnez la vérité, vous donnez la conscience, vous donnez l'espoir. Le plus beau cadeau que vous pouvez faire à un être humain doit passer par votre cœur, par votre amour et par la terre. S'il passe ce chemin sans entraves, alors l'être face à vous recevra ce don et le Père dans les cieux vous en sera reconnaissant.

La volonté de l'homme, la volonté divine

Ischaïa : **Le Créateur n'a pas soumis la respiration complètement à la volonté de l'homme, pourquoi ?**

Maître Koot-Hoomi : Nous disons que toutes les formes de volonté, celle des hommes, celle de Dieu, se confondent. Il n'y a en fait qu'une seule et même volonté : c'est la volonté divine, la volonté de la Source. Ce que vous croyez être votre propre volonté n'est qu'une coopération consciente entre vous et la volonté divine. Cette dernière travaille en vous à plusieurs degrés. C'est elle qui inspire votre cœur, vos pensées, vos désirs et vos sentiments, alors que vous croyez utiliser votre propre volonté et être à l'origine de toutes vos pensées et actions. Que vous soyez différents les uns des autres ne signifie pas nécessairement que vous êtes différents en volonté. Vous êtes des facettes d'une même vérité. Vous êtes chacun un être original car aucune entité de la Création n'est telle que vous. Toutefois, à votre source, vous êtes tous semblables. La même volonté vous anime pour un même but, dans un même dessein.

La question posée aurait pu l'être au sujet de la pensée, des désirs, des rêves, des battements du cœur. La volonté divine s'insinue en vous, elle vous inspire et travaille à tous les niveaux de votre corps et de vos centres d'énergie. La volonté divine travaille aussi à plusieurs niveaux dans le sens de la réceptivité car parfois vous semblez inspirés de l'intérieur alors que d'autres fois vous semblez l'être de l'extérieur. Lorsque vous entendez une affirmation qui vous pousse à vous élever, croyez que c'est la volonté divine qui vous l'a amenée, parce qu'en vous s'est manifesté le désir de la recevoir. Alors, vous utilisez cette information pour vous transformer, mais cette transformation vous semble venir de votre propre chef, de votre propre inspiration. En fait, Dieu le veut en même temps que vous car Il vit en vous. Comment pouvez-vous penser que votre inspiration vient strictement de vous-mêmes, alors que sans Dieu vous n'existeriez même pas ; sans Lui, vous ne pourriez même pas respirer. Dieu est aussi proche de vous que votre souffle, que votre respiration, et nous en avons fait la démonstration au cours des questions précédentes.

Nous vous disons que la respiration est soumise à la volonté de l'homme et à son expérimentation. Mais, comme pour la volonté, il doit apprendre à la contrôler, à la maîtriser. Certains hommes ont un tel contrôle sur leur respiration qu'ils arrivent à créer dans la matière et à s'élever sur les plans spirituels. Maîtriser la respiration, c'est se familiariser avec l'amour divin, avec la volonté divine et le souffle divin qui sont des outils possédant plusieurs fonctions. L'homme est sur terre pour englober toute la Création. En utilisant la respiration comme outil divin, celle-ci sera soumise à ce que vous appelez « votre volonté ». Mais sachez cependant qu'elle est avant tout soumise à la volonté du Créateur car vous respirez encore de façon inconsciente. Comme toutes les fonctions autonomes de votre corps : les battements du cœur, votre pensée, etc., la respiration est automatique et de contrôle divin mais par votre libre choix, vous pouvez l'entraver. Votre pensée, par exemple, est automatique mais pourtant imparfaite, quoiqu'elle soit de contrôle divin, comme le souffle.

Pourquoi certaines personnes ont-elles un souffle doux, calme et léger, et une respiration régulière ? Elles sont lucides, équilibrées et heureuses, alors que d'autres au contraire ont une respiration laborieuse et saccadée, elles sont nerveuses, mal dans leur peau. Ces personnes utilisent pourtant le même don divin, mais chacun selon son rythme évolutif et son originalité. Pour Dieu, le Grand Créateur, il n'y a pas de dualité entre Lui et vous. Tout ce que vous êtes, Il l'est à travers vous. Tout ce que vous faites, Il le fait à travers vous. Mais vous, vous êtes ce qu'on appelle la multitude. Vous êtes l'union dans la différence. Vous êtes Ses rayons aux multiples couleurs.

Vous expérimentez les niveaux de conscience, vous expérimentez un degré d'expansion, et toutes les capacités de l'univers sont latentes en vous. Elles sont plus ou moins éveillées selon votre degré d'expansion, mais dans un avenir très proche, vous saurez que la coopération entre ce que vous appelez votre moi et Dieu deviendra de plus en plus intime. En vous centrant sur la pensée « Je », vous saurez que la volonté divine et votre volonté agissent de façon simultanée. Toutes deux agissent dans le même dessein, toutes deux agissent dans un amour inconditionnel pour tout ce qui est, car le « Je » est en tout ce qui existe.

Vous recevez aujourd'hui des informations à une vitesse que votre conscience peut à peine imaginer. Toutes ces informations influencent votre taux vibratoire, vos pensées, vos corps, vos centres d'énergie, vos méridiens, vos organes et toutes vos cellules. Elles font partie d'un grand processus, d'un processus parfait qui est l'évolution de chaque parcelle de Lumière divine. Vous êtes une parcelle de Lumière divine, et c'est elle que le Créateur veut faire grandir.

Dieu n'a pas soumis la respiration à votre volonté, Il l'a soumise à Sa volonté. La volonté de Dieu est en vous et vous l'appelez votre volonté, vous l'appelez votre respiration. Cette dernière sera un jour votre principale préoccupation. Elle sera votre véhicule de volonté, votre véhicule de création, votre véhicule d'ascension. Elle sera votre nourriture, elle sera l'univers entier dans lequel vous vivez. Vous vous absorberez et vous vous propulserez complètement dans la respiration. Cette étincelle où vous verrez vos énergies se concentrer pendant le processus ascensionnel s'appelle la Flamme cosmique.

La Flamme cosmique

Ischaïa : **Pourriez-vous nous parler de la Flamme cosmique ?**

Maître Koot-Hoomi : La Flamme cosmique, c'est la conscience que l'on concentre en soi l'univers entier, que l'on s'étend à l'univers entier, même si nous sommes dans un point fixe ou que notre énergie semble toujours être dans un point fixe.

La Flamme cosmique peut vous faire penser à ce qu'est l'éther, en ce sens qu'elle est plus subtile encore que tout ce que vous percevez de la matière. Des corps en vous perçoivent cette flamme. Vos cellules la perçoivent mais à certains niveaux. Elle est d'une vibration et d'une lumière telle que d'en appréhender toute la consistance, tout ce qu'elle est pourrait aller jusqu'à vous faire exploser. La Flamme cosmique est la cause, l'origine de tout ce qui existe à un point de présent infini, à un point de miniaturisation infinie, à un point d'immensité infinie. La Flamme cosmique est autant la volonté que la matérialité ; elle est autant le son que la lumière ; elle est autant pensée, autant parole, autant image, autant silence ; elle est autant vos rêves. Vous parler de la Flamme cosmique, pardonnez l'analogie, serait comme si vous-mêmes parliez du Créateur à une autre espèce moins évoluée. Celle-ci pourrait saisir, comprendre intuitivement, mais même son intuition ne pourrait que la faire espérer. Car la Flamme cosmique est l'un de ces concepts pour lequel nous pourrions écrire des ouvrages entiers. Mais cela serait complètement inutile car la Flamme cosmique se vit. Elle est infinie.

La source de la Flamme cosmique est dans le « Je »

Ischaïa : **Où la Flamme cosmique prend-elle sa source ?**

Maître Koot-Hoomi : Votre curiosité est très grande ! La Flamme cosmique prend son origine dans le cœur de Dieu. Est-ce que ce lieu peut vous satisfaire dans vos besoins de connaissances géographiques ? L'origine de la Flamme cosmique est partout car son mouvement est un mouvement de retour à soi-même. Alors, l'origine de la Flamme cosmique n'est autre que le cœur de Dieu. Votre cœur est dans le cœur de Dieu. Donc, la source de la Flamme cosmique est dans votre cœur.

Pour connaître ce lieu, vous auriez besoin de connaître la géographie, les mathématiques, la philosophie, la religion, l'histoire des religions, l'astronomie, l'astrologie et la géométrie, etc. Toutes vos sciences mises ensemble, en plus d'une connaissance parfaite de vous-mêmes, vous feraient connaître l'emplacement de la Flamme cosmique. Alors, puis-je vous répondre ou répondrez-vous vous-mêmes ?

Ischaïa : **Nous aimerions mieux profiter de votre réponse.**

Maître Koot-Hoomi : Le chemin qui vous mène à la Flamme cosmique doit être guidé par une curiosité, une soif inassouvissable. Vous devez avoir un amour en vous qui dépasse les bornes de votre simple corps de chair, qui dépasse les bornes de l'eau, de l'air, de la terre, de l'espace. Vous devez avoir un amour qui contient à lui seul tous les mondes, tous les univers, toutes les équations. Vous devez avoir un amour qui transforme le moindre grain de poussière en fleur, en être vivant, en animal, en être divin. Vous devez posséder cet amour afin de connaître l'emplacement de la Flamme cosmique. Cette curiosité vous poussera à aller de plus en plus profondément à l'intérieur de vous-mêmes. Visez le cœur d'une façon infinie, visez le « Je », le « Je Suis » ; ressentez-le, il vous guidera jusqu'à l'origine de la Flamme cosmique car la Flamme cosmique est le « Je ». Dans le « Je », l'amour pour soi est intégré. Dans le « Je », la connaissance de soi est intégrée. Dans le « Je » est comprise la connaissance de l'univers, la connaissance de l'amour, de la sagesse et de tout ce qu'il vous est possible d'imaginer car à quoi sert une science si elle n'est comprise par aucune entité ? Vous me demandez où commence la Flamme cosmique ? Elle est éternelle. Si vous cherchez son origine, comprenez que les meilleurs outils pour la découvrir viennent de vous. Si vous la cherchez en votre cœur, si vous comprenez que tout ce qui est autour de vous est un reflet de ce qu'il y a à l'intérieur, si vous êtes curieux et cherchez à comprendre, alors un jour les gens diront : « En cette dame, en cet homme, en cet enfant commence la Flamme cosmique. » Et ceux qui sont moins conscients dirigeront en toute confiance leurs amis vers vous, et vous, vous les dirigerez vers eux-mêmes.

Êtes-vous capables de le faire à présent ? Savez-vous où se trouve la Flamme cosmique ?

Ischaïa : **Elle se trouve dans le cœur de tout être humain, puisque l'humain est un modèle, une réplique microscopique de l'univers. L'humain est une cellule du corps de Dieu.**

Maître Koot-Hoomi : Connaissez-vous le nombre de cœurs vivant en vous ?

Ischaïa : **Je dirais une infinité de cœurs, comme dans l'univers.**

Maître Koot-Hoomi : Le simple fait de comprimer ce mot en une expression limite ce que vous contenez. Le mot infini n'est lui-même pas assez vaste pour se contenir complètement. Votre centre à vous est le cœur. Centrez chacune de vos cellules dans le cœur et elles enseigneront aux autres à faire de même. Prononcez le « Je » en inspirant et lorsque vous expirez, prononcez le mot « Suis ». Ou encore, inspirez en pensant « Je Suis » et expirez en pensant « Je Suis ». Vous pouvez répéter cela sous la forme d'un mantra. Conscientisez vos cellules à l'effet qu'en elles se trouve l'infini, et dégagez, soulignez tout ce que cet infini a pour vous.

S'il existe un endroit dans l'univers qui pourrait suffire à votre existence, qui puisse vous nourrir complètement, c'est bien le cœur. Car là est la Lumière éternelle, la Lumière qui rayonne et qui nourrit tout ce qui vit. Votre être est dans le soleil et le soleil est en vous. Lorsque vous ressentez le « Je », vous sentez à un certain degré que vous êtes un « Je » universel. Dans le « Je » tous les êtres se ressemblent, tous les êtres se comprennent, tous les êtres sont dignes de compassion. Dans le « Je » se trouvent les réponses à toutes vos actions, à toutes vos pensées et à tous vos sentiments par rapport à vous-mêmes et à votre entourage. En pratiquant le « Je » dès aujourd'hui, « vous êtes » et vous percevez une fraction de ce qu'est la Flamme cosmique, de ce que le Créateur peut percevoir. Lorsque vous prononcerez le « Je », il vous semblera être le Créateur qui le prononce. La dualité ne tiendra pas longtemps.

Si vous vous exercez à respirer le « Je » à voix haute, avec toutes vos cellules, tous les problèmes présents seront résolus. Vous n'aurez plus d'inquiétudes ni de problèmes futurs. Vous comprendrez pourquoi vous avez besoin d'être informés. Car dans le « Je » se trouvent la confiance, le bien-être, l'amour, la compassion et la connaissance intime de tout ce qui vit. Car tout ce qui vit est « Je ».

En vous installant dans le « Je », vous changerez. Vous activerez certaines cellules, certaines mémoires, certaines particules de vos corps qui, jusqu'à aujourd'hui, obstruaient votre vue. Lorsqu'on accepte le « Je », on élève sa pensée à comprendre non seulement qu'on est le Tout, mais à le ressentir profondément avec son être en entier.

Au début vient la connaissance, ensuite vient la conscience. De la conscience viennent les connaissances nouvelles, les actions nouvelles, et ainsi de suite, chaque étape étant bien planifiée. Chaque étape est à la fois propre à vous, mais la conscience du « Je » est cette conscience que Jésus-Christ a amenée sur terre. Voyez chacune de ses paroles lorsqu'il emploie le « Je ». Voyez avec quelle autorité, avec quelle force, avec quelle assurance il dit : « Je Suis la Lumière du monde. » Cette conscience du « Je » n'englobait-elle pas la perception de l'univers tout entier ? Ces affirmations doivent enrichir vos perceptions, votre connaissance, élever votre niveau vibratoire : « Je suis cela », « Je suis l'univers ». Plus vous trouverez les mots qui englobent une signification profonde et vaste, plus votre champ de conscience sera lui-même profond et vaste. Les expressions les plus vastes demeurent celle du « Je » et celle du AUM.

Le « Je » est dans le AUM. Le AUM est dans le « Je ». L'un élève votre conscience, l'autre répare, guérit ce que le premier aura secoué. En combinant le « Je » et le AUM, vous accélérez votre processus d'évolution. Le AUM est une vibration sonore qui dépasse votre conception même du temps. Le AUM est un son créateur qui signifie l'être dans sa divinité, dans sa totalité. Le son AUM est l'acceptation de sa propre divinité.

Le son « Je » pour vous, Québécois, pour vous, francophones est un son permettant d'élargir votre champ de conscience car il est propre à vous. Il n'a plus la même fréquence sonore originelle ; cette dernière s'est amplifiée au travers des années. Aujourd'hui, c'est sur la conscience qu'il joue le plus. Depuis votre naissance, depuis vos premières paroles, depuis votre première lueur de conscience, vous avez employé le « Je » et l'avez associé à votre être. Utilisez-le comme tremplin d'ouverture et d'élévation.

Nous avons répondu.

Ischaïa : Je vous remercie, maître Koot-Hoomi.

La voie du milieu

Ischaïa: **La voie qui mène à la Flamme cosmique est-elle la voie du milieu, comme le Bouddha l'a enseigné?**

Maître Koot-Hoomi: Ce concept est très symbolique et très réel à la fois. Qu'est-ce que la voie du milieu? Que signifie milieu? Le milieu se réfère à un centre? Milieu signifie un point de convergence. Lorsque nous parlions du «Je», du cœur des cellules, nous faisions allusion à la voie du milieu. Cette dernière est la voie du cœur, la voie centrale. Quel est le milieu entre votre cœur et votre intellect? C'est la gorge, la voix: le *chakra* de la gorge est le centre de la parole, de la communication. Voilà une application de la voie du milieu. Lorsque vous parlez avec votre cœur et que, sans interférence, l'intellect reçoit la pulsion du cœur, la soustrait, la divise, la renvoie en parole, alors votre parole vous mène par ce qu'on appelle la voie du milieu. Elle vous élève et élève tout ce qui est autour de vous. Elle crée car le son est vibration et la vibration est lumière.

Lorsque le bien-aimé Bouddha parlait de la voie du milieu, il parlait du juste milieu entre une corde qui ne serait pas assez tendue et celle qui serait trop tendue. Le juste milieu doit être utilisé par la personne qui évolue. Plusieurs maîtres enseignants ont voulu vous le transmettre au cours des âges depuis le Bouddha. Une personne qui veut se lancer sur le chemin de l'évolution et qui décide du jour au lendemain, sans aucune pratique, de devenir un ascète et faire par exemple un jeûne de 40 jours alors qu'elle n'en avait jamais fait auparavant, pourrait mourir et cesser son évolution. Cela ne signifie pas que cette personne ne peut nullement évoluer. La voie du milieu implique le discernement. Elle fait de chacun de vous un original, vous amène vers le «Je» total, vous conduit à vous connaître, à vous accepter plus profondément parce qu'au cœur de vous, c'est l'amour, c'est la vie qui vous fait fonctionner.

Cette découverte intime de vous-mêmes vous conduira de façon sûre et sans risque vers vos buts élevés, vers la Flamme cosmique.

La découverte de soi est très lente pour certains qui doivent prendre le temps nécessaire pour changer, alors que cette évolution est très rapide pour d'autres. Ceux-ci ont une bonne connaissance d'eux-mêmes ; alors, ils peuvent monter, s'élever très vite. Mais combien resteraient en arrière sans pouvoir s'élever s'il n'y avait qu'une voie extrême, c'est-à-dire celle de ceux qui, ayant déjà atteint le but, avancent très vite sur la voie ?

Ceux qui sont plus lents amènent avec eux, une fois élevés, tout ce que les autres ont négligé car ceux qui sont pressés voient les arbres mais n'en voient pas les détails. Ils ne saisissent pas le vent qui joue dans les buissons ni l'oiseau qui s'est posé sur une branche pour saluer leur passage en entamant une douce mélodie. Dans leur course folle, ils ne s'arrêtent pas à la sensation que la terre produit sous leurs pieds. Ceux, au contraire, qui sont plus lents saisissent avec détail et minutie tout ce que les autres ont négligé de conscientiser.

Les plus rapides ouvrent le chemin, mais les plus lents amènent avec eux un bagage plus intéressant pour permettre de construire un monde nouveau. Ils prennent la peine de forger des talents, des connaissances qui seront d'une utilité grandiose pour ceux qui avaient le souci de s'élever très rapidement. Il n'y a pas de limites à la connaissance de soi. Les premiers seront les derniers. Ceux qui vont plus vite, très vite aujourd'hui seront dépassés demain par les plus lents, et ainsi de suite.

Vous êtes éternels. Alors, pourquoi vous presser ? Qu'est-ce que le temps pour le soleil ? Qu'est-ce que le temps pour la terre tournant autour du soleil ? Qu'est-ce que le temps pour une fourmi, pour un moustique ? Qu'est-ce que le temps pour un être qui ne vit qu'une seule de vos journées ? Qu'est-ce que le temps pour

Dieu qui est éternel ? Le temps, c'est de l'information. Le temps fait partie d'une triple compréhension de la vie. Il est ce qui apporte la compréhension à une forme divine car c'est une dimension que vous expérimentez. Lorsque vous assisterez à la projection de la bande de votre vie sur la terre, ce qui vous permettra de comprendre et d'évoluer, c'est ce facteur temps que vous aurez retenu. Le temps est un outil de calcul afin que tout soit enregistré dans sa vérité globale.

Dans votre désir de purification et d'élévation, appliquez-vous à voir les événements de façon globale, tout en étant centrés dans le « Je ». L'exercice précédent de respiration, qui consiste à se centrer dans son cœur et dans le cœur de chaque cellule en répétant « Je » à l'inspiration et « Suis » à l'expiration ou « Je Suis » à l'inspiration et « Je Suis » à l'expiration, peut vous mener très loin en vous permettant de ressentir, d'intégrer la matière autour de vous. C'est un moyen très simple qui vous permettra d'ascensionner. Par lui, vous pouvez englober l'infini. Vous absorbez l'air pour ensuite le diffuser et, de ce fait, vous diffusez votre « Je », vous diffusez le Créateur. Et un jour, vous le suivrez, vous partirez avec l'air, vous vous allégerez, vous vous élèverez, vous découvrirez d'autres dimensions, d'autres sphères, et ainsi de suite jusqu'à l'infini. Cela arrivera simplement, le temps d'une respiration, le temps d'un clin d'œil. Mais les choses simples semblent parfois les plus difficiles à réaliser. Tout le monde peut essayer cet exercice. Il respecte le rythme et la conscience de chaque individu. Il respecte l'évolution et apporte dans la vie courante des bienfaits permettant de cultiver le détachement, de cultiver les émotions qui peuvent enfin êtres sublimées, êtres transformées. Cet exercice permet une conscience élargie. Alors, lorsqu'on pense, on pense selon le point de vue du « Je ». C'est une conscience qui prend du temps à venir mais qui respecte le temps de la personne, ce qu'elle doit apprendre, ce qu'elle peut offrir à Dieu.

Ischaïa : **Pouvez-vous répéter à nouveau cet exercice tel qu'il devrait être pratiqué ?**

Maître Koot-Hoomi : Centrez-vous dans votre cœur, puis ayez conscience que, à partir de ce centre, vous êtes également le centre de chacune de vos cellules. Centrez-vous en chacune d'elles. Inspirez et expirez, et tout en inspirant répétez mentalement « Je » et en expirant répétez mentalement « Suis » ou « Je Suis » à l'inspiration et « Je Suis » à l'expiration.

Vous pouvez faire cet exercice avec le AUM, avec le « I Am ». Le « I Am » est très puissant. Vous pouvez le faire avec HAM SA (Je Suis cela) : « HAM » à l'inspiration, « SA » à l'expiration. Ou vous pouvez répéter tout autre mantra susceptible d'élever votre conscience. Le mantra doit être simple et chargé de signification pour vous. Telle est l'importance du mot que vous répétez. Le « Je Suis » pour vous est aussi parfait que tout autre mantra.

Une méditation qui libère la conscience

« Apaise-toi, toi-même et le ciel et la terre te combleront de paix.
Efforce-toi d'entrer dans le trésor de ton cœur et tu verras le trésor du ciel,
Car l'un et l'autre sont le même.
Entrant dans l'un, tu contemples les deux.
L'échelle de ce royaume est en toi,
Cachée dans ton âme. »

« Je souhaite que ce simple exercice soit diffusé et pratiqué,
qu'il soit compris et intégré
car, par lui, l'évolution complète d'une personne peut être réalisée. »

MAÎTRE KOOT-HOOMI

La multiplicité de l'être

À l'intérieur de vous existent plusieurs entités dont vous êtes l'égrégore et le point de convergence. Ces entités ont leur évolution propre et doivent s'élever tout comme vous cherchez à le faire. Mais il faut avoir conscience que ces entités peuvent avoir un rythme quelque peu différent du vôtre. En fait, votre rythme est inspiré par ces entités. Certaines d'entre elles ont un rythme d'évolution très rapide et sont même déjà très évoluées, alors que d'autres sont encore plus denses, beaucoup moins en contact avec la lumière que vous percevez.

Vous êtes une convergence de toutes ces entités. Vous ressentez à la fois ce que les entités de lumière et les entités plus ténébreuses en vous ressentent. C'est pourquoi vous vous sentez dans une espèce de point milieu, tiraillés entre le bien et le mal. En fait, c'est là que la patience devient vertu car, sachant que vous évoluez, vous avez à subir l'évolution plus lente d'autres parties de votre être. Vous devez observer ces entités dans leur évolution, les accepter, les encourager et les instruire car elles font partie de vous, de ce que vous êtes. Vous devez faire appel aux entités les plus évoluées en vous afin qu'elles instruisent les moins évoluées. Votre rôle en tant qu'entité maîtresse est de créer l'harmonie en chacune de vos cellules, de créer une harmonie qui vous permette de passer à travers chaque stade évolutif dans la paix et dans une confiance sereine. Votre rôle est de rallier vos cellules, de les inspirer à coopérer, à s'accepter mutuellement car chacune d'elles possède le germe divin qui se doit d'évoluer. Alors, à l'image de vos grands frères, faites le sacrifice que vos cellules exigent. Même si vos pensées peuvent être très élevées, prenez le temps de ralentir quelque peu cette évolution pour aller chercher les cellules, les entités retardataires afin de les instruire et les amener à votre niveau. Le pas que vous aurez alors franchi sera un pas de géant. Vous sentirez une légèreté encore plus grande que celle que vous ressentez lors de vos illuminations, lors de vos grandes inspirations. Ce processus exige en effet une très grande patience mais également une très grande fermeté.

Jean le Baptiste savait de quoi il parlait lorsqu'il disait : « Soyez fermes, soyez violents envers vous-mêmes et n'acceptez aucun compromis, aucune excuse. » Pardonnez, tel est votre rôle. Tout en étant fermes envers votre corps, envers vos cellules, instruisez-les. Une fois que vous aurez connu le rythme de chacune d'elles, vous saurez comment augmenter ce rythme, comment les entraîner à passer par les mêmes étapes que d'autres parties de vous ont déjà franchies.

Soyez conscients, très conscients de toutes ces voix à l'intérieur de vous qui vous disent : « Ah, j'ai envie de danser, j'ai envie de manger, j'ai envie de crier, j'ai envie de frapper, j'ai envie d'aimer, j'ai envie de haïr, j'ai envie de vivre en harmonie. » Écoutez toutes ces voix, reconnaissez-les, distinguez-les. Soyez attentifs et remarquez comment et à quel moment elles résonnent en vous. Confrontez-les chacune avec son opposé, autant celle qui semble être une voix d'amour que celle qui semble être une voix de haine. Engagez un dialogue à l'intérieur de vous. Ainsi, chaque partie apprendra de plus en plus à connaître l'autre. Vous créerez une harmonie en vous car toutes les parties de vous discuteront ensemble. Dans la joie et l'harmonie, toutes les parties en vous apprendront à cohabiter.

Vous savez, les gens ont tendance à se diviser en deux et à trouver qu'une partie de leur être est mauvaise, tandis que l'autre est bonne. Si on leur demandait de dire exactement où est le bon et où est le mauvais, de reconnaître quand le bon agit et quand le mauvais agit, ils ne pourraient pas dire de façon certaine laquelle de ces deux facettes est en train d'agir. C'est tout à fait normal que les gens ressentent cette division, mais de ne ressentir cette division qu'entre deux entités est totalement faux car des milliers d'êtres vous composent, des milliers d'êtres qui ont une voix propre à eux. Vous devez donc engager un dialogue entre toutes ces entités et cesser de reprocher de mauvaises actions à l'une ou d'envier l'autre qui vit dans la joie et dans l'amour. Toutes les parties de vous s'instruisent entre elles.

Vous avez certainement vécu des expériences que certaines parties de vous-mêmes n'ont pas pu appréhender. Instruisez ces parties-là, faites-les fonctionner comme dans une machine unie, en ayant conscience que vous êtes dans un véhicule qui englobe non seulement votre corps physique, mais tous vos corps, en passant par votre corps émotionnel jusqu'à l'infini du cœur de Dieu. Il s'agit d'un égrégore de milliards d'unités semblables, toutes faites exactement à votre image. Sachez que le fonctionnement est le même pour ces parties de vous. Bien sûr, elles sont d'aspects différents, mais elles possèdent les mêmes corps, les mêmes pensées, les mêmes façons d'évoluer. Les mêmes archétypes qui se retrouvent en vous se retrouvent en ces entités. Alors, éduquez-vous. Usez de compassion envers vous-mêmes. C'est pourquoi nous appelons maîtres, des personnes ayant atteint des niveaux très élevés d'inspiration et de lumière. Personne n'est en réalité plus maître de vous que vous-mêmes. Un maître l'est avant tout de lui-même car après avoir instruit et enseigné à toutes les entités de son corps, à toutes ses cellules, on peut enseigner à l'humanité tout entière. On est installé dans cet état de conscience, dans cet état d'amour inconditionnel, dans cet état d'être qui est celui de maître.

Méthode et rituel de connexion à la Lumière

Apprenez à faire venir la force en vous. Connectez-vous à la terre et au soleil, en laissant un grand tube de lumière passer à travers votre colonne vertébrale. Faites appel à cette force immensément plus grande, immensément plus parfaite que vous. Laissez-la travailler à vous inspirer dans vos gestes, dans vos paroles, dans vos pensées, dans vos émotions et dans vos actions.

- Affirmez : « De moi-même je ne puis rien faire, seul Dieu en moi agit. »
- Affirmez : « Je ne suis qu'un canal, je ne donne rien, Dieu donne tout. »
- Affirmez : « Que ta volonté me guide, Seigneur, et non la mienne. »
- Affirmez : « Gloire à toi, Seigneur. »
- Affirmez : « Dieu est Amour et je suis Son enfant. »

Ces affirmations, souvent répétées, produiront leur effet en votre être tout entier. Remettez-vous entièrement à Dieu, entièrement à la beauté et à la Lumière. N'attendez pas d'être parfaits car l'être parfait existe déjà en vous : vous en êtes une partie, alors laissez-le s'exprimer.

C'est par de telles affirmations, bien senties et répétées de façon régulière, que vous vous éduquerez, que vous éduquerez chaque cellule, chaque partie de votre corps à vivre dans le détachement, en se libérant de l'égoïsme pour devenir totalement altruiste et voir l'unité dans laquelle elle vit. Vous les ferez toutes se détacher de leurs intentions et désirs mesquins. Vous-mêmes serez libres en reconnaissant qu'en vous agit une volonté immensément plus grande et plus parfaite.

Centrez-vous ensuite dans votre plexus solaire, cette région que nous représentons comme étant le mental inférieur. Faites-y descendre la lumière. Détendez-vous et entamez une discussion avec vous-mêmes. En laissant libre cours à vos pensées, vous trouverez l'inspiration et les mots pour parler à votre corps. Si vous vous sentez tendus et agités, c'est qu'il manque d'harmonie à l'intérieur de vous. Alors, allez au centre de vous-mêmes questionner la voix qui commande. Pourquoi agit-elle ainsi ? Quelles sont ses pensées, ses motivations ? Engagez avec elle une discussion. Parlez-lui de la perfection divine, parlez-lui de l'harmonie que vous visez. Demandez aux entités en vous qui ont atteint la perfection d'éduquer les moins évoluées.

En vous sont à l'œuvre bien des niveaux de conscience qui vous semblent pour l'instant cachés. Depuis déjà quelques siècles, plusieurs découvertes les mettent à jour. À l'intérieur d'eux un travail énorme est enclenché qui s'effectue dans ce que vous appelez l'inconscient, le subconscient ou le supraconscient. C'est un travail direct sur vos cellules afin d'unifier, afin d'englober votre être tout entier. Alors, demandez l'harmonie. Demandez aux guides et aux maîtres et aux anges d'éduquer chaque parcelle de vous. Demandez à être éduqués durant votre journée comme durant votre sommeil. Cette éducation se fera à chaque instant, de façon consciente ou inconsciente. En vous centrant sur la beauté, sur la Lumière et sur l'harmonie, vous faites pénétrer déjà dans vos corps une parcelle de cette beauté, de cette Lumière, de cette harmonie que vous recherchez. L'éducation et l'instruction se font lorsque vous créez des ouvertures de lumière en vous. Répétez souvent que vous désirez être instruits, que vous désirez l'harmonie. Répétez que c'est le Seigneur, que c'est la Source en vous qui fait tout le travail et laissez-le effectivement agir. Plus vous vous abandonnerez à ce travail, plus il sera important, et plus grande sera votre transformation car vous serez conscients de votre désir d'évolution.

Un être divin, un être de lumière habite en vous. Il vous guidera vers votre monde intérieur, vers votre Mère-Père céleste qui est infini et éternel. Un seul désir divin suffit pour vous faire évoluer continuellement car ce désir divin, par sa pureté et sa perfection, est éternel en vous. Il vous inspirera, vous poussera à vous instruire, à tout apprendre, à vous transformer, à aller plus loin, plus haut. Partez à la découverte de ce désir divin en vous. Cherchez-le en votre cœur, au plus profond de votre être. Cherchez aussi parmi tous vos désirs celui-là qui se cache, celui-là qui est sous-jacent à tous les autres et qui semble en fait si différent et si opposé. Prenez l'habitude de tout ramener à la plus simple expression. Votre tâche en vous-mêmes, c'est d'unir. Alors, trouvez le dénominateur commun à tous vos désirs, à toutes vos pensées, réduisez-les à la plus simple expression, à la plus petite fraction. Peu importent les moments où vous pouvez entrer en vous-mêmes, trouvez ce dénominateur commun à vos aspirations, à vos actions, à vos désirs. C'est un long travail, mais en vous y mettant de façon tenace et disciplinée, vous obtiendrez en une seule vie ce qui aurait pu exiger des vies à réaliser. Si vous vous consacrez à unir, à tisser des liens et à tout concentrer vers un seul et même but, votre évolution sera facile et constante. L'ascension sera pour vous une partie de plaisir, une joie sans fin. Vous regarderez, le front fier et serein, vers l'avant car une détermination incroyable vous pousse à aller toujours de l'avant. Ce désir divin est en chaque être humain. Afin de le trouver, cherchez-le chaque jour avec la conviction que vous n'avez que quelques légères couches à nettoyer. Ce désir, une fois trouvé, vous aurez la certitude que la porte des dieux vous est ouverte.

Vous le saurez intérieurement par la conscience qui est au cœur même de ce désir. Alors, recherchez ce désir, recherchez cette union car, par cette quête, votre physique, votre mental, votre inspiration sera entraînée. Votre être entier sera prêt à la réalisation de ce désir. Car, de façon inconsciente, vous vous serez entraînés, éduqués et instruits à réaliser les plans divins. Ce désir divin, cette divine intention est le cadeau personnel de Dieu pour vous, Ses enfants. Il est votre raison d'être. Il n'y a que vous pour exprimer ce désir, et dans votre façon de l'exprimer vous serez uniques et vous serez unis pour l'éternité, ne l'oubliez pas. Tout crée, mais sur une échelle très différente, et tout revient à sa source. Lorsque vos yeux embrasseront l'immensité, vous comprendrez la vérité de ces paroles, mais vous comprendrez aussi qu'elles sont bien incomplètes.

Qu'est-ce qu'un égrégore ?

Ischaïa : **Vous avez parlé d'un égrégore. Pourriez-vous nous définir ce mot ?**

Maître Koot-Hoomi : Un égrégore est un rassemblement d'entités, un rassemblement de parcelles divines, en un être complet. Votre corps, votre être est un égrégore. Il semble ***un,*** il semble uni, mais pourtant à l'intérieur de lui se trouvent des millions de pensées et de désirs, tous uniques, des milliers de sentiments mis ensemble qui forment un être portant votre nom. Vous êtes un égrégore. La Hiérarchie divine est un égrégore.

Comprenez comment fonctionne la Hiérarchie : elle a un sommet, la tête de la Hiérarchie, par où passent la volonté, l'amour, la

Lumière divine de la Source. À partir de cette tête, l'énergie est divisée entre plusieurs êtres qui eux-mêmes lui donnent une nouvelle spécialité et la divisent à nouveau. Toute la Hiérarchie du sommet jusqu'à la base est inspirée par cette même énergie, ce même courant premier, mais celui-ci est divisé et spécialisé selon chaque opération qu'il doit composer et accomplir.

La Hiérarchie est faite sous forme d'égrégore. Un égrégore est un ensemble uni et harmonieux de plusieurs particules uniques. Le Seigneur, la Source est un égrégore. C'est le plus vaste et le plus parfait qui existe. L'égrégore se retrouve en tout ; en tout il y a un être unique et en tout il y a des divisions, des séparations. Votre corps, comme la physique matérialiste l'enseigne, n'est pas une masse impénétrable. Il est en fait composé d'une infinité d'atomes et d'une infinité d'espaces entre ces atomes. La physique se rendra suffisamment loin pour découvrir qu'il existe même des divisions à l'intérieur de ces atomes et que ces atomes ne sont pas la plus petite division possible, mais que la plus petite division possible tend vers l'infini. Alors, ce que nous appelons égrégore est le rassemblement, la convergence d'une multitude d'êtres en un seul. Cela est-il suffisamment précis ?

Ischaïa : **Je vous remercie, maître Koot-Hoomi.**

Le reiki, une voie royale d'ascension

« Pour imiter les apôtres
et restituer à autrui la santé,
il n'est pas indispensable d'être saint ;
il suffit d'être sain. »

Oswald Wirth

Ischaïa : **Lorsqu'on dit par exemple que le reiki appartient à un égrégore, cela s'explique-t-il par ce que vous venez de dire ?**

Maître Koot-Hoomi : Oui. À l'intérieur de l'égrégore de la Hiérarchie planétaire, une division est consacrée à la guérison et à la purification. Il y a des entités de lumière qui travaillent spécialement à la purification. À la tête du reiki se trouvent des maîtres et des *deva*, des entités de lumière très évoluées auxquelles vous faites appel lorsque vous canalisez l'énergie du reiki. Le reiki en lui-même est un enseignement, une initiation à l'état d'être canal. Ne soyez pas surpris que cet égrégore soit membre de la Hiérarchie planétaire. Nous avons voulu le reiki, cette forme d'enseignement qui rejoint la théosophie, la spiritualité, le bouddhisme, l'hindouisme aussi, la chrétienté, etc. Il s'agit d'une forme d'expression divine qui fait appel à une catégorie de gens, tout comme la religion catholique, par exemple, fait appel à une autre catégorie de gens. Nous sommes particulièrement heureux de ce que le reiki apporte comme enseignement à ceux qui le pratiquent. Nous sommes aussi très heureux des effets sur les gens qui le côtoient, ceux-là qui donnent et qui reçoivent les traitements car dans cet esprit de canalisation, ils peuvent recevoir une forte dose de cette énergie divine, de ce rayon premier qui est à la tête de la Hiérarchie. Selon ce système de division, la tête sait exactement ce que captera la personne qui recevra le reiki.

Lorsque vous faites appel à tous les membres de l'égrégore, sachez que la personne qui reçoit un traitement de vous reçoit exactement ce dont elle a besoin, reçoit exactement ce qu'elle a demandé à la Source. Et vous apprenez à servir la Source en étant tout simplement canal. Nous sommes heureux que cette science soit apportée aux gens de la terre car elle englobe beaucoup de choses. C'est un grand apprentissage à la fois pratique et théorique ; elle apporte un ressenti et apporte une évolution très rapide aux hommes et aux femmes.

Le reiki, à l'image d'autres sciences, peut fournir à l'initié qui désire évoluer très loin, très haut, les clefs nécessaires pour franchir les étapes. Il lui permet de recevoir de façon consciente cet enseignement directement des maîtres. Par une science spirituelle comme le reiki, tout homme de la terre peut devenir aujourd'hui son propre maître, ce qui autrefois était réservé à des personnes appartenant à des sectes secrètes. Il existe, bien entendu, d'autres sciences similaires, et nous nous trouvons à l'origine de ce nouveau mouvement qui, en fait, est déjà bien des fois millénaire. Nous dirigeons une partie de la connaissance qui est transmise par le reiki. Nous dirigeons une partie de son étendue car le reiki faisait partie d'un projet déjà bien engagé, décidé il y a des millénaires. Il devait refaire surface pour entamer l'ère nouvelle, l'ère du Verseau.

Regardez tous ces livres, comme *Le Livre de l'homme nouveau,* qui ont été écrits durant les dix dernières années par canalisation. Il s'agit du même principe, de la même connaissance, de la même forme pratique qui vous sert à canaliser les maîtres. Il s'agit de la même conscience et c'est celle de la transparence, de la pureté. Regardez les bienfaits que cela apporte, regardez la profondeur de la sagesse que ces livres apportent aujourd'hui à l'homme et regardez l'étendue de cette nouvelle science en Occident où elle grandit de plus en plus car elle est accessible. Elle consiste en une voie, mais il y a plusieurs voies. Nous vous encourageons, vous qui faites partie de cette voie, à la propager autour de vous, à propager la voie du reiki car il s'agit d'un apprentissage et d'une connaissance directe de ce qu'est le service à Dieu. C'est donc un enseignement direct de la Hiérarchie.

Remettez vos stagiaires entre les mains de la Hiérarchie. Remettez-vous tous entièrement entre les mains de la Hiérarchie. Ainsi, chacun sera notre collaborateur, chacun sera membre de la Hiérarchie qui pourra évoluer encore d'un degré afin de vous englober tous.

Nous vous encourageons à préparer le retour du Christ. Car il ne se fera pas dans le corps d'un seul homme. Le Christ est à l'image de l'égrégore. Le canaliseront tous ceux qui seront dans la voie de la pureté, tous ceux qui auront appris à devenir de purs canaux. Ils recevront des enseignements qu'ils pourront transmettre de temps à autre, ce qui fera grandir plus encore leur soif de pureté et d'évolution. C'est ainsi qu'Il pourra adombrer tous les êtres de la terre si tous, évidemment, choisissent de purifier leur canal.

Votre rôle, c'est d'être à l'écoute de ceux qui viennent à vous, de les inviter à rayonner dans la joie, cette joie divine qui vous anime, les invitant à être transparents, à l'image parfaite de vos aspirations. Vous sentirez lorsque ces personnes manifesteront le désir d'être un canal pur par l'appel que le Christ a placé en eux. Le Christ lance continuellement des appels. Soyez à l'écoute. Par votre rayonnement, vous attirerez les personnes qui désirent rayonner cet amour, cette joie christique. Enseignez-leur d'une façon simple l'art d'être canal ; enseignez-leur le reiki. Dans la mesure où vous le pouvez, répondez à leurs questions en étant canal pour le Christ qui répond et enseigne à travers vous. Le Christ peut répondre dans le silence, comme il peut répondre par la parole. De votre cœur à celui de la personne, créez un canal d'amour et de lumière, et laissez le Christ enseigner à cette personne. Enseignez-vous mutuellement dans l'amour et dans la joie du Christ. Tous deux, vous évoluerez ensemble ; tous deux, vous vous unirez dans un même dessein.

« Lorsque deux ou trois d'entre vous en mon nom seront présents, je serai parmi vous. » « Lorsque votre cœur, votre volonté et votre intellect seront réunis, je serai là. » « Lorsque deux ou trois décideront de s'unir, de créer un canal d'amour entre eux, je serai au milieu d'eux. » « Faites tout cela en mon nom et je serai parmi vous, car je ne vous ai jamais quittés. » Tels sont les enseignements du Christ, telle est une façon de les appréhender. Ce travail est déjà entamé ; il se poursuivra selon la volonté de la Source dont vous serez serviteurs, prêtres du Dieu tout-puissant et de la Mère divine. Tel est notre enseignement.

Les initiations au reiki

Ischaïa : **Peut-on comparer les initiations au reiki à la descente du Saint-Esprit sur les apôtres ?**

Maître Koot-Hoomi : En effet. Nous disons que pour certaines personnes, c'est exactement le même événement. Mais pour d'autres personnes, c'est moins puissant ; elles auront à passer à travers d'autres étapes initiatiques. Vous en parcourez plusieurs tout au long de vos incarnations. Il y a, bien sûr, de très grandes initiations conçues pour gravir des échelons dans la Hiérarchie. L'initiation au Saint-Esprit peut être donnée par le reiki. La langue de feu qui parla à travers la bouche des apôtres parle aussi à travers vos mains. Lorsque vous faites une harmonisation, lorsque vous canalisez l'amour, la joie, la paix du reiki, c'est le Saint-Esprit que vous canalisez. Lorsque après le traitement, vous parlez avec vos clients et que vous avez conscience d'être encore un canal et que vous êtes dans le détachement, c'est le Saint-Esprit qui parle à travers vous. Faites pénétrer cette conscience dans l'esprit des stagiaires, des initiés. Qu'ils comprennent la grandeur que peut révéler leur initiation. Ainsi, elle aura bel et bien lieu pour eux.

Pour d'autres personnes encore, cette initiation, bien qu'elle ait eu lieu de façon physique, se trouve quelquefois différée. Parfois, la personne n'est pas encore prête à accepter le rôle qui lui revient. Lorsqu'une personne accepte d'être initiée au reiki, elle doit être consciente de la responsabilité qui lui incombe. C'est pourquoi nous ouvrons plus ou moins les *chakras*, les centres de force chez certaines personnes qui reçoivent l'initiation. Elles la reçoivent à un certain degré, et nous leur réservons une ouverture plus grande lorsqu'elles seront prêtes. Alors, nous agrandirons leurs *chakras*, leurs centres d'énergie ; nous agrandirons leur canal. Lors de l'initiation, si le sentiment de responsabilité n'est pas présent, c'est la première chose que nous leur enseignons. La première chose qu'elles canaliseront du Saint-Esprit est bien ce sentiment de responsabilité face à elles-mêmes, face à la Création, face au Créateur, face à la Source.

Ainsi, nous pouvons comparer les initiations au reiki à celle qui a trait au Saint-Esprit. Lorsque l'initié est conscient de l'importance de l'initiation et qu'il y met tout son cœur et sa foi, alors l'initiation a lieu sur tous les plans. Si, au contraire, il n'est pas tout à fait présent et conscient du symbolisme et de la valeur de cette initiation, elle n'aura pas lieu dans les autres plans et sera différée.

Ischaïa : **Donc, les personnes reçoivent selon leur ouverture de conscience, leur ouverture de cœur et leur disponibilité. En d'autres termes, une même initiation donnée à plusieurs personnes en même temps peut être reçue à différents niveaux, selon les individus ?**

Maître Koot-Hoomi : Exactement. Lorsque vous recevez une initiation, parfois seul votre corps physique est sollicité, mais cela est plutôt rare, vous en conviendrez. Nous l'expliquons par le fait que l'être humain étant composé de différents corps, certains d'entre eux peuvent avoir déjà reçu l'initiation qui doit être reçue en dernier lieu dans le corps physique. Quelquefois, c'est le contraire, l'initiation est reçue dans l'un des différents corps, elle doit ensuite descendre dans chacun des corps pour enfin remonter et englober tous les corps.

Lorsque vous demandez une initiation dans le monde physique, elle est destinée à vos différents corps, mais parfois ces derniers ne sont pas prêts. Ils reçoivent alors l'initiation afin de devenir disponibles complètement pour cette même initiation. Alors, après l'initiation nous travaillerons avec l'individu à l'ouverture de sa conscience et de ses différents corps pour qu'il reçoive l'initiation complète à un autre moment, lorsqu'il en sera conscient.

Plus vous êtes conscients de la valeur d'une initiation, plus vous démontrez la volonté de vous conformer à la responsabilité qu'elle incombe. Ainsi, l'initiation est reçue de façon complète, ce qu'il est juste de souhaiter et de rechercher. Bien sûr, l'initiation au reiki est une initiation spécifique qui consiste à accepter l'énergie universelle en soi, mais d'autres formes d'initiations exigent la coopération de tous les corps.

Il existe de très grandes initiations à l'intérieur de la Hiérarchie. Pour celles-ci, l'information est tout à fait différente car l'être qui les reçoit doit passer à travers plusieurs épreuves ; c'est un initié très conscient et déjà très bien entraîné qui doit apprendre le renoncement à tout ce qui est humain. Il nécessite une très grande compréhension de la profondeur, de la grandeur de ce qu'est la volonté divine. Lorsqu'il s'agit de ces initiations, l'information est autre et le déroulement est aussi tout autre. Chaque initiation est un pas vers de plus grandes initiations.

Ischaïa : **Est-ce pour cela que certaines personnes au cours de l'initiation ont des réactions physiques et émotionnelles fortes,**

alors que d'autres vivent une extase ou encore un calme, une paix totale?

Maître Koot-Hoomi: Lors de l'initiation, toutes les énergies sont concentrées afin que la personne accepte la responsabilité qui lui incombe et elle doit l'accepter à tous les degrés. Certaines personnes ont la préparation et les motivations nécessaires à cette acceptation. Elles recherchaient consciemment ces responsabilités, alors que d'autres avaient des motifs non définis qu'elles croyaient différents mais qui, en fait, sont à la base les mêmes.

Au cours de l'initiation, il s'effectue un travail physique chez ces personnes qui ont de la résistance face à leur responsabilité. C'est pourquoi, comme il a été souligné, elles réagissent par des chocs émotionnels, physiques et mentaux. Ces personnes ont besoin d'accepter ces corps en question et la responsabilité qui leur est demandée. Souvent, elles se retrouvent aux prises avec des concepts auxquels elles ont toujours cru et qu'elles doivent maintenant délaisser. Elles sont confrontées à certaines peurs, à un mélange de concepts et d'émotions. Un travail important s'effectue à différents niveaux chez l'initié. C'est là qu'il vous est demandé une certaine vigilance en tant qu'initiateurs à garder votre canal très pur, car la Source, la Hiérarchie fait un travail immense sur ces personnes. Accompagnez-les tout en étant détachés car si pour certains le travail semble difficile et lourd à effectuer, c'est qu'il est très efficace et que l'initiation se veut d'être complète.

Des personnes, ayant la conscience claire et recherchant ces responsabilités, goûtent à cette contrepartie du travail que nous appelons le plaisir. Lorsqu'une personne est déterminée à être au service de la Source, elle ressent le plaisir du travail bien fait, le plaisir d'une étape franchie.

Souvent, certaines personnes découvrent un plaisir éphémère qui les conduit vers la déception d'un travail deux fois plus difficile à effectuer. Celui qui accepte de travailler pour la Source reçoit en récompense les vrais plaisirs, les plaisirs sains. Grâce à son détachement, son canal se purifie. Celui qui, au contraire, vise un bénéfice matériel, recevra les récompenses qui conviennent à la matérialité, c'est-à-dire un plaisir éphémère. Nous encourageons ceux qui collaborent avec nous sur le sentier de la Lumière à œuvrer pour le bien-être et l'évolution des autres. Le plaisir sera au rendez-vous tout au long du chemin.

Ischaïa : **Il y a des gens qui reçoivent cette formation, cette initiation au reiki, et qui ne la mettent jamais en pratique. Dans ce cas, l'initiation est-elle toujours valable, continue-t-elle d'agir ?**

Maître Koot-Hoomi : L'initiation qui est un enseignement intérieur est à l'épreuve du temps. Elle se poursuit jusqu'à son achèvement. Comme un feu, elle purifie l'ego, laissant l'être dans toute sa pureté, dans toute sa virginité. Votre travail à vous est de la transmettre selon votre conscience, selon vos connaissances. L'initiation travaille sur tous les plans. Elle sera reçue pour certains dans le plan physique ou dans les plans supérieurs. Selon un temps plus ou moins long, l'initiation agit respectivement sur les différents corps. Souvent, vous verrez les effets dans l'immédiat. Mais ne vous arrêtez pas à votre perception objective, car l'initiation se déroule à plusieurs niveaux suivant le rythme de chacun. Le temps n'a aucune importance car tous les êtres sont différents et leur rythme d'évolution aussi. Lorsque l'initiation sera terminée, la personne le saura intuitivement. La confiance en elle-même en sera le signe. Elle sera habitée par un sentiment de confiance, le sentiment du travail bien fait, le sentiment d'accomplir sa mission de vie.

L'initiation exige la droiture, la justice et la transparence dans vos actions. Elle exige la perfection dans le travail. Lorsque la personne est satisfaite, qu'elle a confiance en son travail, c'est que l'initiation est achevée. Son canal de lumière étant ouvert jusqu'à la Source qui le purifie et le protège, quoi qu'il arrive, elle sait que c'est la volonté de cette Source.

Qu'est-ce qu'une initiation ?

« Chaque être humain qui, de l'état d'identification avec son corps,
se transforme, s'éveille en son esprit et, dans sa conscience,
s'identifie enfin au soi divin, celui-ci a accompli sa mission !
Il a spiritualisé un morceau de la terre. »

Ptah Hotep

Ischaïa : **Cela me conduit à vous poser les questions suivantes. Qu'est-ce qu'une initiation ? Quelle est l'initiation finale ? Où commence l'initiation et où finit-t-elle ?**

Maître Koot-Hoomi : L'initiation est une suite « d'épreuves » qui permettent de réaliser le potentiel divin en soi et de cheminer vers les plus hauts sommets de la divinité qui est en chaque être, en chaque créature et en chaque homme. Chaque étape de l'initiation fait de chacun de vous un maître de la bête aux multiples têtes et vous révèle votre relation intime avec vous-mêmes, avec l'univers, avec Dieu. Ces différentes étapes, ces différentes portes vous affranchissent de vos chaînes et vous dévoilent des secrets de plus en plus profonds.

La première initiation eut lieu à la naissance, dans votre corps physique : c'est l'épreuve du passage. La deuxième eut lieu lorsque, pour la première fois, vous avez ouvert la bouche pour prendre une bouffée d'air qui met aussitôt en activité toutes les fonctions de votre corps. Cette initiation intérieure a sa contrepartie extérieure qui consiste dans les pleurs, les premiers cris de l'enfant. Pour la première fois dans cette incarnation, il émet un son divin, une vibration divine. Suivent alors les autres initiations respectives que l'enfant choisira tout au cours de sa vie. L'enfant peut recevoir plusieurs initiations symboliques, mais elles sont toutes aussi réelles que lorsqu'il en est conscient. Il en est ainsi du baptême pour les catholiques, de la barmithsva pour les juifs, etc. Puis viennent les initiations qui ont lieu dans les corps plus subtils. Celles-ci, souvent, ont lieu durant le sommeil et se concrétisent lorsque la personne en contemplation se sent mue d'une inspiration très grande ou d'un amour pour la terre entière. Lorsqu'elle prend conscience de quelque chose d'immensément plus grand et plus fort qu'elle et que cette sensation semble dépasser toutes ses sensations antérieures, c'est qu'une initiation vient d'être concrétisée. Parfois, cette concrétisation aura lieu quelques jours ou quelques mois après que l'expérience s'est réalisée dans le plan physique.

Chaque fois que l'être humain semble avoir fait un pas en découvrant des inspirations ou des sentiments que l'on pourrait qualifier de divins, chaque fois qu'il ressent ces sensations d'une façon si élevée, c'est qu'il vient de concrétiser l'initiation.

Viennent ensuite les initiations volontaires comme les initiations au reiki ou celles d'organismes comme la Rose-Croix (A.M.O.R.C.) et d'autres ordres secrets. Ces initiations sont réelles lorsque l'organisme ou le groupe a de façon consciente ou inconsciente comme fondation la Hiérarchie divine, c'est-à-dire que la Hiérarchie supporte l'existence de ce groupe, que les initiations à l'intérieur y sont données par elle.

Le niveau de conscience joue toujours un grand rôle car c'est l'être intérieur qui décide de la portée d'une initiation, c'est lui qui guide la personne vers cette initiation, sachant dans quel dessein celle-ci est reçue. C'est pourquoi l'initiation ne doit pas être restreinte à des formules de temps car parfois son but est de permettre à la personne d'entamer un processus d'évolution qui l'amènera jusqu'à son être intérieur, jusqu'au développement complet de son potentiel divin.

Nous vous parlerons ensuite des initiations de la Hiérarchie, de ces initiations à travers lesquelles passa le Bouddha lorsqu'il refusa tout désir matériel et tout désir du corps physique. Selon l'histoire, il reçut cette initiation sous forme de sept femmes représentant sept grandes tentations. Cette initiation-là fut et demeure l'une des premières grandes initiations par lesquelles l'homme doit passer.

Il existe d'autres initiations. L'une d'elles est l'acceptation de la cohabitation entre la divinité et le corps physique. À partir de cette acceptation, la Source dirige chacune de vos activités à chaque niveau de conscience. Il est toutefois difficile de vous expliquer ces initiations car elles se réalisent dans la conscience. Il est même impossible de faire sentir au médium channel ce qu'elles peuvent signifier. Nous en parlerons donc en termes descriptifs comme ceux que nous venons d'employer. Toutefois, nous ne pouvons vous donner un enseignement complet sur les initiations.

La dernière initiation, la plus élevée, est celle qui touche le sommet de votre tête, le *chakra* coronal. C'est une initiation qui vous plonge dans l'infini car, à ce niveau, vous acceptez d'être le Tout, vous avez la sensation d'être le Tout, vous êtes le Tout ; vous êtes Volonté divine pure ; vous êtes Lumière pure et vous êtes en union complète avec la Source. Telle est la dernière initiation possible, connue et atteinte par des humains de votre plan.

Ischaïa : **Comment appelez-vous cette initiation ?**

Maître Koot-Hoomi : Nous l'appelons fusion, la fusion avec le Créateur, la fusion du principe Père et du principe Mère à l'intérieur de l'individu ; l'unification avec l'univers tout entier.

L'état de fusion avec le Créateur

Ischaïa : **Comment l'être vit-il cette fusion avec le Créateur ?**

Maître Koot-Hoomi : Pouvez-vous ressentir le Créateur à l'intérieur de vous ? Pouvez-vous le ressentir complètement à l'intérieur de vos cellules, à l'intérieur de chaque espace entre vos cellules, à l'intérieur de chaque atome ? Pouvez-vous sentir la volonté du Créateur, ses désirs en vos pensées ? Si vous le pouvez, vous ressentez ce qu'un être ressent lors de cette initiation. Vous ressentez la volonté indescriptible qu'est la volonté divine. Vous ressentez cette caresse, cette brise qu'est la compassion, qui contourne chaque parcelle de votre visage. Vous ressentez la joie infinie qu'est la réalisation de vos désirs. Vous ressentez la compréhension de l'univers entier. Vous ressentez la vie à l'intérieur de chacune des particules de l'univers, autant de l'infiniment grand (macrocosme) que de l'infiniment petit (microcosme). Vous ressentez tout, complètement tout. Vous êtes dans la béatitude, vous êtes dans la Source et la Source est en vous.

Ischaïa : **Quand on est dans une telle fusion avec Dieu, avec le Créateur, est-ce que l'on peut souhaiter, désirer l'amour humain tel qu'il se vit dans un couple ? Est-ce possible ?**

Maître Koot-Hoomi : En effet. Quand vous êtes dans cet état, vous souhaitez la fusion avec l'humanité entière car vous êtes *un* avec tout ce qui existe. Un être ayant passé à travers une telle initiation est pure divinité, est pure Lumière. Il possède la connaissance de tout maître, mais il est bien plus, il est la fusion complète, celle du Christ. Vous pouvez comparer cette personne à Jésus qui a reçu le Christ à l'intérieur de lui. Une fois que le Christ pénétra son être, Jésus n'y était plus ; il était en fusion avec le Christ. Il est JÉSUS-CHRIST et le Christ parla à travers lui, à travers son corps, à travers tout son être. Le Christ occupa tout le corps de Jésus qui vit avec lui dans cette fusion.

Ce n'est pas pour rien que Jésus se trouve être une incarnation de Sananda car celui-ci représente le *chohan* de cette initiation finale. Il est le *chohan* de la 7e porte. Nous disons finale, mais sachez qu'il existe encore d'autres niveaux d'initiation. Les archanges aussi vivent des initiations car la perfection exige que l'on évolue continuellement. La Création dans sa totalité évolue de façon éternelle.

Jésus-Christ est une incarnation du Christ-Sananda

« Nous sommes tous les filles et les fils du Très-Haut
mais le Christ fut Son premier-né,
Celui qui a habité le corps de Jésus de Nazareth
et que nous avons vu marcher parmi nous. »

KHALIL GIBRAN

Ischaïa : **Vous dites que Jésus est une incarnation de Sananda. Voudriez-vous nous expliquer ce fait, selon votre point de vue ?**

Maître Koot-Hoomi : Sananda était le Christ des Atlantes. Il est un canal par lequel passe la plus pure forme de vibration que les hommes peuvent atteindre sur ce plan. Il est le dirigeant de cette forme, de ce niveau de vibration. Sananda est un état, comme le bouddha est un état. Sananda s'est incarné dans plusieurs corps, mais lorsqu'il s'incarna dans celui de Jésus, il éleva le taux vibratoire de Jésus afin qu'il reçoive cette initiation qui s'appelle « Sananda ». Seul Sananda pouvait s'incarner et recevoir l'initiation finale afin que le Christ puisse descendre en un homme. Sananda a dû vivre l'expérience de la chair, en connaître les obstacles et en acquérir la maîtrise. Il a vécu tous les stades d'initiation, comme chaque maître doit les vivre en s'incarnant sur terre, où grâce à ces initiations, il développe une maîtrise de plus en plus grande de la matérialité, une maîtrise du corps de chair.

Nous vous dirons, comme vous qui êtes dans ce corps de chair et à la fois au soleil, dans un corps de lumière. Jésus se trouve ici dans un corps physique, alors que Sananda est dans une dimension du soleil d'où il dirige toute activité de la 7e grande porte. Jésus est le représentant de Sananda et est le représentant du Christ. Alors, le Christ passe en Sananda et passe en Jésus, mais le Christ bientôt passera par tous les êtres ayant atteint la purification nécessaire.

Le Christ inspirera les gens de la planète entière grâce aux maîtres. Car l'énergie christique est très forte et très puissante lorsqu'elle arrive sur votre plan. C'est pourquoi elle doit passer par Sananda, par maître Saint-Germain, maître Hilarion, maître Sérapis Bey, Maha *Chohan*, maître Koot-Hoomi et maître El Morya. Une fois passée par ces êtres qui sont les grands maîtres des rayons, elle peut être transmise à d'autres maîtres qui ont atteint un niveau de vibration suffisant pour recevoir une énergie en provenance de ces grands maîtres de rayon. Ces mêmes êtres qui sont devenus un canal pour le Christ peuvent à leur tour envoyer des énergies christiques à d'autres êtres qui ont un degré d'évolution un peu moindre, et ainsi de suite jusqu'à la plus petite forme d'entité, jusqu'à la forme la moins évoluée sur ce plan. Le Christ peut donc toucher tous les êtres de la Création, mais, cela dit, la conscience de l'homme doit l'accompagner afin que le projet se réalise. Telles sont les règles à respecter.

Maitreya, Sananda, Jésus et le Christ

Ischaïa : Qui est Sananda par rapport à Maitreya ? Quelle différence existe-t-il entre Maitreya, Sananda, Jésus et le Christ ?

Maître Koot-Hoomi : La précision est très importante. Nous ajouterons qu'il s'agit de principes analogues. L'aventure de Jésus sur ce plan est l'aventure que Sananda dut entreprendre dans l'autre plan. C'est comme, dirons-nous, que l'un enfanta l'autre. De prime abord, même si Sananda s'est incarné en Jésus, celui-ci devait passer à travers des initiations pour recevoir l'énergie de Sananda. À son tour, Sananda devait recevoir des initiations sur son plan afin de pouvoir recevoir le Christ.

Maitreya et Christ devraient préférablement être confondus. Maitreya est ce que nous pourrons appeler un égrégore ayant un centre de conscience composé de tout ce que le Christ comporte. Mais lorsque le Christ passa à travers Sananda, celui-ci réussit toutes ses épreuves. En s'incarnant sur terre en Jésus, il prépara son corps à le recevoir complètement, lui qui était devenu le Christ et qui était devenu Maitreya. Pour comprendre ces explications, inspirez-vous de l'image des poupées russes, de la plus grande poupée, chaque être contenant en lui-même un autre être ; ils sont tous à l'image les uns des autres. Toutes les poupées sont identiques. Jésus devait s'élever jusqu'à Sananda pour être Sananda, et tous deux devaient s'élever jusqu'au Christ afin de le recevoir. C'est ainsi que trois êtres sont en un. Mais Sananda devait volontairement passer par l'étape de l'incarnation. Il s'est incarné dans plusieurs corps. Il fut l'instructeur de l'humanité dans bien des périodes où il occupa la tête d'affiche. Il est l'instructeur de la planète terre et dans son incarnation en tant que Jésus, Sananda avait suffisamment fait évoluer son corps de chair pour y recevoir le Christ.

Sachez qu'il n'y a pas que Sananda qui soit capable de recevoir le Christ. Car, une fois qu'il l'eut reçu, le Christ devint beaucoup plus accessible à tous les humains.

L'image de la pyramide ici prend tout son sens. Une fois que l'énergie, que la conscience christique est à l'intérieur de la pyramide, cette conscience christique se propage à partir du sommet jusqu'à la base et les êtres se purifient. L'action des maîtres est d'élever les humains de la base jusqu'au sommet afin qu'ils y

Seigneur Maitreya
Photographie d'une apparition authentique

reçoivent le Christ. Plusieurs humains sont rendus à un niveau suffisamment élevé pour recevoir le Christ Maitreya. Sa venue se prépare activement. L'instructeur de l'humanité donne ses commandements : « Purifiez-vous ! » Quand tous les êtres de la terre travailleront à purifier leur corps, à purifier leur canal, nous formerons alors l'unité dont nous avons besoin pour passer à un autre stade d'évolution, à une étape nouvelle, à un monde nouveau.

Ischaïa : **Vous avez dit que Sananda est venu sur terre dans plusieurs corps. Pourriez-vous nous énumérer quelques-unes de ses incarnations sur terre ?**

Maître Koot-Hoomi : Il est venu dans le corps de Socrate, de Bouddha, de Zarathoustra, de Moïse et dans le corps d'Élisée, sans compter le roi Arthur, David, Alexandre le Grand. Il est venu sur terre dans le corps d'un homme syrien. Nous préférons ne pas donner de précision sur cette incarnation, car elle joue un rôle primordial dans le travail accompli par l'instructeur de la planète.

Un branle-bas de combat général est entamé. Presque tous les maîtres qui ont la possibilité d'être incarnés dans un corps physique le sont actuellement.

Jamais auparavant dans l'histoire de l'humanité autant de maîtres ne se sont incarnés sur ce plan. Plusieurs actions sont menées de façon stratégique afin d'éveiller les consciences, de frapper et de démolir les anciens dogmes, les anciennes peurs, les anciens orgueils. Cependant, sachez qu'il se prépare une force de résistance très puissante… Et nous vous expliquons ceci : sur la vie de Jésus et sur la vie de maître Saint-Germain, qui en est un fort bel exemple, plusieurs informations semblent se contredire, cela est voulu pour la sécurité de notre projet pour l'humanité ; ces êtres doivent rester le plus mystérieux possible. Ils doivent se cacher, éviter de révéler leur vraie identité. Ils ne peuvent plus, comme à certaines époques, prêcher durant plus de trois ans devant une même population. La surprise est pour eux aujourd'hui le meilleur moyen d'arriver à leurs fins. Lorsque nous surprenons vos cellules, elles ont tendance à être à l'écoute, à être en éveil et à se prêter à l'illumination que nous vous amenons. Il en est de même pour l'humanité. Aussi, si des résistances se préparent, nous devons les surprendre.

Nous sommes cependant heureux d'avoir pu révéler la réalité de certaines incarnations, car elles sont pour vous source d'inspiration et source de confiance en les maîtres. Aussi, la compréhension du principe de l'égrégore permet une très grande ouverture face au grand mystère que constituent pour vous nos incarnations. À travers l'égrégore, il existe des lois de fonctionnement permettant des possibilités qui pour vous semblent encore incroyables.

Nous vous avons parlé de cette combinaison d'entités qui forme un égrégore à l'intérieur de vous pour vous inspirer. Alors, pour diriger vos recherches, voyez en la Hiérarchie un seul et même corps, un seul et même être ; identifiez-vous à ce corps. Comprenez que vous êtes l'une de ses cellules. Car tel est le but de la Hiérarchie : s'étendre à la terre entière et faire partie d'un même corps, d'un même véhicule de Lumière. Alors, comprenez qu'il est possible comme le Christ adombra Jésus, que maître Saint-Germain adombre le Christ et adombre Jésus.

À ce niveau d'évolution où l'être est en communion avec la matière, chaque être possède sa propre spécificité. Chaque être toutefois a aussi besoin de la spécificité de l'autre pour bien accomplir son travail. Alors, quoi de mieux que d'accueillir son frère en soi pour accomplir un seul et même travail ? Qu'en dites-vous ?

Nous sommes heureux de provoquer quelquefois mystère. Cela stimule l'intelligence, l'inspiration des hommes et leur besoin de vérité.

Les groupes secrets, les sectes existent depuis très longtemps. Ils sont des gardiens de trésors. Nous pouvons les considérer comme de grands réservoirs de connaissances. Il y a quelques années seulement qu'une partie de ces informations, de ces connaissances est libérée et elle a rejoint un nombre incalculable d'hommes et de femmes de façon directe ou détournée. Tout n'est pas encore révélé. Il le sera après une certaine purification où un niveau suffisant de conscience sera atteint.

Lorsque nous vous transmettons une information, notre but est d'élever votre conscience, mais le plus gros du travail se fait à travers une purification qui vous ouvre à la connaissance. Soyez patients. Ne soyez pas déçus ni en colère de ne pas tout savoir dans l'instant. Lorsque vous avez besoin d'information, adressez vos questions à la Lumière. Votre divinité intérieure saura vous apporter les réponses car elle vous connaît, elle connaît la Lumière et l'effet que chaque information aura sur vous. Elle sait aussi combien elle peut vous en révéler. Telle est notre information.

La technique d'abandon du corps du médium channel par maître Koot-Hoomi

Maître Koot-Hoomi: Devant moi se trouve une boule de cristal contenant le mental du médium channel. Je suis donc prêt à quitter son corps tel un vêtement. Le mental du médium channel pénètre en lui par ses pieds jusqu'à la base de son canal. Il traverse chaque centre d'énergie. Deux entités se confondent.

Le médium channel: Maître Koot-Hoomi est maintenant devant moi... Il me salue... Je réintègre mon corps.

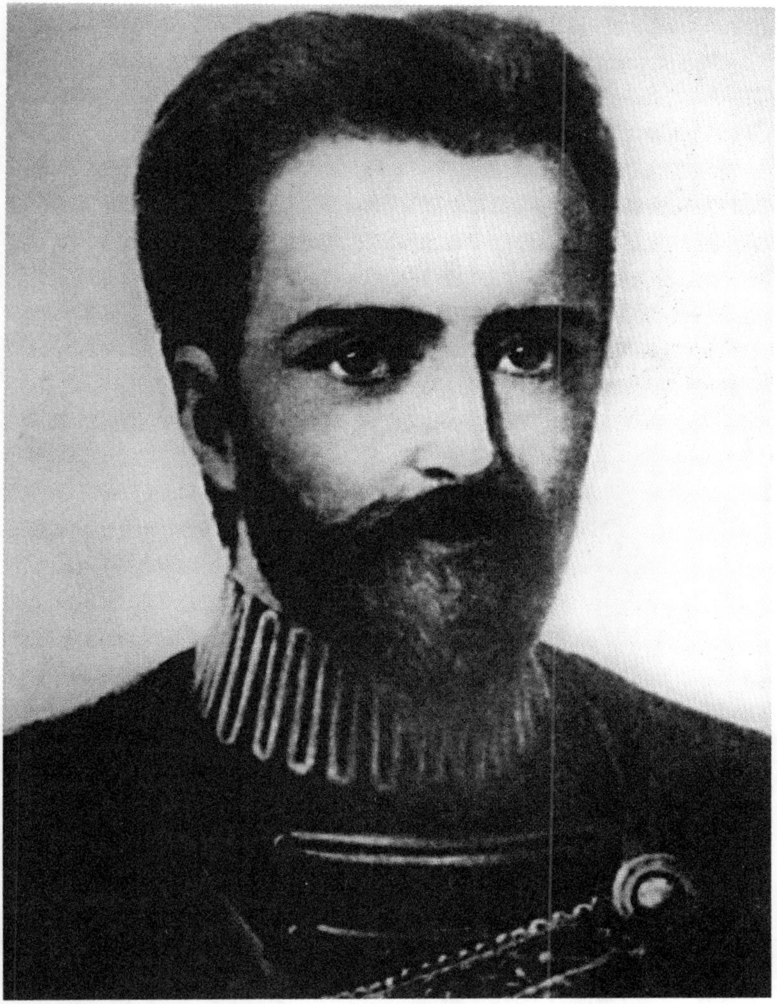

Maître Saint-Germain

Photographie authentique de Saint-Germain
matérialisée dans les années 1800.
Il porte un habit diplomatique.

LA PAROLE DE SAINT-GERMAIN AUJOURD'HUI

« Curieux scrutateur de la Nature entière,
J'ai connu du Grand Tout le Principe et la Fin.
J'ai vu l'or en puissance au fond de sa rivière,
J'ai saisi sa matière et surpris son levain.
J'expliquai par quel art, l'âme aux flancs d'une mère
Fait sa maison, l'emporte et comment un pépin
Mis contre un grain de blé, sous l'humide poussière ;
L'un plante et l'autre cep, sont le pain et le vin.
Rien n'était, Dieu voulant, rien devint quelque chose,
J'en doutais, je cherchai sur quoi l'univers pose.
Rien gardait l'équilibre et servait de soutien.
Enfin avec le poids de l'éloge et du blâme,
Je pesai l'Éternel ; il appela mon âme :
Je mourrai, j'adorai, je ne savais plus rien. »

COMTE DE SAINT-GERMAIN

La parole de Saint-Germain aujourd'hui

« Homme qui désire être heureux !
Fais toujours face à la vie,
même lorsque tu parviens aux portes du trépas. »

PYTHAGORES

Le médium channel : Recevez de maître Saint-Germain des perles et des clefs pour votre ascension. Connectez-vous et soyez baignés de la lumière violette qui vous prépare à l'intégration de ces énergies.

Maître Saint-Germain est devant moi. Il prend possession de mon corps. Je m'abandonne en toute confiance. En moi monte un sentiment de gratitude. Je me sens léger.

Maître Saint-Germain : Bonjour, mes enfants.

Ischaïa : **Bonjour, maître Saint-Germain et bienvenue. Je renouvelle mon amour et ma dévotion.**

Maître Saint-Germain : Nous vous assurons de notre amour et de notre protection.

Nous attendons de vous tous que vous soyez des serviteurs de la Source, affairés à la tâche, des serviteurs droits, infaillibles, ouverts et à l'écoute de votre lumière intérieure. Soyez des êtres qui vivent en leur cœur, qui sont toujours connectés à la Source divine afin de demeurer conscients à chaque instant de l'amour, de l'enseignement, de l'instruction qu'ils doivent répandre autour d'eux. Soyez des êtres attentifs aux paroles et aux gestes à accomplir afin de réellement venir en aide aux humains, à la mère terre. Vous êtes des instructeurs, purifiez votre enveloppe corporelle, émotionnelle et mentale pour être en réel contact avec la Source et ses intentions. Là où se trouve votre cœur, se trouve la Source avec ses ordres. Devenez des êtres autonomes, capables de se guider, de s'orienter partout et à tout moment. Entamez des dialogues à l'intérieur de vous. Soyez à l'écoute de votre monde, à l'intérieur comme à l'extérieur ; créez un lien de communication entre ces deux mondes. Voyez, comprenez avec votre cœur. Toute information viendra à vous, que ce soit par vos yeux, par vos oreilles, par votre corps, par vos pensées ou par votre intuition. Maintenez toujours le contact avec votre cœur, il vous guidera.

Nous attendons de vous que vous soyez à la hauteur tout simplement de vos propres attentes. Alors, ajustez-vous en conséquence et vous pourrez faire le travail à la perfection selon vos capacités. Faites de l'or de vous-mêmes et brillez ; brillez des feux éternels ; brillez de l'or pur des êtres ascensionnés.

Questionnez-vous continuellement. Est-ce Dieu qui agit à travers moi, en moi ? Vous apprendrez alors à connaître Ses intentions.

Ne soyez pas impatients, rien n'est jamais précis au début. C'est un moment d'incertitude, un moment de réajustement et de rééducation de ces facettes de l'humain qui sont les plus proches de la vie, de la Source ; de ces facettes qui vous semblent les plus intimes. C'est ce contact de l'humain avec la Source que vous devez engager, que vous engagez, et pour cela la question demeure toujours : est-ce le divin qui agit à travers moi ? Comment agirait le divin ici et maintenant ? Comment agirait un maître ? Bien entendu, on n'est jamais sûr d'avoir toutes les réponses, mais le cœur, lui, les possède. Alors, les réponses viendront quand vous serez prêts, et vous serez prêts quand vous serez installés dans votre cœur.

Au lieu de faire appel à des éléments extérieurs, des éléments qui viennent d'ailleurs, sans même savoir s'ils étaient justes, s'ils étaient sous de bonnes conditions, ayez confiance plutôt en la Source qui est à l'intérieur de vous-mêmes. Ayez une confiance inconditionnelle en la Lumière et en l'Amour, car de là viennent les vraies connaissances.

Quand vous enseignez, adressez-vous à cette lumière et à cet amour dans le cœur des gens qui sont en face de vous afin qu'ils comprennent votre enseignement. Ils le comprendront au-delà des mots. Ils comprendront inconsciemment, peut-être, mais ils le comprendront. Faites appel à l'Amour car l'Amour est tout, l'Amour transmet tout, l'Amour accepte tout, l'Amour pardonne tout, l'Amour guérit tout. Ayez confiance en vous-mêmes, en votre lumière, car vous êtes divins. Parlez à vous-mêmes, parlez à toutes vos cellules. Éclairez tous les recoins à l'intérieur de vous qui ont besoin d'être compris : là se trouve la clef de la connaissance et du succès. Comment voulez-vous connaître Dieu, le cosmos, si vous vivez à l'extérieur de vous-mêmes ? N'oubliez jamais que Dieu vit en vous en tant que vous. Aimez-vous, aimez Dieu ; écoutez-vous, écoutez Dieu. Soyez enfants.

Un enfant peut enseigner comment se brancher, comment rejoindre le divin, la Source ; comment transmettre l'Amour ; alors, pourquoi pas vous ? Vous qui avez toute cette expérience de vie en mémoire, vous qui avez la certitude de l'existence de la Lumière et qui savez comment la transmettre.

Lorsque vous voulez transmettre la Lumière, vous devez faire confiance à la Lumière et non à vos connaissances ni à vos expériences. Alors, remettez à la Source vos sentiments d'ignorance, vos peurs de ne pas satisfaire Ses exigences car ce sont là vos barrières qui n'ont pas de raison d'être. Elles existent parce que vous manquez de foi. Vous avez besoin d'avoir l'infinie certitude que vous pouvez remettre votre vie entièrement à Dieu. L'ego en vous réclame encore sa souveraineté. Cela est normal et cela exige de vous du temps et de l'éducation. Vous avez vécu longtemps dans ce corps ; vous l'avez longtemps rééduqué. Plus cela devient difficile, plus vous êtes proches de la complète réalisation. Aussi, la façon de se rééduquer devient plus simple mais exige une rigueur de plus en plus grande. Vous êtes tous prêts, nous le savons. Mais le savez-vous vous-mêmes ?

***Ischaïa*: Un aspirant travailleur de lumière qui souhaite aimer et servir, comment peut-il ouvrir les portes de la connaissance en lui ?**

***Maître Saint-Germain*:** Par la confiance en soi, la confiance en la Source, en la Lumière, la confiance en la connaissance, et finalement le désintéressement.

Qu'est-ce que le désintéressement ?

« L'esprit qui se tient détaché, sa noblesse est si grande
que tout ce qu'il contemple est vrai,
et tout ce qu'il désire lui est accordé,
et en tout ce qu'il commande, il faut qu'il soit obéi. »

MAÎTRE AVICENNE

***Ischaïa*: Pourriez-vous expliquer le mot désintéressement tel que vous le concevez ?**

***Maître Saint-Germain*:** Être désintéressé, c'est vivre dans la Lumière et, dans la mesure du possible, transmettre de la façon la plus pure, la plus inconditionnelle tout ce que vous en avez appris, tout ce que vous en avez reçu. Être désintéressé, c'est être dans la conscience que l'on ne donne rien et ne prend rien de l'autre, mais que la vie infiniment et inconditionnellement coule à travers soi. Être désintéressé, c'est être dans l'abondance et dans la gratitude de l'Amour qui nourrit et entretient toute chose. Quand ces critères sont remplis, quand la paix avec soi-même est installée, on est dans le lâcher prise, c'est-à-dire la confiance totale en la Source, en l'Absolu ; alors seulement peut s'ouvrir pour vous la porte de la connaissance. Elle s'ouvre tout simplement et vous devenez cette porte. C'est comme s'il y avait un code pour que l'ouverture se fasse et voilà, vous avez placé les chiffres au bon endroit.

Maintenant, demandez-vous en quoi vous n'êtes pas désintéressés ? Vous ne l'êtes pas dans votre besoin d'avoir réponse à toutes les questions. Vous ne l'êtes pas dans votre inquiétude que peut-être vous n'en avez pas assez dit, que vous n'avez pas assez donné, que vous n'en savez pas assez. C'est une attitude tout à fait égoïste car les personnes en face de vous n'exigent pas que vous soyez parfaits. Mais vous, vous voulez leur montrer que vous avez la connaissance absolue ; vous voulez montrer que la connaissance absolue est dans la Lumière et que cette lumière passe par vous. Vous serez désintéressés en agissant avec humilité et simplicité.

Ischaïa : **C'est très subtil ; je ne le voyais pas ainsi.**

Maître Saint-Germain : Vous devez être plus à l'écoute de votre cœur, à l'écoute de vous-mêmes, de votre ressenti, de votre propre expérience car beaucoup de connaissances viennent de l'extérieur, viennent des livres qui ne peuvent en expliquer les subtilités. Ils n'expliquent pas jusqu'où les choses peuvent aller. Rien ni personne à l'extérieur de vous ne saurait vous enseigner cela. Il n'y a que votre cœur, votre ressenti, la lumière en vous qui peuvent vous enseigner la subtilité, le secret de ces choses-là.

Nous sommes constamment avec vous, écoutez votre voix intérieure. Lorsque nous parlons du contact de votre cœur avec l'extérieur, c'est pour que vous puissiez comprendre que, de concert avec tout votre corps, avec vos sens, avec votre intellect et avec tout votre être, votre cœur dirige désormais tous vos gestes, toutes vos expériences et toute votre vie. Il vous enseigne, par des mots, des gestes et des situations extérieurs, toute la subtilité de ce qu'il peut vous enseigner à l'intérieur. Alors, ne vous attardez plus sur les choses extérieures, votre cœur vous portera à voir, à expérimenter des réponses qui semblent peut-être extérieures, mais qui viennent tout à fait de votre monde intérieur.

Ischaïa : **C'est donc une compréhension intuitive ?**

Maître Saint-Germain : Exactement. Chaque événement, chaque situation de la vie révèle une clef d'apprentissage. Lorsque vous trouvez cette clef, elle s'intègre en vous et renforce l'efficacité de votre corps spirituel.

Chaque être peut révéler cette clef, en sachant qu'il faut chaque fois avoir un peu plus de confiance en la Source, en l'Amour et en son intuition. Car les situations jusqu'au dernier moment peuvent parfois vous sembler dégénérer ou ne mener nulle part, tout simplement pour voir jusqu'à quel point vous êtes ancrés dans la Lumière, dans la foi et dans la confiance en la Source, jusqu'à quel point vous êtes détachés et désintéressés.

L'ascension

Ischaïa : **Aimeriez-vous nous donner un enseignement sur l'ascension ? L'ascension est-elle toujours accompagnée de la mort ? En d'autres termes, doit-on mourir physiquement pour ascensionner ?**

Maître Saint-Germain : La mort en vous s'accomplit à chaque instant, où des parties de vous meurent au profit d'autres. Tout au long de votre vie, vous êtes donc en constante mutation. Vous vivez plusieurs deuils et plusieurs morts. La mort, à chaque instant, emporte des parties de vous-mêmes dont vous n'avez plus besoin et certaines fois, malheureusement, il y a résistance. Comme les médecins dans vos hôpitaux qui maintiennent en vie un corps qui n'a plus sa raison d'être, qui n'est plus utile à la terre, vous maintenez en vie ces parties qui n'ont plus de vie propre, qui n'ont plus leur raison d'être en vous. Dans certains cas, elles ont encore une certaine utilité mais ne peuvent plus fonctionner, ne peuvent plus travailler à l'épanouissement de votre entourage, à l'épanouissement de la terre. C'est à tort que vous y êtes si attachés, refusant de les voir mourir. Alors, ces parties de vous-mêmes grugent votre santé, votre bien-être et votre équilibre.

L'homme doit apprendre à mourir peu à peu. Il doit s'habituer à entrer à l'intérieur de lui-même pour trouver la compréhension qui lui permet de sentir qu'à chaque instant son corps se recrée complètement et qu'une énergie nouvelle de vie passe à travers lui.

En vivant dans le passé, dans ce que vous étiez hier, en vous projetant continuellement dans le futur, vivant avec l'obsession de l'avenir, et en maintenant les énergies telles que vous les concevez, vous nuisez à votre évolution. Vos différents corps savent que l'énergie passe à travers eux continuellement ; vos différents corps ont la science du renouvellement. Votre corps physique sait très bien que chaque cellule meurt et renaît à nouveau, que chaque cellule se dédouble, se recrée car aucune cellule de votre corps ne dure au-delà de quelques mois. Après quoi, votre corps entier se recrée complètement, vous dotant d'un corps complètement neuf. Toutefois, vous maintenez vos énergies dans la faiblesse, dans l'imperfection des événements qui vous reviennent sans cesse, des barrières que vous ne voulez plus voir mais auxquelles vous vous accrochez par vos pensées. À chaque seconde, la vie nouvelle passe à travers vous, mais vous la canalisez à travers une certaine structure bien déterminée, bien établie, que vous avez créée vous-mêmes, une structure de pensées, une structure d'émotions, une structure de capacités, une structure de potentiels. La vie pourrait être complètement neuve et complètement libre, mais vous vous accrochez à vos entraves, vous les alimentez et les maintenez en vie en y pensant continuellement. Bien que vous sachiez que cela n'est pas nécessaire, que c'est inutile, vous avez choisi cette façon d'apprendre.

L'ascension ne se fera pas par la mort du corps physique, mais par sa transformation et par l'élévation de son taux vibratoire. Les humains ascensionneront dans leur corps. Bien sûr, une partie de vous mourra : cette partie *anima*le, cette partie négative, encore trop attachée au support matériel. Ensuite, vous apprendrez à évoluer dans une dimension supérieure qui sera plutôt subtile que matérielle, mais où les situations seront tout aussi présentes.

Ce que vous avez appris aujourd'hui dans le monde physique, c'est une façon tangible de comprendre le fonctionnement du monde, le fonctionnement des énergies, le fonctionnement de la vie. Vous l'avez appris dans les trois dimensions parce que c'est un apprentissage facile. C'est comme un enfant qui apprend à faire des constructions avec des blocs de couleur. C'est une façon simple pour l'humain d'apprendre les lois de l'univers et de s'y conformer. Mais en fait, tout est énergie. Vous ascensionnerez dans un monde entièrement constitué d'énergie, où vous apprendrez à fonctionner de façon énergétique, c'est-à-dire que chaque pensée, chaque intention, chaque parole, chaque volonté propulsée aura un effet immédiat sur vous-mêmes, sur les autres et sur votre entourage. C'est la même loi qui a cours aujourd'hui, mais la majorité des gens l'ignorent encore car ces faits sont invisibles. Pour eux, la seule réalité est complètement visible. Même s'ils le sentent, ils refusent en quelque sorte de croire que la réalité puisse être du domaine de l'invisible. Pourtant, vous savez que l'air existe bel et bien. Il vous nourrit indispensablement tout en étant invisible. Pensez-y un peu.

L'ascension est une élévation de la matière physique. Certaines personnes mourront physiquement parce qu'elles ne pourront pas supporter l'énergie trop puissante qui cherchera à s'installer en elles. Elles pourront se réincarner plus tard lorsqu'il y aura beaucoup plus de maîtres sur terre pour les aider à purifier leur karma, afin qu'ils vivent cette ascension dans leur corps physique. Ceux qui refuseront d'évoluer vers cet état de conscience devront quitter la terre définitivement. Ils seront installés sur une autre planète pour continuer leur évolution. Cependant, tout ne se fera pas d'un coup. Avant que tous les êtres de la terre aient ascensionné, vous vivrez une période de mille ans qui complètera la transition. Cette transition est déjà commencée. Seuls resteront sur terre ceux qui auront la volonté nécessaire de laisser mourir en eux certaines énergies, certaines forces, pour en intégrer de nouvelles afin de permettre à leur âme de prendre l'expansion nécessaire. Ceux-là ne mourront pas afin de préparer la transition du monde.

Ischaïa : **Ceux qui refuseront d'évoluer vers cet état de conscience devront quitter définitivement la terre, dites-vous. Voudriez-vous expliquer cela, s'il vous plaît ?**

Maître Saint-Germain : Comme nous venons de le dire, ils iront vivre sur une planète dont le stade d'évolution est semblable à celui de la terre. Là, ils auront tout le temps nécessaire afin que leur âme et leur esprit perfectionnent leurs différents corps. Une grande majorité de gens sur terre est prête au changement, mais adviendra un jour où tous les humains se sentiront face à un choix à faire, peu importe leur degré d'évolution. Ils se verront en face de la vérité et devront choisir leur voie : celle de l'ascension ou celle du statu quo, c'est-à-dire celle de l'ego. Chacun fera son choix de façon très sincère, très authentique et transparente car la vérité les y obligera.

La terre passera par une grande période de nettoyage, une période de purification car il y a beaucoup de stress accumulé. Lorsque vous essayez de faire évacuer le stress qui agite votre corps, il se manifeste certaines tensions, certaines douleurs sous forme de spasmes : la terre vivra aussi ces tensions, ces spasmes. Les humains verront leurs peurs, leurs colères, leurs haines et leurs souffrances en face, comme ils verront aussi leurs potentiels et leurs barrières. Ils subiront le retour de leur création de façon plus intense qu'à la normale. Il s'agit en fait d'un processus qui oblige l'homme à choisir de penser et d'agir avec son cœur en vue d'ascensionner, ou bien de continuer à vivre dans la matérialité et la négativité, et alors sombrer.

Peu importe son évolution, l'homme par son libre arbitre peut toujours aller vers le mal, vers les ténèbres et la destruction. Il peut aussi inversement choisir de faire le bien et cheminer vers la Lumière.

Dans certains moments de trouble et de noirceur qui prépareront le jour nouveau, certains se retrouveront face à face avec leurs peurs, face à face avec leur négativité, et refuseront de suivre le chemin ascensionnel qui mène aux niveaux subtils, se croyant incapables de se maîtriser dans ces mondes, dans ces dimensions. Ils resteront malheureusement attachés, ancrés dans leur matérialité.

Comment vaincre l'ambivalence face à son désir d'évoluer

Ischaïa : **J'ai rencontré une personne qui m'a dit vouloir évoluer, mais qu'il y a en elle une dualité, une force, une partie qui refuse l'évolution. Personnellement, je sens que c'est le cas pour la majorité des humains sur cette planète. Est-ce que je me trompe ? Comment aider une telle personne aux prises avec cette dualité, cette ambivalence face à son évolution ?**

Maître Saint-Germain : La plupart des êtres humains qui sont en quête d'évolution séparent leur être en deux, c'est tout simplement normal. Puisqu'il y a le masculin et le féminin, le bien et le mal, Dieu et le diable, l'homme doit donc avoir deux natures : le spirituel et l'animal ; et à l'intérieur de ces deux natures, de ces deux entités en l'homme, il y a opposition et combat, alors qu'elles peuvent évoluer en harmonie jusqu'à l'éternité. L'homme croit donc qu'il a deux facettes, dont une qui fait le bien et l'autre le mal. Nous vous dirons que l'homme est beaucoup plus complexe que cela. L'être humain est unique et il est fait de multiples facettes. Il est un, il est deux, il est trois, il est quatre, il est sept, il est neuf, il est douze, il est un milliard, il est des milliards, et encore plus. L'être humain est infini. Il est multidimensionnel. En plus de cela, il est aussi habité par plusieurs entités qu'il appelle à lui. Ces entités sont bonnes ou mauvaises selon son degré d'évolution, selon le degré auquel il aspire, et aussi selon la subtilité des énergies qu'il veut laisser pénétrer en lui.

Si l'être humain croit avoir deux facettes, c'est parce qu'il ne s'accepte pas complètement. Il doit d'abord apprendre à s'aimer et à s'honorer : apprendre à rire de lui-même. Il doit accepter qu'en lui-même il y a des dimensions qu'il n'a pas encore appris à maîtriser : il y a la personnalité, il y a l'âme, il y a l'individualité. La personnalité cherche à se nourrir, cherche à jouir de tous les plaisirs qui existent sur cette terre. Elle cherche à attirer à elle l'attention, l'admiration. Aussi, lorsqu'un besoin de contact avec son âme se fait sentir, il est normal qu'elle sente une dualité, car il y a une partie de son être qui ne cherche qu'à se nourrir égoïstement sans penser à donner. La personne se retrouve face à une dualité à l'intérieur d'elle-même, le bien et le mal, alors qu'il faut tout simplement qu'elle apprenne à s'accepter globalement, totalement. Par certains exercices, elle peut commencer progressivement à se maîtriser, à maîtriser ses sens afin de laisser tomber quelques mauvaises habitudes et de se libérer de l'emprise du désir, tout en nourrissant son corps spirituel.

Elle doit d'abord et avant tout apprendre la patience tout en cherchant à comprendre car il y a plusieurs facettes de sa personnalité qui l'habitent, nous dirons un nombre infini. Alors, elle doit apprendre à écouter ces voix pour savoir ce qu'elles veulent dire : cherchent-elles à donner, à répandre l'amour ou, au contraire, à se nourrir égoïstement ? Si ces voix l'incitent à des actions égoïstes, elle doit éduquer et raisonner ces facettes d'elle-même afin que ses actions deviennent magnanimes, recherchant le plaisir et le bonheur de tous. En agissant égoïstement, elle se fait du tort car prendre sans donner coupe la chaîne, brise le cycle de la vie, entraînant la mort et l'entropie.

Une personne doit d'abord apprendre à s'accepter, à accepter toutes les facettes de son être. Ce faisant, elle sera capable de les aimer, et l'amour est mère de compréhension. Avec amour, on pénètre en chaque partie de soi. En apprenant chacun à vous accepter et à donner de l'amour à chaque facette de votre personnalité, vous apprenez à être à l'écoute de vous-mêmes. Quand vous êtes à l'écoute, vous enrayez la résistance à l'intérieur de vous, ce qui facilite la maîtrise de votre corps en un tout uni. Vous êtes sur la terre depuis des millions d'années pour apprendre cette maîtrise. Tout ne se fait pas du jour au lendemain. Il faut être patient. La patience vous permet de gagner du temps car vous devenez plus efficaces. Voilà pourquoi il est si important de s'accepter intégralement, avec ses qualités et ses faiblesses, tout en voulant changer, se transformer car, par ce refus de soi, on se fait violence. En vous privant d'amour, vous deviendrez égoïstes car le peu d'amour qu'il y a en vous sera convoité par chaque parcelle de votre être qui voudra le garder égoïstement pour elle-même. Lorsqu'il y a abondance d'amour, tout le monde est généreux. Mais lorsqu'il y a privation et pénurie, chacun cherche à garder sa petite réserve pour soi.

À ne pas donner d'amour, tout le monde s'assoit sur son petit trésor, sur son bas de laine, et n'en fait profiter personne. Mais voilà, votre corps est une véritable petite société ; votre cœur est une banque capable de produire de l'argent à l'infini, capable de produire de l'amour à l'infini. Si votre cerveau décide de mal gérer cet amour, il y aura pénurie. Certaines entités profiteront de toute la richesse alors que le restant de votre corps mourra de faim, mourra par manque d'amour.

Si, au contraire, le cœur donne tout son amour et le cerveau accepte chaque parcelle de votre corps, l'être tout entier en bénéficiera et travaillera à évoluer en harmonie. Cette harmonie une fois établie, vous réussirez à obtenir la maîtrise totale de vous-mêmes et exercerez votre autorité sur votre corps. Celui-ci à son tour maîtrisera votre cœur et prendra sa véritable expansion. Ainsi, votre âme ayant pris véritablement le contrôle de votre corps, vous deviendrez un maître et vous ascensionnerez dans l'amour.

Lorsque vous croyez avoir de la difficulté à évoluer parce que vous ressentez une dualité à l'intérieur de vous, c'est que justement vous êtes sur la bonne voie. Le travail qui vous est demandé alors est d'apprendre à vivre en harmonie, à vous maîtriser, à maîtriser vos nombreuses facettes. En effet, celles qui vous semblent noires, celles qui sont tournées vers un instinct destructeur sont justement celles-là que vous n'avez jamais aimées et à qui vous avez toujours laissé la totale liberté de faire ce qu'elles voulaient, de s'exprimer et d'agir selon leur propre volonté. C'est comme un enfant que vous n'avez jamais éduqué, à qui vous n'avez jamais appris à respecter l'intégrité de son corps.

Il est facile de découvrir les différentes facettes de sa propre personnalité. Durant une journée, observez-vous face aux gens et face aux situations, et jugez à chacun de ces moments votre opinion de vous-mêmes et des autres. Dans vos opinions se cachent des facettes de votre personnalité.

Votre rôle est d'être la note, le diapason de votre corps afin que chaque facette s'accorde avec vous-mêmes. Alors, vous devez être dans votre cœur, vous devez avoir de l'amour inconditionnel pour vous-mêmes et pour les autres. Ainsi, chacun de vous sera le diapason de tout son corps, il en sera l'observateur, le juge et le maître, il y créera l'harmonie.

Si vous voulez évoluer, vous devez apprendre à vous priver un peu en contrôlant vos sens, c'est-à-dire maîtriser vos désirs en refusant certains plaisirs. Car la manipulation des énergies plus subtiles, qui sont des énergies puissantes, exige un contrôle total de soi-même. Pour y arriver, il est nécessaire de maintenir de façon indéfectible une constance dans les intentions jusqu'à l'obtention du résultat. Ces objectifs ne seront atteints que si vous avez la maîtrise de vous-mêmes. Une fois que vous l'aurez atteinte, tout sera gagné. Chacun de vous sera un roi sur terre, un maître ascensionné aux multiples pouvoirs. D'ici là, des outils vous seront souvent donnés pour que vous appreniez à faire de l'or avec votre substance, avec votre matière. Telle est la raison, le but de votre venue sur terre. Alors, cherchez sur votre route et vous trouverez, sous différents aspects, ces outils qui vous permettront d'exercer un plus grand contrôle sur vous-mêmes. Ne dites plus que vous êtes dans la dualité car dualité, il n'y a pas. Il y a l'unité dans la diversité.

Ischaïa : **La dualité est donc une mauvaise compréhension de cette unité dans la diversité ?**

Maître Saint-Germain : Exactement. Nous vous donnons un exemple : vous possédez deux mains, deux jambes, vous possédez dix doigts, dix orteils. Chacun de ces doigts, de ces orteils est différent, mais pourtant ils font partie du même membre, du même corps. Donc, l'unité existe dans ce corps fait de multiples parties, de multiples facettes et de multiples entités. Tous les êtres font partie de Dieu. L'unité est dans la Source, dans le *Un*. Le *Un* est partout, en vous et autour de vous.

Une personne, bien que composée de plusieurs parties, de plusieurs facettes, de plusieurs entités, est *une* en elle-même et elle est unie en Dieu. Alors, vous devez chercher à élever chacune de ces entités, chacune de ces parties, et à y apporter la Lumière tout au cours de votre évolution. Il peut arriver que des parties, des facettes de vous-mêmes meurent et vous quittent pour retourner à la Source. Vous devrez alors apprendre à faire face à d'autres facettes que votre corps tout entier préférera et voudra développer.

Qu'est-ce que la maîtrise de soi ?

Ischaïa: **Qu'entendez-vous par maîtrise de soi?**

Maître Saint-Germain: La maîtrise de soi, c'est tout simplement la capacité de se fixer un but, un objectif, de faire tous les gestes et d'avoir toutes les pensées appropriées jusqu'au bout, jusqu'à toucher ce but. La maîtrise de soi, c'est avoir une intention qui soit constante et sans faille, c'est décider et mettre ses décisions à exécution. Lorsque, par exemple, vous décidez de servir la Lumière, vous faites les actions que la Lumière et l'Amour vous dictent. Cela exige une très grande maîtrise de soi parce que certaines parties de vous-mêmes refuseront d'adhérer à la Lumière et à ses ordres. Ces parties de vous ont tout autant droit de cité; il faut alors que ce soit votre cœur ainsi que votre intellect qui maîtrisent ces parties de vous-mêmes, en sachant que vous devez servir la Lumière et que c'est là votre véritable but.

La maîtrise de soi, c'est la capacité de laisser la parole à n'importe quelle facette de son corps, mais lorsqu'on l'a soi-même décidé. C'est, au lieu de subir tous ses appétits, maîtriser ses sens en contrôlant et en dictant quand chaque partie, chaque facette de soi doit se nourrir. Car certaines parties sont plus avares et se nourrissent au détriment des autres. En exerçant un contrôle conscient sur chaque facette de votre personnalité, vous obtenez la maîtrise de vous-mêmes.

Si ce processus est long pour certains, c'est qu'en fait, ils connaissent très peu les différentes facettes de leur personnalité, et alors ils sentent une dualité. La dualité est en quelque sorte un bon pas dans la bonne direction, mais vous devez aller plus loin que la dualité, aller plus loin que deux personnalités. D'abord, avec peut-être trois ou quatre, puis avec des centaines. Un jour, enfin, vous vous rendrez compte que vous en avez tellement à décortiquer que vous apprendrez à être à l'écoute de vous-mêmes et à vous forger des vertus et des préceptes auxquels vous obligerez votre corps, votre être tout entier à se plier continuellement. Si, dans l'application de ces vertus et de ces préceptes votre corps vous fait souffrir, vous pouvez en ajouter ou en enlever certains qui sont peut-être inappropriés à certaines personnalités.

Vous devrez sans cesse vous ajuster et créer une ligne de conduite que vous jugerez adéquate pour votre évolution, vous devez vous conformer aux vertus ou aux préceptes selon votre propre rythme. Vous devez apprendre à vous connaître en consacrant du temps à une observation judicieuse de vous-mêmes, de vos attitudes et de vos comportements. Car tous ne possèdent pas le même discernement, la même capacité de maîtrise, le même sens de l'observation. Tous ne s'aiment pas et ne s'acceptent pas de la même façon : alors, le rythme, de même que le travail, est différent d'une personne à l'autre. Mais l'important, c'est d'apprendre à se connaître et à se forger des buts et des valeurs que l'on sait élevés, infinis et qui sont dans l'ordre direct de la Source, de la Création.

Si votre but est de servir la Source, de servir notre Créateur, de servir la vie, apprenez Ses vertus, faites-en votre but, votre ligne de conduite. Même si vous ne vous connaissez pas complètement (car vous êtes faits de milliers de facettes qu'il vous faut apprendre à connaître et à apprivoiser), fixez-vous des objectifs et apprenez à vous y conformer progressivement. Ce sera une façon d'appréhender vos différentes facettes, puisque vous constaterez leurs réticences.

Soyez patients avec vous-mêmes. Vivez toujours dans le présent et demandez à Dieu, à l'Amour d'être le grand dominant, le grand et le véritable maître de votre vie. Il vous enseignera, vous montrera les facettes de vous que vous devez améliorer. Chaque jour, vous vous découvrirez et vous vous transformerez, en acquérant de plus en plus de contrôle sur vous-mêmes. Si vous demandez à Dieu de vous maîtriser, vous devez alors méditer sur Dieu et sur Ses vertus. Imaginez comment vous pourriez être, comment vous pourriez vous sentir dans l'état divin. Alors, une ligne de conduite se tracera à l'intérieur de vous et vous serez capables de savoir quand vous y dérogez et quand vous vous en éloignez. Ainsi, vous apprendrez la maîtrise.

Le rôle des sens dans la maîtrise de soi

Ischaïa : **La nourriture de l'homme devant passer par les sens, quel est donc le rôle que jouent nos sens dans la maîtrise de soi ?**

Maître Saint-Germain : La véritable nourriture ne vient pas des sens ; elle vient de l'intérieur, elle vient du soleil et de la terre. Vos sens agissent comme témoins. La nourriture se projette de l'intérieur vers l'extérieur, et lorsqu'elle vous revient, pour être rendue au Créateur, pour être rendue à sa Source, vous la percevez par vos sens et également par vos différents corps.

Vos sens servent tout simplement à vous guider pour que vous puissiez bien diriger, propulser, propager l'énergie qui vous est donnée. Le ciel vous nourrit constamment ; et vous, vous nourrissez constamment le monde qui vous entoure. Ce monde vous renvoie sous une autre forme ce que vous avez propagé. Vos sens sont attentifs ; ils perçoivent le milieu dans lequel vous évoluez et informent votre cœur de l'énergie qu'il doit donner. Votre cœur doit donc être à l'écoute de vos sens, et dans votre maîtrise vous devez lui enseigner à vous obéir comme vous obéissez à Dieu. Jésus a dit : « Ce n'est pas ce qui entre dans l'homme qui est mauvais, mais ce qui en sort ». Cela signifie que vos sens perçoivent des informations qui pénètrent à l'intérieur de vous. Vous devez traiter ces informations selon votre niveau de conscience et renvoyer en retour une énergie d'amour et de gratitude. Vous devez vous purifier de la haine, de la peur, de la colère et de l'angoisse, puisque l'énergie que le Père vous envoie est une énergie légère, une énergie d'amour illimitée. Ainsi, vous créez votre karma car ce que vous envoyez à l'extérieur vous revient tôt ou tard, et souvent après de nombreuses vies.

Jésus raconte aussi la parabole de l'enfant prodigue. Un homme avait deux fils, et un jour, l'un d'eux demanda son héritage. Il quitta le foyer pour voyager de par le monde. Il dépensa son argent et il lui arriva plein de mésaventures. Complètement vidé et ruiné, il revint vers son père en haillons et très malade. Lorsque son père le vit, il lui ouvrit grands les bras, le serra sur son cœur, lui dit combien il était heureux et, pour célébrer le retour de son fils, il organisa en son honneur une grande fête dans sa maison…

Les énergies que vous propagez à l'extérieur de vous sont comme ce fils. Vos pensées, vos sentiments, vos paroles, vos gestes sont comme vos enfants qui quittent la maison et causent parfois bien des dommages. Ils peuvent provoquer de grands remous dans l'univers, et lorsqu'ils reviennent, vous les voyez tels qu'ils sont. Vous voyez tout ce qu'ils ont vécu, tout ce qu'ils ont causé. Vous voyez qu'une émotion venant de la colère pouvait inciter à la colère. Vous voyez l'imperfection de votre création, l'imperfection de votre enfant que vous avez envoyé à l'extérieur. Dans votre sagesse, vous l'accueillez afin de réparer. C'est une attitude responsable.

Mais, très souvent, lorsque votre fils revient à la maison, au lieu de l'accueillir comme le père dans la parabole de Jésus, vous vous fâchez contre lui parce qu'il a dépensé tout son argent ou parce qu'il a fait du tort à l'environnement. Parce qu'il a créé de mauvais remous, qu'il a créé certains problèmes, vous avez peur qu'il ne revienne trop endetté, et au lieu de l'accueillir en lui ouvrant votre cœur afin qu'il sente qu'il a enfin accompli sa tâche et qu'il peut revenir au foyer, vous le rejetez en lui fermant la porte. Alors, il devra repartir à nouveau, retraverser le monde pour revenir plus tard chez vous.

Vous devez ouvrir votre cœur aux événements extérieurs, même si vos sens vous disent qu'il y a danger. Soyez tout de même prudents, sans être dans la peur. Projetez le plus de vertus possible, tels la compassion, la confiance, l'amour, la vigilance. Soyez chacun un guerrier prêt à toute éventualité : vos sens vous renseigneront sur la qualité de l'énergie que vous devez projeter et où la diriger. Là où existe la peur, vous enverrez l'amour, et cet amour vous reviendra sous forme de courage. Et quand la peur se présentera à nouveau, vous aurez du courage pour la transformer. Là où existe la colère, vous enverrez une énergie d'amour, de compassion et de compréhension. Et quand la colère reviendra, vous en serez détachés dans la compassion.

Lorsque vous recevez une énergie négative, connectez-vous à la Source. Si vous avez la maîtrise de vous-mêmes, vos sens dicteront à votre cœur d'envoyer de l'amour, de la compassion et de la compréhension. Vos sens sont des antennes, mais c'est votre cœur qui canalise et traite les informations qu'ils vous envoient.

Le rôle respectif des différents corps dans le processus de l'ascension

L'ascension, c'est une maîtrise de plus en plus grande de chacun de ses corps selon l'ordre de subtilité où ils se manifestent. Nous avons expliqué que le corps physique est relié au corps émotionnel, que les émotions nourrissent le corps physique. En vous nourrissant d'émotions négatives, vous créez en vous des spasmes, des douleurs et de la nervosité. Les émotions positives au contraire calment et détendent le corps, le rendant plus sain et plus joyeux. De même, le corps mental est en relation avec le corps émotionnel et aussi avec le corps physique. Il crée les émotions et stimule certaines d'entre elles plus que d'autres, provoquant parfois des tensions physiques, le stress et la nervosité qui forcent à agir dans tel sens plutôt que dans un autre. Alors, pratiquez les exercices comme la méditation, le yoga, le tai-chi ou de simples étirements. Ces exercices peuvent harmoniser complètement vos énergies et leur donner une direction pour qu'elles circulent librement. C'est comme se donner un reiki, mais cela inclut ici des énergies encore plus subtiles que l'énergie émotionnelle ou l'énergie mentale ; il s'agit ici du corps causal, du corps bouddhique, du corps atmique, de votre corps spirituel en entier qui, par ces exercices, crée la circulation et l'irrigation nécessaires aux énergies dans votre corps. C'est ce que ces exercices peuvent vous apporter.

Ischaïa : **Vous avez parlé du corps mental et du corps émotionnel. Quel est le rôle du corps éthérique ?**

Maître Saint-Germain : Le corps éthérique est un peu comme le corps physique. Il en est la partie subtile. Il garde toutes les mémoires physiques, les mémoires de toutes vos vies. Votre corps éthérique est un peu votre corps physique non matérialisé ; il est le corps de votre âme, le corps de lumière qui soude, qui magnétise votre corps physique pour que les parties tiennent en un tout. Votre corps éthérique attire en vous les énergies nécessaires. Lorsque vous travaillez en énergie, c'est lui qui distribue à votre corps physique l'énergie emmagasinée que vous pouvez libérer. Le corps éthérique traverse complètement chaque cellule de votre corps physique et nourrit chacune d'elles d'électricité. C'est le corps de votre esprit. Il est une espèce d'agent de liaison entre vos différents corps et votre corps physique, puisqu'il reçoit les informations et les transmet. C'est comme une substance dans laquelle vos différents corps baignent, une substance par laquelle vos différents corps sont en contact avec le corps physique. Il s'agit ici véritablement d'un agent de liaison entre le physique et ce qui est plus spirituel, plus léger et plus astral.

Le corps émotionnel est nommé aussi corps astral, comme le corps mental que vous dénommez mental supérieur et mental inférieur. Le mental supérieur correspond au corps causal, mais le corps de l'âme, c'est la présence parfaite de Dieu, de la divinité, c'est la présence « I Am » en vous. C'est ce corps qui vous enseigne. De lui vient l'intuition et, plus encore, de lui viendra toute votre évolution, de lui viendra votre ascension.

De fait, vous cherchez à créer l'harmonie entre tous vos corps et votre corps bouddhique, celui de votre âme. L'âme, elle, se confond avec votre monade, elle se confond avec l'âme de la terre, avec l'âme du système solaire, avec l'âme de la galaxie. Vous êtes une âme qui vit à l'intérieur d'âmes beaucoup plus vastes. Tout ne devient qu'un, tout devient imbriqué comme des poupées russes, à l'infini. Votre corps bouddhique est ce corps qui connaît tout, et votre réelle individualité est constituée de vos propres couleurs. C'est cela l'ascension : apporter l'harmonie, vous lier à votre âme pour qu'elle agisse à travers vous à chaque instant.

Certaines personnes sentent parfois que c'est leur âme qui opère lorsqu'elles agissent car l'âme est toujours présente. Et plus vous vous maîtrisez, plus vous sentirez que votre âme agit à travers vous. Nous vous parlions tout à l'heure d'imagination. Elle est un lien qui vous permet d'entrer en communication avec votre corps causal dont le rôle par rapport à vous-mêmes est d'être à l'affût de la répartition de l'énergie dans vos corps : mental, émotionnel et physique.

Le corps causal est un peu celui que vous pourriez appeler le subconscient, celui qui emmagasine toutes choses, tout ce qu'il y a autour de vous et qui cherche à vous informer, vous et votre mental, sur les façons dont il peut agir, sur ses façons de ressentir.

Il est un peu un catalyseur d'énergie. C'est pourquoi vous pouvez l'atteindre par l'imagination. Cette dernière représente une faculté très proche de l'âme. Elle est un moyen, comme les rêves, par lequel l'âme vous enseigne. L'imagination, c'est en quelque sorte un rêve conscient ; ainsi, votre corps causal peut vous envoyer des influx, des énergies et éduquer tout votre corps, éduquer votre mental sans même que ce dernier s'en rende compte.

Le mental inférieur est souvent dirigé par l'ego qui pourrait utiliser les messages divins que lui envoie le corps causal à ses propres fins et faire ainsi évoluer les ténèbres, la destruction. Le corps causal vous parle par le biais de l'intuition et des rêves. Il parle à votre corps émotionnel et à votre corps physique dans un langage qui lui est propre, un langage enfantin qui déjoue les jeux de l'ego. L'ego est complètement rationnel ; il se sert surtout de la raison. Alors, pour le déjouer, le corps causal utilise son langage propre. En stimulant votre imagination, vous stimulez la discussion entre vous et votre corps causal. Vous devez imaginer ce que vous croyez être le plus sublime, le plus infini, pour créer à l'intérieur de vous une ouverture de plus en plus grande, pour augmenter vos possibilités, vos capacités afin de laisser entrer en vous une énergie, une force encore plus grande. Vous devez laisser Dieu prendre le contrôle et la maîtrise de vous-mêmes. Plus l'ouverture que vous créez est grande, plus Dieu, de façon très subtile, dirige votre vie. Tout cela est contrôlé et géré par votre corps bouddhique, le corps de l'âme, le corps monadique.

Le rôle des hormones dans le processus de l'ascension

Ischaïa : Il y a plusieurs courants liquides dans le corps humain, dont la lymphe et le sang. Les hormones sont des substances plus subtiles parmi ces liquides. Quel est leur rôle dans le processus de la conscience ?

Maître Saint-Germain : Les hormones agissent en tant que transformateurs du corps. Il y a plusieurs glandes, plusieurs centres énergétiques qui sont endormis dans votre corps. Lorsque vous vous éveillez à certaines méditations, à certaines mentalités, certaines vertus, certaines énergies et à certains états d'esprit, vous réveillez certaines glandes à l'intérieur de vous. Celles-ci sécrètent des hormones qui transforment votre corps, le fortifient, le rendent plus sensible à certaines énergies et le protègent face à d'autres. Elles créent aussi dans votre corps des réactions directes à certaines pensées, certaines émotions. Comme vous le savez, chaque partie de votre corps est reliée à une autre partie, et est reliée à une partie de votre cerveau, une partie de votre esprit. Les hormones font de même lorsqu'elles sont réveillées. Elles envoient des sécrétions à certaines parties du corps pour les stimuler, les éveiller et les fortifier.

Le thymus, par exemple, est une glande située juste sous la proéminence, à la jonction du centre cœur et celui de la gorge. Le thymus est une glande qui fonctionnait à merveille lorsqu'on était enfant, mais à cause des émotions mal gérées, ce fonctionnement est altéré parce qu'on a cessé d'y porter attention. Porter attention au thymus nécessite simplement d'être présent à soi-même car cette glande a la fonction d'être un répartiteur d'énergie. Toute énergie que vous envoyez au thymus sera renvoyée à la partie de votre corps, de votre esprit, qui en a le plus besoin. Un peu comme le cœur, le thymus est un contrôleur des énergies de votre corps. En lui envoyant chacune de vos émotions positives, vous pourrez stimuler cette glande, la réveiller et ainsi réveiller le divin en vous car c'est une glande qui est contrôlée par votre âme, par l'énergie du cœur, par l'énergie de la Source. Le réveil du thymus fera de chacun de vous un être réellement inspiré par le divin. Mais pour cela, vous devez vous centrer souvent sur votre cœur et envoyer vos plus belles énergies, vos plus belles émotions à votre thymus qui est situé juste au-dessus.

Chaque glande, une fois éveillée, sécrète des hormones qui facilitent la stabilisation énergétique et la santé. Le cerveau est un peu comme une glande, il est très complexe. Tous les scientifiques s'accordent pour dire que l'homme n'en utilise qu'un très faible pourcentage. Il en est de même pour le corps qui a des possibilités illimitées, dont la plupart sont demeurées endormies et inexploitées, puisqu'il n'a pas la nourriture essentielle fournie par les glandes. Pour éveiller les glandes, un certain état d'esprit, un certain état d'être est requis, de même que des exercices spécifiques, la recherche de certaines énergies et la maîtrise de soi. Tout cela contribue à alimenter ces glandes, à les réveiller, et à susciter leurs sécrétions qui nourriront votre corps et lui permettront des possibilités, des actions, des pouvoirs que vous ne soupçonniez pas le moindrement jusqu'à aujourd'hui.

La perfection est partout en votre corps, mais certaines glandes, certains canaux, certaines hormones étant bloqués, vous devez faire appel à un surplus d'énergies, à des énergies plus subtiles et apprendre à les accueillir quand elles passeront à travers vous. Ainsi, vous serez chacun un bon père pour vos enfants quand ils reviendront se manifester à vous, tel l'enfant prodigue.

***Ischaïa*: Ainsi, lorsque ces énergies reviennent, il faut les voir comme quelque chose qui nous appartient, qui a sa source en nous.**

Maître Saint-Germain : Exactement, voyez-les comme dans un miroir. Ayez la conviction, la ferme intention et la discipline nécessaires de toujours envoyer de l'amour à chaque personne, à chaque situation. Dites-vous bien que ce qu'il y a en face de vous sont vos propres créations, c'est-à-dire le fruit de vos pensées, de vos intentions, de vos paroles, de vos actes que nous comparons à vos enfants que vous avez envoyés dans l'univers et qui vous reviennent. Souvent, vous ne les reconnaissez pas, mais si elles vous influencent d'une façon ou d'une autre, si vous les vivez, c'est qu'elles vous appartiennent. Ces situations semblent extérieures, mais elles pénètrent en vous par vos cinq sens, par votre corps émotionnel, et aussi par vos différents corps qui sont en contact avec tout l'univers. Laissez pénétrer ces énergies à l'intérieur de vous et pardonnez, c'est-à-dire ouvrez votre cœur, aimez tous ces gens, toutes ces situations. En projetant ainsi tout votre amour, vous vous préparerez un karma d'amour qui un jour vous reviendra aussi parfaitement que vous l'avez envoyé.

Le pouvoir de guérison chez les enfants

Ischaïa : **Comment expliquer que l'enfant peut utiliser naturellement ce mécanisme de guérison alors que l'adulte le peut difficilement ? Les enfants guérissent rapidement, relèvent vite d'une maladie alors que l'adulte, lui, échoit dans la chronicité.**

Maître Saint-Germain : En fait, le karma chez l'enfant est latent et beaucoup plus lent à venir à cause de son innocence et de sa pureté. Certains blocages ne se manifestent qu'à l'âge adulte, mais il s'agit d'un certain karma puisque ces blocages sont inscrits dans votre corps, même s'ils ne sont pas développés. Il s'agit encore d'une vie brute qui prend son expansion. L'enfant rayonne encore beaucoup, mais il absorbe très progressivement les énergies de l'extérieur auxquelles il était jusque-là très peu réceptif, à cause de sa pureté, de son innocence.

Il perçoit tout ce qu'il y a autour de lui mais ces choses au début ne seront qu'imprimées dans sa mémoire. Car, pour se développer, pour se créer, l'enfant a besoin de propager, de propulser beaucoup d'énergie, mais c'est une énergie de pur amour inconditionnel. Tout cet amour qu'il rayonne, qu'il propage lui permet pour l'instant de garder intacte son énergie de lumière sans trop d'influences extérieures. Mais plus il vieillit et se transforme, plus il choisit et sélectionne la quantité et la dose d'amour qu'il rayonne autour de lui, selon ses expériences et selon ses mémoires, c'est-à-dire selon ce que ses différents corps auront enregistré tout au long de sa croissance. Devenu adulte, il commence aussi à sélectionner et à refuser certaines énergies, certains événements et certaines personnes. En agissant ainsi, il endort certaines de ses glandes et en supprime la sécrétion des hormones.

Mais cela est de beaucoup rattaché au karma et à l'hérédité. Vos parents sont imparfaits, ils vous ont donné un corps imparfait. Ce corps a des faiblesses et est plus facilement influencé par certaines énergies, certains événements déséquilibrants. Alors, en vieillissant, l'enfant réagira face à ces énergies de façon imparfaite. Compte tenu du milieu, il y a plusieurs choses que vous devrez affronter. Voilà pourquoi vous devez apprendre à vous contrôler, apprendre à modifier votre esprit afin que celui-ci puisse travailler à modifier votre corps. Lorsque votre esprit éveillera certaines glandes, celles-ci amélioreront la structure de votre corps, la transformeront. Et ainsi, votre esprit sera beaucoup plus apte à prendre le contrôle de chaque particule de votre corps. Alors, l'âme pourra enfin pénétrer dans toutes ces parties inexplorées de votre corps, et c'est ainsi que vous ascensionnerez.

Ischaïa : **Tout cela est lié au karma. Donc, un enfant qui a un karma sera plus affecté par ces énergies ?**

Maître Saint-Germain : En fait, le karma, c'est ce que l'enfant va vivre en relation avec les formes d'énergie qu'il a déjà propagées dans l'univers et qui doivent lui revenir. Sa façon de réagir vient souvent d'un certain karma, d'une certaine expérience de son esprit et de son âme, mais peut-être aussi de son corps, de son éducation et de son environnement. L'enfant naît avec un corps imparfait. Les parents qu'il a choisis, son éducation, son environnement font aussi partie de son karma. Il les a choisis en fonction de ce karma. Ce choix est déterminé avant sa naissance. Même un maître de sagesse qui choisit de s'incarner dans un corps par la naissance biologique reçoit de ses parents imparfaits un corps imparfait, donc un corps qui réagit de façon imparfaite à certains flux énergétiques. Ce maître peut se créer un karma qu'il devra purifier tout en remplissant sa mission.

Ischaïa : **Est-il alors un maître tout simplement ou un maître ascensionné ? Car nous sommes tous maîtres, en quelque sorte.**

Maître Saint-Germain : En quelque sorte, il est un maître ascensionné. Mais, lorsqu'un maître ascensionné ou un grand initié s'incarne dans un corps et que ce corps est né de la chair, si ses parents sont imparfaits, s'ils n'ont pas appris à perfectionner leur corps à un haut niveau, l'enfant aura un corps imparfait même s'il est un grand maître, un maître ascensionné. Il devra apprendre à maîtriser son corps. Lorsqu'on est enfant, on ignore qu'on est un grand maître. On réagit aux événements du mieux que l'on peut et on se crée ainsi un karma qu'il faudra purifier.

Ischaïa : **Le grand maître qui s'incarne, ne pourrait-il pas choisir des parents parfaits ? Est-ce qu'il y a des parents parfaits ?**

Maître Saint-Germain : En principe, il y en a, bien entendu.

Ischaïa : **Mais pourquoi a-t-il choisi des parents imparfaits ?**

Maître Saint-Germain : À cause de la mission qu'il s'est donnée en venant sur terre. Il doit naître dans un certain milieu et faire certaines expériences qui vont l'amener à connaître des personnes qu'il pourra aider et qui l'amèneront jusqu'à son but. Il doit donc vivre les réalités de ce monde afin de faire son travail. Certains maîtres se matérialisent directement, comme Jésus l'a fait à sa dernière incarnation, comme Maitreya à présent, ainsi que bien d'autres qui ont créé leur corps de toutes pièces.

Jésus-Christ vit sur terre actuellement dans un corps précipité, manifesté par lui

Ischaïa : **Vous dites que maître Jésus vit dans un corps manifesté, donc, un corps impérissable, parce que créé de pure lumière ?**

Maître Saint-Germain : Oui. Jésus a créé son corps de toutes pièces ; il a créé un corps adapté à la mission qu'il s'est fixée en s'incarnant sur terre.

Ischaïa : **Voulez-vous dire qu'il est actuellement sur terre ou faites-vous allusion à il y a 2000 ans ?**

Maître Saint-Germain : Il y a 2000 ans, il était né d'un corps qui était imparfait, et pendant 33 ans, il a dû apprendre à le perfectionner, à le purifier, à l'améliorer et à le subtiliser. Comprenez que si Jésus n'avait pas été entouré de personnes adéquates, de grands maîtres de la Hiérarchie, de la Fraternité Blanche, s'il n'avait pas fait lui-même des choix adéquats, il aurait pu prendre toute sa vie avant d'arriver à maîtriser son corps. Or cela lui a pris 33 ans, quoiqu'il fût fils de Dieu, comme vous tous d'ailleurs.

Ischaïa : **Excusez mon insistance. Vous dites donc que celui qui fut Jésus est maintenant sur terre avec un corps qu'il a matérialisé ?**

Maître Saint-Germain : Il a créé lui-même son corps de matière précipitée et il vit sur terre actuellement.

Ischaïa : **Où est-il ?**

Maître Saint-Germain : Il est actuellement au Proche-Orient. Il travaille beaucoup dans les pays de l'Arabie, d'Israël et de la Jordanie. Il travaille avec les peuples musulmans et juifs.

Ischaïa : **Est-ce la raison pour laquelle les médiums le captent si facilement ?**

Maître Saint-Germain : Oui, exactement. Un maître projette sans cesse des formes-pensées, des formes d'énergies : il projette sans cesse de l'amour. Un médium est comme une antenne qui capte ces messages, ces formes d'énergies. Celles-ci sont tellement parfaites qu'elles s'adaptent au corps du médium et elles peuvent pénétrer son expérience, son cerveau, afin de sortir sous la forme d'un message intelligible. C'est ainsi que sont propagés les messages, les enseignements partout dans le monde. Il peut y avoir quatre médiums qui canalisent à la fois le même maître, et l'enseignement sera différent dans sa forme parce qu'il est reçu à différents niveaux de conscience, selon les encodages du médium et selon sa culture.

Tout être humain peut s'ouvrir à être un médium pour lui-même

Chaque être humain qui médite et qui arrive à faire le vide en lui-même est un médium car il canalise des messages, des énergies pour son propre corps. De façon plus subtile, il perçoit des énergies, reçoit des instructions, des messages que son intellect parfois comprend et parfois ne comprend pas, mais chaque fois il s'agit d'énergies que les maîtres, les guides envoient, qu'ils créent dans leurs formes-pensées afin d'enseigner à chaque individu, suivant son degré d'évolution. Ces guides envoient toujours des formes-pensées parfaites, qui ont un but parfait; ainsi, lorsque ces personnes les captent, elles peuvent évoluer.

Nous parlions du corps d'un enfant, du corps d'un maître, et nous expliquions pourquoi un maître pouvait naître dans un corps imparfait. Souvent, il s'agit d'initiés car il y a des maîtres à différents niveaux. Certains maîtres doivent passer par la naissance, alors ils choisissent des parents susceptibles de leur faire vivre des expériences, de les emmener dans des lieux qui seront propices à leur mission et à leur épanouissement, au développement de leur maîtrise. Une fois qu'ils auront atteint la complète maîtrise, ils pourront enfin commencer à instruire ou à remplir la tâche pour laquelle ils se sont incarnés.

Nous vous dirons que certains maîtres s'ignoreront toute leur vie. Ils n'arriveront pas à maîtriser leur être, à maîtriser leur corps physique. Car, dans la matérialité, il restera encore pour quelque temps beaucoup d'entités négatives, d'entités noires, beaucoup de forces destructrices. Aucun être humain, quel que soit son degré d'évolution, n'est à l'abri de ces forces d'entropie, de ces forces destructrices.

Un maître est une facette de diamant avec parfois des imperfections à corriger

Ischaïa: **Les maîtres qui sont nés par précipitation et qui vivent dans le même corps depuis plusieurs siècles et pour certains depuis plusieurs millénaires, comme vous, maître Saint-Germain, sont-ils eux aussi conditionnés par l'environnement?**

Maître Saint-Germain : Ils créent un corps selon la mission qu'ils ont à accomplir. Dans l'invisible, ils peuvent avoir des capacités infinies, mais lorsqu'ils arrivent dans la matière, ils doivent créer un corps adapté à réagir de certaines façons à certains stimuli, à certaines énergies ; un corps qui leur permet de remplir leur mission. Donc, ils ont plus ou moins accès à certaines facettes de leur maîtrise. L'accent est mis sur certaines facettes de la divinité qui leur permettront d'accomplir leur mission.

Maître Maitreya s'est créé un corps parfait, peut-être le plus parfait à avoir été matérialisé, précipité sur terre, afin de remplir sa fonction d'instructeur de l'humanité.

Jésus, Sananda et Maitreya sont sur terre

Ischaïa : **Maître Jésus-Christ est-il le Christ Maitreya, tout comme il est le Christ Sananda ?**

Maître Saint-Germain : Nous parlons de Maitreya. Jésus-Christ est aussi sur la terre, donc Sananda y est également par la même occasion.

Ischaïa : **Pourriez-vous nous expliquer cela, s'il vous plaît ?**

Maître Saint-Germain : Maitreya est le Christ. Le Christ est en tous, mais le Christ (comme Jésus, comme Sanat Kumara, comme vous-mêmes) a un cœur, un centre, une âme christique. Il est un être global et il peut se matérialiser dans n'importe quelle forme, à n'importe quel moment.

Ischaïa : **Quand vous dites qu'il est global, cela veut-il dire que son énergie est illimitée ?**

Maître Saint-Germain : Son énergie est illimitée, mais elle a quand même un champ restreint d'activité. Votre énergie à vous aussi est illimitée, puisque tout l'univers est en vous. Le Christ fait partie d'une monade ; il fait partie d'un être encore plus grand. Mais le Christ Maitreya, qui est tous les êtres à la fois, peut se matérialiser dans un seul être et enseigner. Comme si on demandait à la mort de se matérialiser dans un corps, elle le pourrait ; elle serait la mort tout simplement. Alors, elle parlerait comme la mort parle. Alors, voilà que Maitreya est matérialisé dans un corps, et il est le Christ.

Ischaïa : **Pourquoi choisissez-vous la mort comme exemple ?**

Maître Saint-Germain : Parce que la mort fait partie intégrante de la vie. Sans elle, vous n'atteindrez jamais l'ascension. Elle est le retour à la Source, le retour à la terre. La mort est un retour à la vie dont elle complète le cycle. Elle en est l'antithèse indispensable, inséparable. Chaque instant n'existe plus dans votre présent, il laisse la place à un instant nouveau, une énergie nouvelle. Alors, pourquoi pas la mort ?

Nous vous disions que, selon leur mission, certains maîtres manifestaient seulement une facette de leur divinité. L'énergie des maîtres est tellement forte que s'ils créaient un corps, s'ils vivaient dans un corps qui possède toutes les facettes de leur maîtrise, personne ne pourrait les approcher. Aujourd'hui, même les maîtres Koot-Hoomi et El Morya ne sont approchés que par quelques disciples déjà préparés. Il y a si longtemps qu'ils sont dans leur corps qu'effectivement ils s'approprient, manifestent une grande partie de leurs pouvoirs latents, de leurs pouvoirs de maîtres. Alors, de moins en moins de gens peuvent les approcher à moins d'être très préparés, à moins d'avoir un corps perfectionné. Eh bien, c'est la même chose, les guides ne peuvent avoir un corps qui possède toutes les facettes, toutes les vertus, toutes les possibilités, toutes les forces de leur maîtrise car ils ne pourraient remplir leur mission sur terre. Alors, souvent ils ont un corps qui laisse échapper seulement quelques facettes de leur maîtrise, un peu comme le maître Sathya Saï Baba qui possède un corps dont la mémoire, le programme lui permet de matérialiser des objets. Tous les maîtres peuvent le faire, mais combien le font ? Le maître Sathya Saï Baba est le seul qui fait aussi ouvertement ce travail qui, en quelque sorte, le caractérise aux yeux de la masse car cela fait partie de son choix d'incarnation. La raison pour laquelle il manifeste ces miracles aujourd'hui est liée à sa mission ; c'est pour agrandir encore le champ de la foi des gens en Inde.

Vous savez, ces gens travaillent beaucoup avec la spiritualité, avec l'invisible, avec l'abnégation d'eux-mêmes, mais ils doivent apprendre aussi à matérialiser la divinité. L'Inde, beaucoup plus que l'Occident, a vu naître un nombre incalculable de maîtres spirituels, mais elle a besoin elle aussi de preuves, elle a besoin de voir que la vie est matérielle, que la vie est physique, que la spiritualité est physique. Elle a besoin d'ancrer sa foi dans le physique. Croire toujours à l'invisible finit par relever de l'utopie pour un être humain, et il finit par abandonner. Il y a tellement d'Hindous qui consacrent leur vie entière à l'illumination, mais il y en a relativement peu qui l'atteignent, qui atteignent la véritable compréhension.

Ischaïa : **Malgré toute cette vie spirituelle ?**

Maître Saint-Germain : Malgré toute cette vie spirituelle car il faut plus que cela. Tous les êtres doivent apprendre à créer leur propre doctrine, leur propre secret pour atteindre l'ascension. Il devrait y avoir autant de religions qu'il y a d'êtres humains. En Inde, oui, il y a plusieurs religions, mais les seuls êtres qui ont pu atteindre l'illumination sont ceux qui ont été capables de se soustraire à toute religion, tout dogme, toute technique pour adopter leur propre façon d'ascensionner, leur propre manière d'entrer en contact avec le divin, l'atma à l'intérieur d'eux-mêmes.

Ischaïa: **On sait que Babaji a eu plusieurs incarnations. Il en a eu une récemment, mais il y a des personnes qui n'acceptent pas que Babaji se soit manifesté à nouveau. Elles se sont accrochées au corps qu'elles ont connu. Que pouvez-vous nous en dire?**

Maître Saint-Germain: Ces personnes ont à faire face à leur discernement. Aiment-elles Babaji ou aiment-elles la divinité à l'intérieur de Babaji? Comme lorsque Jésus demanda à saint Pierre: «Qui suis-je?», lui a-t-il répondu: «Jésus» ou bien: «Vous êtes le Christ, le Fils du Dieu vivant.» Alors, comprenez que c'est la même chose pour ces gens. Ceux qui reconnaissent que Babaji vit dans un autre corps, qui reconnaissent qu'il est en train de leur enseigner et leur rayonner une Lumière incroyable, ces personnes reconnaissent Dieu et le Christ dans lui, alors que les autres s'accrochent à une apparence, à une personnalité. À la question de Jésus, ces gens-là répondraient: «Vous êtes Jésus, fils de Joseph.» Ils n'auraient pas pu répondre: «Vous êtes le Fils du Dieu vivant.»

L'enseignement de Babaji pour l'instant est un enseignement trop fort, un enseignement trop puissant pour être matérialisé. Seuls quelques-uns de ses initiés à présent sont aptes à recevoir une telle forme d'enseignement, car il est très élevé, extrêmement élevé pour un être humain.

Pourquoi le Gange est un fleuve sacré

Ischaïa: **À leur mort, certains Hindous laissent leur corps aller dans le Gange. Quel est le but de cette pratique? Qu'en pensez-vous?**

Maître Saint-Germain: Le Gange est un fleuve de pureté. C'est un fleuve qui nettoie et qui symbolise tout l'amour, tout l'enseignement divin. Ces gens veulent l'obstruer directement. Ils veulent empêcher l'eau de couler. Alors, le fleuve se referme et devient beaucoup moins pur. Vous savez, le Gange est un fleuve qui peut enseigner l'illumination si vous apprenez à écouter son enseignement. Ceux qui remettent leur corps dans le Gange n'ont jamais cru que ce fleuve était réellement divin, sinon ils se seraient laissé enseigner par lui au lieu d'y laisser leur corps livide, car ils en auraient eu trop de respect.

Ischaïa: **Qu'est-ce qui fait que ce fleuve est plus sacré qu'un autre ?**

Maître Saint-Germain: Le nombre de grands maîtres qu'il a inspirés et qui y ont envoyé leurs énergies d'amour et de prières, ainsi que tous les mantras qui y sont envoyés. Les fleuves dans cette région descendent du désert de Gobi. Ils sont alimentés par certaines sources de ce désert où se trouve Shambhalla. Ce sont aussi des fleuves qui ont vu naître de nombreuses civilisations, un peu comme le Nil en Égypte. Ces fleuves ont vu naître les récentes civilisations car ils apportaient la vie et attiraient par leur magnétisme. Mais le Gange a tellement été chargé de pensées positives, de pensées de purification, que son pouvoir de purification s'en est trouvé amplifié.

Ischaïa: **Je vous remercie, maître Saint-Germain.**

Maître Babaji

LA PAROLE DE BABAJI

« Soyez heureux.
Lorsque vous êtes heureux, je suis heureux.
Demandez-vous quel est votre but dans la vie.
Soyez conscient du but pour lequel vous êtes venu ici-bas,
Et consacrez-vous à votre accomplissement spirituel.
Vivez dans l'amour du prochain,
Comme les membres d'une même famille.
Écartez toute jalousie et envie.
Parce que vous êtes tous un, vivez en paix.
Quand vous êtes en paix, je suis en paix.
Servir autrui est le premier devoir de tout être humain.
Je suis venu moi-même que pour servir,
pour accomplir mon devoir.
Être vraiment capable de servir
est la chose la plus précieuse au monde… »

«…Aime et sers toute l'humanité.
Assiste chacun.
Vis dans la joie.
Sois courtois.
Sois un générateur d'irrépressible joie.
Vois Dieu et le bien en chaque visage.

Il n'y a aucun saint sans péché.
Il n'y a aucun pécheur sans futur.
Prie pour chaque âme.
Si tu ne peux prier pour l'une d'elles,
Laisse-la passer son chemin.
Sois original.
Sois inventif.
Ose, ose encore et davantage.
N'imite pas.
Demeure sur un terrain qui t'est propre.
Ne t'appuie pas sur les emprunts aux autres.
Pense par toi-même.
Sois toi-même.
Toute la perfection et toutes les vertus
De la déité sont cachées au fond de toi.
Révèle-les.
Le sauveur, lui aussi, est déjà à l'intérieur de toi.
Révèle-le.
Laisse sa grâce t'émanciper
Laisse ta vie être celle d'une rose,
Qui, dans le silence,
Parle le langage du parfum…»

Shri Babaji

La maîtrise qui conduit à l'ascension

Ischaïa: **Vous dites que les guides de lumière sont ceux qui représentent les vertus?**

Maître Saint-Germain: Oui. Comment reconnaît-on les guides de lumière? Ils ont les vertus mais quelles sont-elles? Comment reconnaît-on ces vertus? Ce sont des qualités qui semblent mener à l'infini, comme la perfection. Vous savez que jamais vous ne l'atteindrez et c'est ce qu'est la perfection. La joie, elle, est sans limites, tout comme la gratitude et le pardon. Le pardon pourrait se définir comme une attitude qui vous permet de prendre de l'expansion, de grandir, de vous alléger, une attitude qui permet à la vie de passer à travers vous de plus en plus facilement. Nous vous encourageons à écouter ces voix qui appellent à l'expansion, qui appellent à l'infini, au lieu d'écouter celles qui conduisent au néant. Lorsque nous parlons de néant, nous ne parlons pas de vide car ce qui est appelé vide est plein de l'existence de Dieu, de l'existence du Père. Nous parlons d'inexistence. Vous pouvez créer le vide en vous en harmonisant puis en calmant vos pensées, mais vous ne créez pas le néant, ni la destruction, ni l'entropie.

Ischaïa: **Il y a, paraît-il, peu de gens qui vivent dans l'amour inconditionnel, dans l'amour universel. Cet état d'être est-il nécessaire pour vivre l'ascension? Est-il nécessaire d'atteindre une parfaite maîtrise de soi pour ascensionner?**

Maître Saint-Germain: Comme nous vous l'avons dit dans une communication antérieure, vous ascensionnez à chaque instant. À chaque instant où vous apprenez, à chaque instant où vous travaillez à vous maîtriser, vous ascensionnez car vous évoluez. Mais la véritable ascension, c'est lorsque votre âme prend complètement possession de votre corps, qu'il n'y a plus aucune trace de négativité en vous, mais que seule l'âme, la présence « I Am » agit. Vous atteindrez cet état de pureté après une complète maîtrise de vous-mêmes, une certaine maîtrise de soi ; car il peut demeurer en vous un léger manque, que l'âme comblera ; mais vous devez atteindre un degré suffisant de maîtrise en éduquant votre esprit, votre mental, votre intellect à bien fonctionner. Vous devez de tous vos corps créer une nouvelle structure, en les nourrissant d'éléments purs afin que l'âme puisse les utiliser de façon concrète et efficace au moment voulu. Afin que votre essence serve à créer seulement de l'or. En persistant ardemment dans cette voie d'ascension, votre corps physique, votre corps émotionnel et votre intellect seront faits de matériaux tellement purs qu'ils peuvent toucher des dimensions plus élevées, plus subtiles et recevoir ces énergies dans lesquelles ils évoluent déjà.

L'archétype d'infini est partout dans l'univers. Alors, il faut amener ce modèle dans tous vos corps, dans votre corps physique, votre corps émotionnel et mental, afin que vous puissiez voyager dans les autres dimensions et que la marque de l'infini, de la perfection soit inscrite en vous car cette même marque est partout, dans toutes les autres dimensions.

L'homme qui veut ascensionner doit se consacrer à la maîtrise de lui-même, à la maîtrise de ses émotions. Dans son cheminement, il s'exercera, et rencontrera des gens qui pourront l'aider à développer certains talents qui le conduiront à cette maîtrise. Cependant, sachez qu'il peut être vain de pratiquer le reiki, le yoga ou le tai-chi ; de toucher à toutes les sciences de développement personnel ; de consulter les clairvoyants ou d'apprendre à le devenir vous-mêmes ; si le but recherché n'est pas la maîtrise de soi, l'ascension dans la Lumière. Vain aussi sera l'apprentissage de la magie ou la manipulation des esprits, etc. Ces pratiques ne vous seront d'aucune utilité ; au contraire, cela peut même vous causer du tort. Vous vous détruirez, vous vous brûlerez vous-mêmes.

« Ce n'est pas la magie qui est dangereuse, mais l'Homme dans son inconscience, dans son ignorance et dans son égoïsme. »

La chose la plus importante pour vous, Occidentaux, c'est d'apprendre la maîtrise de soi. Lorsque vous l'aurez atteinte, l'âme prendra toute la place et elle vous apprendra à voir, à visiter les mondes subtils, à ressentir l'aide subtile des anges, des archanges et de tous les êtres de lumière qui travaillent avec vous et qui passent à travers vous.

Si vous êtes toujours consciemment centrés sur la Lumière et sur ce qu'il y a de plus parfait, vous créerez la maîtrise en vous-mêmes. Car chaque fois que vous perdez ce sentiment de légèreté, ce sentiment de perfection, c'est que vous avez besoin de vous centrer, vous avez besoin d'évoluer, et qu'il y a un travail à faire, un effort à fournir. Et pour cela, il faut une grande volonté. Dans votre cheminement, chaque vertu se prononcera. Les vertus sont non seulement nécessaires pour atteindre l'illumination, mais chacune d'elles vous permet d'en acquérir d'autres. C'est comme un magnétisme :

- Avec la joie vous atteignez le pardon.
- Avec le pardon le détachement.
- Avec le détachement, vous allez chercher la force et le courage.
- Avec le courage une plus grande volonté.
- Avec la volonté, la discipline s'installe.
- Avec la discipline vous intégrez l'amour.

Et avec l'amour vous vous installez définitivement dans la joie et la compassion.

Mais chaque fois que vous vous sentez dans une énergie moins positive, c'est signe pour vous qu'il y a un travail à faire. Lorsque vous vous sentez tristes ou en colère, c'est que vous manquez d'un certain niveau de maîtrise sur ce point. Alors, en faisant un pas dans la Lumière vous saurez dissoudre les sentiments négatifs dont vous n'avez plus besoin, parce que vous êtes aujourd'hui des êtres évolués, des êtres de lumière.

Le pardon, une clef indispensable à l'ascension de l'homme

« Le pardon est la plus grande, la plus belle signature de l'amour. »

Ischaïa : **Connaissant le poids de la haine, de la rancune et de la culpabilité, selon ce que vous venez de dire, le pardon n'est-il pas nécessaire et obligatoire à l'ascension ?**

Maître Saint-Germain : Assurément, le pardon est indispensable à l'ascension. Le pardon absout. Il est la flamme violette qui détruit tout ce qu'il y a de négatif pour ne laisser que du positif. Le pardon, c'est le lâcher prise, c'est comme la mort dont nous parlions, qui est associée à la vie. Pardonner, c'est appréhender la vie qui coule à l'infini et l'accepter telle qu'elle est, avec un cœur pur et ouvert. Pardonner, c'est être guéri dans son cœur où désormais s'installent l'amour, la joie et la compassion. C'est être détaché. Dans le mot pardon, il y a le mot don « par don ». C'est recevoir ou offrir une énergie qui est acceptée.

En anglais, pardonner se traduit par « forgive », ce qui signifie littéralement : *pour donner.* Et « forgive » est très proche de « forget » qui signifie : *oublier.* Quand on donne, il faut lâcher prise et oublier ; sinon il n'y a pas de don. C'est une énergie qui est offerte par le don de soi. Ainsi, vous la rendez automatiquement à Dieu, vous la rendez à l'univers, et elle coule à travers vous, sans barrières, sans limites. Alors, en ne bloquant rien, vous permettez à la vie de couler librement dans l'infini de votre être, jusqu'à l'éternité.

Tout l'univers ascensionne

Ischaïa : **Est-ce seulement sur la planète terre que les êtres ascensionnent. Le font-ils aussi sur d'autres planètes ?**

Maître Saint-Germain : L'univers est fait d'ascensions. Tous les êtres, toutes les créatures de l'univers ascensionnent. Même les pierres ascensionnent car elles contiennent en elles un univers composé de haine, de souffrance, de vérité et d'amour ; un univers composé de milliards d'entités qui ascensionnent. La roche, la pierre, fille de Gaïa a une vie propre. Elle est en constante mutation. L'œil profane verra une forme livide. Mais en fait, elle représente un univers accompli, avec son passé propre, son présent, son futur, et qui a tout réalisé à la fois. Quand vous aurez la vision éclairée dans une telle conscience, vous commencerez à avoir la sagesse d'un maître. En regardant la roche ou la pierre, vous vous y verrez, vous y verrez votre maître, vous y verrez votre élève, vous y verrez des milliards d'univers.

Une pierre est une manifestation de l'univers. Elle contient l'univers entier. Lorsque vous contemplez une pierre, vous êtes en présence d'une forme qui est peut-être des millions et des milliards d'années plus vieille ou plus jeune que vous. La terre, avant d'être ce qu'elle est aujourd'hui, avant d'être cette forme, était un milliard d'autres univers. Tous les éléments qui la composent se sont assemblés un jour pour former une entité globale. Mais tous ces éléments, ces particules, ces parties qui la composent peuvent venir d'univers et de dimensions tout à fait différents.

Ischaïa : **Ils peuvent, dites-vous, ou est-ce un fait, une réalité ?**

Maître Saint-Germain : C'est une réalité.

Ischaïa : **Le mot humain est-il associé seulement à la terre ? Y a-t-il des êtres humains sur d'autres planètes ? Que signifie le mot humain ?**

Maître Saint-Germain : Il signifie tout simplement homme.

Ischaïa : **Est-ce que le mot homme est associé seulement à la planète terre ?**

Maître Saint-Germain : Il s'agit de langage. Sur la terre, vous parlez un langage constitué de mots. Sur la planète Vénus, les mots sont inutiles. La communication se fait par des images et par des flux énergétiques. La parole est vie avant tout. Lorsque vous comprendrez cela, la parole aura une autre dimension. Elle sera énergie, elle sera vibration, elle sera création. Quand vous voyez la représentation d'un être de lumière, vous dites qu'elle est une femme ou qu'il est un homme. Nous, nous voyons une forme lumineuse, nous recevons une vibration et cela s'appelle amour.

La parole est une matérialisation des pensées, des vibrations. Elle est une organisation des sons. Mais aujourd'hui, elle a perdu beaucoup de son pouvoir à force d'être utilisée de façon aussi négative. Elle se bute dans une densité, dans une matérialité. Il y a de l'écho partout. Votre parole est maintenant prisonnière. Elle est filtrée et ne doit plus se répandre dans l'univers car vous y créeriez le chaos. C'est pourquoi aussitôt émise, elle vous est renvoyée.

Ischaïa : **Qui la filtre ? Qui la renvoie ?**

Maître Saint-Germain : C'est nous, les êtres de lumière qui la filtrons. Il y a également une ceinture autour de l'âme de la terre car la terre a une évolution. Elle contrôle du mieux qu'elle peut ses enfants. Elle doit se protéger du mieux qu'elle peut.

Ischaïa : **Pouvez-vous nous parler de cette ceinture qui protège la terre des vibrations nocives venant d'ailleurs et qui en même temps protège l'univers de ces vibrations venant de la terre ?**

Maître Saint-Germain : Il s'agit d'un corps un peu comme la couche d'ozone. Les scientifiques parlent de la ceinture de

Van Allen *. Cette ceinture constitue une aura magnétique qui protège la terre du souffle du soleil.Plusieurs paroles, plusieurs pensées et intentions humaines se retrouvent dans l'aura, dans le corps émotionnel de la terre, et sont susceptibles d'être communiquées à l'univers. Mais ces paroles, pensées et intentions étant pour une bonne partie négatives donc nocives pour la terre, celle-ci doit être protégée par la Hiérarchie dirigeante qui est capable de contrôler ce corps émotionnel.

« Viendra le jour
Où la lecture de l'écrit fera naître l'image.
Et, des fausses écritures naîtront des images floues.
Ainsi, nul ne pourra fausser l'unique,
Et conduire l'esprit en dehors des sentiers.
Viendra le jour où la parole fera naître l'image.
Mais la fausse parole restera inaudible.
De sorte que l'image née du verbe sera forcément pure,
Et guidera l'esprit sur les sentiers.
Viendra le jour où la pensée fera naître l'image.
Mais la pensée impure fera face au miroir
Qu'elle donnera en naissance.
Et, lasse de se faire face, elle se consumera.
De sorte que l'image née de la pensée sage,
Guidera l'esprit sur le sentier.
Entends-le. »

JULIEN JACOB

* Van Allen (James Alfred). Physicien américain. En 1958, il découvrit des zones de rayonnement autour de la terre (entre quelques centaines et 60 000 kilomètres de distance), appelées ceintures de Van Allen dues à la capture de particules chargées par le champ magnétique terrestre. [*Le Petit Robert des noms propres.*]

Comment la Hiérarchie spirituelle dirigeante contrôle-t-elle le corps émotionnel de la terre ?

Ischaïa : Comment le contrôle-t-elle ?

Maître Saint-Germain : Elle le contrôle tout simplement en vous renvoyant directement vos paroles, vos pensées et vos actes. C'est le retour karmique. Les énergies que vous envoyez dans l'univers vous reviennent de façon rapide, comme un écho. Cela s'exécute de concert avec l'âme de la planète en vue de vous permettre des prises de conscience pour une meilleure maîtrise de vos pensées, de vos paroles et de vos actes.

Lorsque vous avez des pensées violentes, au lieu de prononcer certaines paroles, ayez soin de vous calmer, de vous maîtriser. Même si ces pensées dépassent vos paroles, apprenez à vous contrôler. C'est pareil pour la terre, elle apprend à se contrôler et à se protéger. C'est pourquoi vous recevez beaucoup plus rapidement votre karma. Les hommes utilisent la parole de façon abusive, de façon négative et inutile. Ils doivent apprendre à la maîtriser en cultivant le silence afin de créer plus positivement.

À l'époque du roi Arthur, un bon chevalier se défendait non pas avec son épée, mais avec ses mots. Autant il devait savoir maîtriser l'épée qui représentait la justice de Dieu, autant il devait maîtriser la parole qui était cette justice. La parole du vrai chevalier devait exprimer la vérité et la justice. Il devait manier la parole aussi bien que l'épée, c'est à cela qu'il était reconnu. Les vrais chevaliers étaient des êtres de lumière, des êtres divins pour la plupart. Il y a eu des guerres parce que certains chevaliers ont suivi la voie de l'ombre. Ils ont opéré dans la magie noire, vers des actions négatives, en utilisant le pouvoir de la parole. Le véritable chevalier était un être qui avec les mots pouvait faire prévaloir la justice et préserver la loi de Dieu et celle du roi, car le roi est la terre, le roi est le pays. Il représente Dieu, il représente la justice divine sur la terre. Lorsque le roi est mauvais, la terre, le pays est mauvais. Alors, le roi se doit d'être un avec Dieu, il se doit de respecter la justice divine. C'est pourquoi il y avait autant de mages à l'époque des rois.

La nature et le pouvoir de la parole

Ischaïa : **Donc, la parole est associée seulement à la planète terre. Est-ce qu'il y a d'autres planètes où la parole existe ?**

Maître Saint-Germain : Oui. Il y a d'autres planètes avec une forme de langage sonore. Toute planète connaît l'expression sonore car le son est vibration, le son est lumière. La parole est une combinaison de sons que, par habitude, vous associez directement à quelque chose de précis. Vous êtes tellement habitués à la parole qui veut dire ceci ou cela qu'ainsi la parole est vaine, vide de sens, vide de vibration et très limitée. La parole tout d'abord est créée de syllabes et même d'un agencement de syllabes. Chaque syllabe prononcée a un certain effet et crée une forme de vibration. Puis, en mettant des syllabes ensemble, vous créez des phrases, vous provoquez des événements, parce que vous avez marié des vibrations qui se sont entrechoquées. Le simple fait de mal prononcer les syllabes enlève de la force aux mots. Autrefois, la parole faisait vibrer le corps tout entier. Aujourd'hui, les mots n'ont plus d'effet. Ils sont vides de sens.

Vous vous demandez souvent pourquoi vous êtes si stressés ? La raison vient en grande partie du fait que dans votre contact avec les gens, vous émettez et recevez des paroles négatives, des paroles vides de sens. Vous vous envoyez mutuellement de telles vibrations qui créent le désordre à l'intérieur de vous. C'est à tort que vous croyez que ce stress vient du travail, il vient en réalité de ces vibrations. Si vous cultivez le silence, vous guérirez votre corps, qui ne sera plus prisonnier de vibrations aussi négatives et vous apprendrez à redonner de l'importance à la parole afin qu'elle vous élève, qu'elle vous fasse ascensionner. Lorsque vous apprendrez le langage, vous pourrez discourir avec les habitants de Vénus, les habitants de toutes les planètes et avec l'univers entier car vous aurez appris le langage universel, le langage christique.

CREDO DE LA PAIX

« Je suis coupable de guerre
Quand j'exerce orgueilleusement mon intelligence
au détriment de mes frères humains.
Je suis coupable de guerre
Quand je déforme les opinions des autres
lorsqu'elles diffèrent des miennes.
Je suis coupable de guerre
Quand je ne tiens pas compte des droits
et des possessions des autres.
Je suis coupable de guerre
Quand je convoite
ce qu'un autre a honnêtement acquis.
Je suis coupable de guerre
Quand je cherche à maintenir la supériorité de ma position
en privant les autres de leurs opportunités d'avancement.
Je suis coupable de guerre
Si je m'imagine que ma famille et moi-même
devons être privilégiés.

Je suis coupable de guerre
Si je crois qu'un héritage me donne le droit
de monopoliser les ressources de la nature.
Je suis coupable de guerre
Quand je crois que les autres doivent
penser et vivre comme je le fais.
Je suis coupable de guerre
Quand je fais dépendre le succès dans la vie,
de la force, de la réputation et de la richesse.
Je suis coupable de guerre
Quand je pense que la conscience des gens devrait être soumise
par la force plutôt que suivre la raison.
Je suis coupable de guerre
Quand je crois que le dieu que je conçois
est celui que les autres doivent admettre.
Je suis coupable de guerre
Quand je pense que le pays qui a vu naître quelqu'un
doit nécessairement être le lieu où il doit passer sa vie. »

RALPH LEWIS, F.R.C.

La guerre sur terre

Ischaïa: **Y a-t-il d'autres planètes où les hommes se font la guerre? Pouvez-vous nous en nommer?**

Maître Saint-Germain: Si les hommes se font la guerre, c'est qu'ils sont en présence de deux forces, deux énergies non harmonisées qui se côtoient, se frottent, s'entrechoquent. Voilà ce qu'est la guerre. Ce phénomène existe sur d'autres planètes. Ce que vous appelez guerre représente une lutte entre deux éléments, deux forces de la nature. Vous pouvez observer cette guerre un peu partout dans la nature: un volcan en éruption et une île en train de naître, un oiseau qui mange un animal plus petit que lui; un homme qui tue un animal, ce même homme qui sera tué par un autre animal ou un autre homme; une querelle dans un couple animal ou humain. Bien entendu, la plupart de ces phénomènes ont leurs origines tout simplement dans l'esprit de l'homme. L'esprit de l'homme est ce qu'il y a de plus proche de l'âme de la terre et aussi de plus élevé. C'est pourquoi ces chocs, ces luttes de la nature se retrouvent également chez les animaux, dans les roches, dans l'eau qui remue sans cesse le sable et qui désagrège la roche tranquillement. Cette lutte entre deux forces existe partout dans l'univers. Et l'univers se crée et se transforme dans une forme de douleur.

Franchir et intégrer les étapes de l'ascension

Ischaïa: **Les humains en ascension sur la terre devront-ils absolument passer de la troisième à la quatrième dimension? Ne peuvent-ils pas aller de la troisième à la cinquième dimension?**

Maître Saint-Germain: Vous devez franchir chaque étape, gravir chaque marche. Il y a plusieurs dimensions, mais vous commencez tout juste à avoir des aperçus de la quatrième. Quant à la cinquième dimension, vous pouvez pour le moment à peine l'imaginer, la ressentir. Ce n'est qu'arrivés dans la quatrième dimension que vous commencerez à être instruits de la cinquième dimension car vous devez ascensionner étape par étape afin d'intégrer l'énergie de chaque dimension. Soyez patients, avancez constamment et continuellement dans le présent où l'ascension se fait dans la conscience. Dans le présent, nous sommes à vos côtés.

Serons-nous instruits et guidés dans les niveaux supérieurs ?

Ischaïa : **Merci, maître Saint-Germain. Comment saurons-nous vivre dans ces nouvelles dimensions ? Serons-nous instruits et guidés ?**

Maître Saint-Germain : Vous êtes à présent entourés d'une infinité d'êtres qui vous enseignent et vous motivent, mais vous êtes également entourés d'une infinité d'êtres qui cherchent à vous garder dans la densité, dans l'énergie de la matérialité en vous mettant des bâtons dans les roues. Lorsque vous nettoierez votre entourage de ces énergies qui vous empêchent d'évoluer, vous ouvrirez le passage de la quatrième dimension qui permet la communication constante avec les êtres de lumière.

Lorsque vous faites appel à l'énergie, par des exercices de détente : yoga, méditation, reiki ou toute autre technique, vous vous sentez forts et légers, vos idées sont claires, vous sentez que votre conscience s'élève. Sachez alors que vous êtes entourés d'êtres de lumière qui sont en train de vous enseigner.

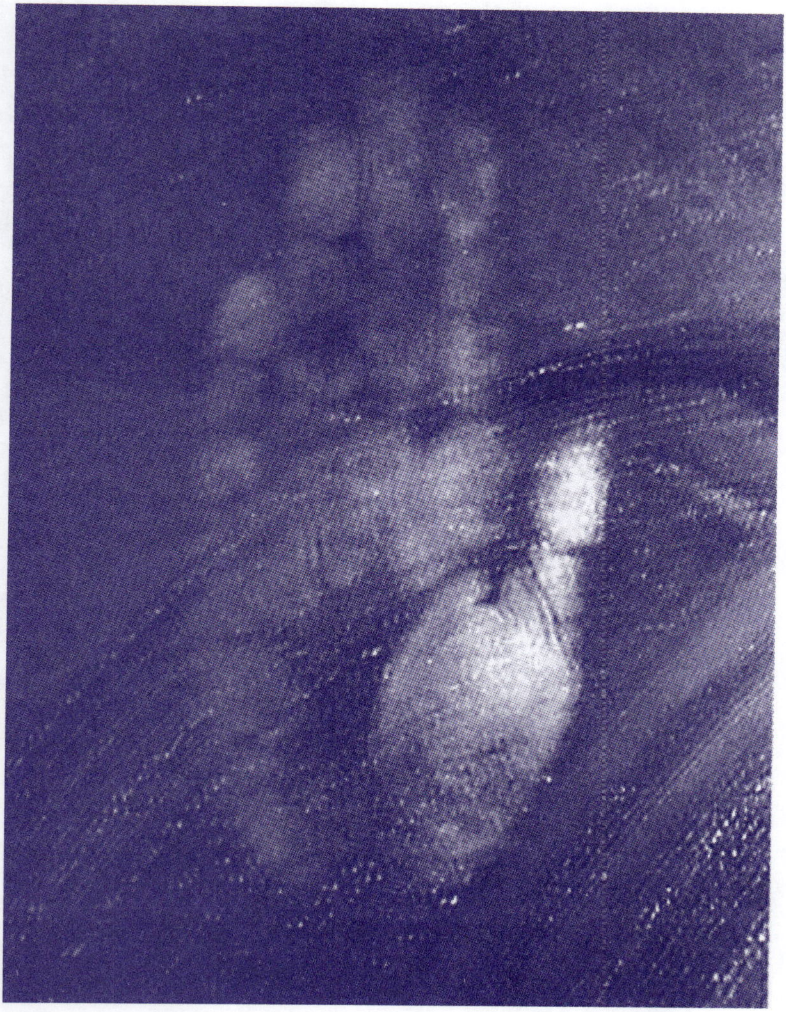

La main qui guérit

Cette photographie montre un miracle extraordinaire : *L'empreinte de la main de Maitreya* miraculeusement apparue sur le miroir d'une salle de bain de Barcelone (Espagne). Il s'agit d'une image, semblable à celle du *Suaire de Turin.*

AUM

« … L'exultation est une manifestation puissante
sur le chemin conduisant à nous.
Ce qui est vieux est pour les vieux.
Mon signe devrait être préservé dans un livre neuf,
Avec un esprit neuf et par une action nouvelle.
Lorsque la goutte de pluie frappe à la vitre
c'est mon signe !
Lorsque l'oiseau voltige
c'est Mon signe !
Lorsque les feuilles s'élèvent en un tourbillon
c'est Mon signe !
Lorsque la glace est fondue par le soleil
c'est Mon signe !
Lorsque les vagues emportent le chagrin de l'âme
c'est Mon signe !
Lorsque l'aile de l'illumination touche l'âme harcelée
C'est mon signe !
Comptez les marches lorsque vous approchez du temple,
Car chaque septième marche porte mon signe !
Lorsque vous manifesterez la nouvelle compréhension de mon signe,
Vous percevrez le trait de l'éclair des mondes.
Je vous ai ouvert la porte,
mais vous ne pouvez entrer que par vous-mêmes… »

« De nouvelles possibilités sont données chaque jour.
Tressez des corbeilles pour recueillir ces étoiles.
Étendez la toile des tentes pour capter les dons,
car c'est ainsi que je vous conduis !
Travaillez pendant les heures du matin ;
le soir, réjouissez-vous en mon nom.
Je vous invite à un autre chemin !
Mon rayon - ton souffle
Ma main - ta bannière
Mon bouclier - ta fierté
Ma maison - ton refuge
Ma montagne - ta merveille
Mon souhait - ta loi
Ma manifestation - ton bonheur.
Que l'esprit de Notre Fraternité demeure avec toi. »

MAÎTRE EL MORYA

SYMBOLE DU SON AUM

AUM a plus de cent significations, l'une d'entre elle est : bienvenue dans le royaume des dieux.

L'ÉTERNEL AUM

Pourquoi plusieurs des *mantras* qui tapissent le ciel de l'Inde, du Népal, du Tibet et des cités de l'Himalaya commencent-ils par le son AUM ?

Nous sommes les messagers de la puissance « I Am » en chacun de vous. Nous sommes tous représentants, fils et parents de la même source, du même Père, de la même force première. Nous sommes tous unis. AUM est le commencement, AUM est le son premier de tout ce qui fut, de tout ce qui sera.

Au tout début était le Père, seul en Lui-même. Au tout début, rien n'existait qui avait conscience, à l'exception du Père ayant conscience de Lui-même, ayant la vie en Lui, ayant tout ce qu'il était en Lui-même. Tous, nous étions une cellule du Père, encore inconsciente, encore trop faible pour avoir une identité propre. Nous faisions partie d'un même Tout, un même Tout inexprimé car seule la conscience du Père savait, seul l'Amour du Père vibrait et avait conscience d'être.

Nous faisions tous partie d'un même Tout, obéissant à une seule volonté, celle du Père ; nous étions centrés en son Amour, en son Être suprême. Nous étions non manifestés pour la simple raison que nous étions inconscients d'exister en propre. Nous n'avions aucune vie nous appartenant que celle venant du Père. Toute la vie coulant à travers nous suivait son chemin, suivait le chemin de perfection, de don de soi éternel, de pulsions vibrantes d'amour, de gratitude, de compassion, d'oubli de soi-même, pour le profit même de la vie, rendant à Dieu Sa propre lumière, rendant à Dieu

Sa propre vie. Car tous, nous étions partie de Lui et n'avions de conscience que Sa conscience propre à Lui-même.

Ainsi vivait Dieu Lui-même sans que l'univers de l'individualité soit créé. Il concentra alors en Lui toutes Ses forces. Il prit une grande inspiration, appelant en Son centre, en Son cœur toute la vie émanant de Lui, concentrant Son pouvoir en un ultime point, source de Son être. Inspirant en Lui, Il reconnut et prit conscience de chacune de Ses particules, de chacun des atomes de lumière Le composant (même si les atomes à l'époque n'existaient pas; ils étaient non manifestés). Il s'agit ici d'une image servant de support à votre compréhension car nul mot ne peut décrire ce qu'est le Grand Créateur. Nous ne pouvons infuser à votre conscience, à votre cœur, qu'un léger aperçu de ce qu'Il peut être pour vous, de ce qu'Il est pour vous. Alors, Dieu inspira tout Son être, décida de par Son amour de créer l'univers en Lui-même afin de se développer, de grandir et de se propulser pour simplement aimer, aimer davantage, aimer de tout l'Amour dont Il était empli. Il voulait que l'Amour prenne une expansion incommensurable. Il voulait se propager, créer, devenir, grandir.

Suite à cette inspiration, pour la première fois, Dieu manifesta. Il manifesta le premier son, la première vibration, le premier mouvement de Son extériorisation. Ce son était le AUM, ce son est le AUM éternellement. De par ce son, Dieu se propulsa vers les confins de l'infini, chacune de Ses cellules étant propulsée par sa propre force intérieure, par son propre mouvement, par sa propre polarité. Car dans Sa perfection Dieu instaura le mouvement même par lequel Il créa, c'est-à-dire celui de pouvoir s'inspirer jusqu'en Son cœur et de se projeter par l'ultime, l'infinie force et puissance de Sa respiration.

Chaque atome pouvait donc inspirer ce qu'il y avait à l'intérieur de lui-même, ce qui le composait: il pouvait l'inspirer dans un mouvement constant vers son origine, vers son être premier pour ensuite expulser, diffuser la force Dieu, la réponse du Seigneur à travers lui-même. Nous nous expliquons. Tout l'être Dieu se propulsa dans cette vibration du AUM. Cette vibration augmentait la densité des particules, des parties de Lui-même. C'est Son être entier qui prenait de l'expansion. Il projetait Son être dans un mouvement, une descente d'énergie positive. C'est celle de l'affirmation, celle de l'extériorisation, celle de la conscience. Les cellules entre elles se mirent alors en mouvement car Dieu divisait Ses forces, projetait Ses forces pour qu'elles aient une vie propre, une conscience propre. Bien sûr, à l'échelle humaine il peut s'écouler des milliards d'éons avant que la première parcelle de conscience et d'intelligence, digne de ce que vous pouvez considérer, fasse son apparition. C'est tout simplement que dans la vibration, il se créa un mouvement circulaire, où les entités attirées par leurs centres et étant tout à la fois projetées vers l'extérieur se mirent en mouvement, se mirent à se côtoyer, à se toucher, à vibrer les unes par rapport aux autres, créant un magnétisme, créant des forces qui se repoussent et qui s'attirent, créant enfin un mouvement de spirale.

Ces entités qui tournaient à la fois les unes autour des autres finirent par créer une force, une force qui attirait de plus en plus de particules. Ces particules, s'unissant pour un même sort, une même vérité, un même but, un même dessein, retournaient d'où elles venaient. Et dans cette division d'elles-mêmes pour un retour à Dieu, elles créaient une spirale descendante vers l'énergie négative, celle qui attire, l'énergie Dieu, l'énergie première, la Source. Recevant ces énergies, Dieu renvoyait par ce même vortex une force, un rejet d'énergie positive. Ce rejet d'énergie positive était plus fort, il était renouvelé car Dieu apprenait par la sagesse de Ses créatures. Celles-ci Le renseignaient sur les niveaux d'évolution. Par créatures, nous entendons d'infimes particules de lumière, d'infimes particules de conscience qui avaient conscience du but qu'elles visaient.

Chaque particule, lorsqu'elle est propulsée du centre de la force Dieu, a, inscrit en elle-même, son trajet de retour, le retour en son propre cœur, en sa propre source. Et chaque rejet positif a, inscrite en lui-même, cette force. Alors, il s'agit de mouvement perpétuel de retour. Mais, comme nous avons dit plus haut, lorsque les énergies envoient leurs rejets positifs au plus profond du cœur des créatures, dans leur polarité négative, le Seigneur est informé des progrès et envoie une force d'équilibre ; cette force d'équilibre est l'Amour. Et par l'Amour, Il envoie des atomes nouveaux, des particules de Lui-même plus nombreuses, qui tour à tour formeront une conscience car les cellules premières grandissent et attirent à elles d'autres rejets positifs, provoquant des réactions qui jusqu'à aujourd'hui engendrèrent la Création. Les forces s'assemblent en elles-mêmes et créent. Et par les rejets positifs qui en sortent, elles se multiplient de plus en plus. Ces rejets positifs émettent une polarité qui fait qu'ils sont invariablement attirés par la Source d'où ils sont venus. Ils forment orbite autour de cette source jusqu'à ce qu'ils soient absorbés à nouveau dans le grand Tout ou jusqu'à ce que, à l'extérieur d'eux-mêmes, il y ait également un rejet positif qui crée orbite autour. Ainsi se perpétue la Création.

Ce schéma qui se présente fort simple est pourtant doté d'une complexité beaucoup plus grande car des milliards d'éons ont façonné la Création. Ils l'ont façonnée sous une même note, une même vibration, qui est l'autorité première, qui est la volonté divine première. Et c'est la vibration du AUM tout-puissant qui est Dieu prononçant Son propre nom, Sa propre note, Sa propre vibration.

Les mondes furent ainsi créés, dans une complexité que vous commencez à peine à percevoir, que vos scientifiques, que les sages, les savants tentent de mettre à jour. Ils tentent de scinder ces forces, ce mouvement perpétuel, cet équilibre éternel qu'il y a dans l'atome et qu'il y a dans l'univers, et les énergies qu'ils côtoient. Vous êtes ainsi un rejet positif du soleil qui, lui, est le rejet positif d'une lumière encore plus grande. Le soleil gravite autour de cette lumière, recevant la force, recevant constamment le rejet positif qu'il absorbe en lui-même. La terre, de son côté, absorbe le rejet positif du soleil en ses entrailles afin qu'elle retourne en son propre cœur. Car tout rejet positif, toute particule de positivité, a, en son cœur propre, la source de toute chose ; a, en son cœur propre, la polarité négative qui attire, qui attire invariablement vers Dieu.

Alors, la terre reçoit le rejet positif du soleil qu'elle absorbe jusqu'en son sein, et de son sein surgit la chaleur, surgit la lumière qui est son rejet positif. Et ainsi est créée la vie, ainsi sont créés les plantes, les pierres, les rochers, les *anima*ux. Et ainsi eux-mêmes reçoivent-ils le rejet positif de la terre, reçoivent-ils également le rejet positif du soleil car la terre est née du soleil. Et en fils de la terre, l'homme, comme toutes les autres créatures, hérite des mêmes vertus qu'elle : celles d'absorber l'énergie de leur père, le soleil.

En lui-même l'homme est un rejet positif, donc possède la polarité négative, possède un atome de pure gloire divine. En lui-même il peut rejoindre Dieu car, lorsqu'il se retourne vers Lui, lorsqu'il inspire, Lui envoie ses pensées, l'homme communie avec son Père qui invariablement lui renvoie des forces nouvelles. Vous ne pouvez voir à l'œil nu les forces que votre Père vous envoie mais, à chaque instant, il y a division de votre être qui se recrée dans une dimension nouvelle selon ce que votre pensée, votre conscience dirige. Vous êtes dépendants de l'énergie de Dieu mais conscient de votre force car cette énergie est toute-puissante et elle coule à travers vous dans un flot ininterrompu, et il en sera ainsi jusqu'à l'éternité, tant que dureront les temps.

Tout ce qui est autour de vous est le rejet même de Dieu. Dieu est non seulement aussi proche de vous que votre propre respiration, mais vous êtes aussi proches de Lui que Sa propre respiration. Vous êtes en Lui et ne L'avez jamais quitté. Tout ce qui est autour de vous est le Seigneur qui s'extériorise. Cependant, chaque atome qui vit en vous n'est pas encore doté de conscience, mais il perpétue le mouvement infini de retour en lui-même, le mouvement infini de la double polarité, jusqu'à ce que le Seigneur insuffle suffisamment de force pour que la conscience existe en vos atomes. Infiniment vous retournez à Dieu, ce qui vous fait croître infiniment en conscience, infiniment en sagesse, en puissance et en force, mais demeurant toujours sous l'égide de la même faiblesse : celle de la dépendance envers votre Père, car Il est tout ce que vous êtes et bien plus encore, Il est tout ce que vous serez.

Sa sagesse est grande, Ses pouvoirs encore mystérieux et inconnus. Mais il y a dans l'univers des êtres qui ont dépassé de loin, de très loin, le seuil dans lequel vous vivez car le temps, sachez-le, n'est qu'une suite d'événements qui s'enchaînent, à la mesure de votre conscience.

Plus vous êtes grands, plus, par rapport à vous, le temps semble lent et court. Les atomes à l'intérieur de vous vivent des millénaires alors que vous, vous vivez à peine une seconde. Mais il y a des êtres très élevés qui ont exploité leurs forces divines des milliards de fois plus que vous, et ils grandissent encore. Vous êtes à l'intérieur d'eux, tout comme le Père est à l'intérieur de vous. Votre cœur, votre graine première, votre atome premier contient toute l'immensité de Dieu car il n'y a point de séparation.

Vous êtes le corps et l'âme du Seigneur, vous êtes Sa conscience qui s'infuse dans Ses propres cellules, le saviez-vous ? Savez-vous que vous n'étiez au départ qu'une graine, qu'une cellule de notre divin Père, qui n'était point dotée de conscience mais seulement de la vie divine ? La conscience du Seigneur s'infuse tranquillement à l'intérieur de vous jusqu'à l'infini puisqu'Il est Lui-même infini et ne connaît pas de limites. Son extériorisation est éternelle car elle est inscrite en Lui-même. Il est sans limites ; Il est la perfection même, au-delà de toute image, au-delà de toute pensée : Il est Lui-même la pensée, et bien plus que cela.

Nul mot ne peut Le définir. Alors, nul mot n'est digne de Le nommer. Vous ne pouvez que Le ressentir. Il est votre Père, nous sommes en Lui, nous sommes partie de Lui, nous sommes Son corps à qui Il dispense tout Son amour.

Quelque part en l'univers se trouve le cœur de Dieu. Le seul chemin pour y accéder est notre propre cœur, notre propre centre qui s'étend à l'infini car le cœur de Dieu, tout comme son extériorisation, s'étend à l'infini. Aucun calcul, aucun chiffre ne peut définir ces vérités. Ouvrez simplement votre cœur à ces paroles, harmonisez simplement votre pensée au AUM tout- puissant d'où vous êtes sortis. Le AUM tout-puissant est votre cœur et votre esprit car il est la vibration de laquelle vous êtes nés, et il est la vibration vers laquelle vous vous dirigez. Il est votre passé et votre futur, il est aussi votre présent, et sa vibration est la raison même, la volonté même de la Création. Allez en votre cœur, recherchez le silence car le silence vibre à ce son. Écoutez ce son : il a des harmoniques, des tons et des octaves innombrables. Toujours plus profondément, vous creuserez le silence de la vibration AUM et à jamais celui-ci vous gardera, organisera et équilibrera vos forces dans l'ultime chemin du retour au cœur et de l'expansion de soi-même.

Nous retournons à Dieu et Dieu nous fait grandir. Nous retournons à Dieu et Dieu grandit à travers nous. À chaque instant dans notre corps, un retour au Père s'effectue. À chaque instant dans notre cœur, le Père revient parmi nous, une conscience en plus. Peut-être ce mouvement vous semble-t-il lent mais l'infini n'attend guère ; l'infini est le perpétuel mouvement ; l'infini est inscrit en vous, ici et maintenant. Placez le AUM derrière vous car de là vous venez ; placez le AUM en vous car de lui vous êtes baignés, en lui vous êtes ; placez devant vous le AUM car c'est vers lui que vous allez, c'est lui que vous serez.

Le AUM est prononcé éternellement, sans entraves, à l'intérieur et à l'extérieur de vous. Lorsque vous vous accordez au AUM, c'est au mouvement de l'univers entier que vous vous accordez. La vibration du AUM harmonise donc toutes vos cellules et équilibre toutes vos forces afin que vous puissiez vous tenir droits, toujours sous le regard bienveillant de notre Père à tous, toujours sous la main bienveillante de notre vie à tous, coulant à travers nous. Tout s'achève avec le AUM.

Avant que cet enseignement ne commence, il n'y avait qu'un point de lumière. De ce point de lumière sont venus les sons, sont venus les sens, sont venues les questions et les réponses. Dans ce point de lumière prend sa source l'enseignement. Cette Source, nul ne peut La nommer, nul nom ne peut La caractériser : AUM, AUM, AUM…

Dans la paix, dans l'amour, dans l'harmonie, nous nous disons adieu car tous, nous y retournons. En Lui seul, nous sommes réellement unis. Nous sommes frères car ensemble nous sommes le seul et l'Unique. Lorsque l'harmonie de l'univers sera totale, une voix décrétera que tout est accompli… et cette voix sera le silence lui-même. Cette voix sera le AUM. Car tout s'achève avec le AUM.

Achevé d'imprimer
chez Transcontinental à Louiseville

en octobre 2006

ISBN-10 : 2-923568-00-1
ISBN-13 : 978-2-923568-00-3